/ 인생 바로 알기 /

인생 보고서

인생 보고서

ⓒ 이웅주, 2025

초판 1쇄 발행 2025년 1월 31일

지은이   이웅주
펴낸이   이기봉
편집   좋은땅 편집팀
펴낸곳   도서출판 좋은땅
주소   서울특별시 마포구 양화로12길 26 지월드빌딩 (서교동 395-7)
전화   02)374-8616~7
팩스   02)374-8614
이메일   gworldbook@naver.com
홈페이지 www.g-world.co.kr

ISBN   979-11-388-3953-2 (03230)

인생 보고서

이응주 지음

좋은땅

필자(筆者)는 젊은 시절 한때 친구들에게 개똥 철학자라는 별명으로 불렸습니다. 그 이유는 가끔 엉뚱한 이야기를 하였기 때문입니다. 물론 이런저런 세상 이야기와 삶의 이야기도 나누었지만 어떤 때는 친구들이 공감되지 않는 질문들이나 이야기들을 했기 때문입니다.

그때를 떠올리며 예를 들자면 "나는 누구이며 어떤 존재인가?", "나는 죽으면 어디로 가지?", "죽음 뒤에는 무엇이 있을까?", "죽으면 모든 것이 끝인가?", "신(神)은 정말 존재하는가?", "어떻게 사는 것이 참된 행복일까?", "왜 이리 세상은 공평하지 않을까?", "너는 왜 사니?" 등등 이런 질문들이었습니다. 필자는 친구들이나 직장 동료들 그리고 늦게 대학에 들어가 예비역이 된 친구들에게 이런 질문을 하고 또 이런 질문에 대한 이야기도 나누었던 것입니다.

필자는 친구들이나 동료들에게 하는 질문들이었지만 필자는 자신에게 하는 질문이었고 이에 대한 해답을 찾고 싶었습니다. 그러나 해답은 그 누구에게서도 필자 자신에게서도 얻을 수 없었습니다. 그러나 필자는 십수 년이 지난 다음에서야 그 질문에 대한 답을 찾았고 얻게 되었습니다. 정말 그때는 인생이 새롭게 태어났다는 기분이 들었습니다.

필자(筆者)가 인생에 대한 질문의 답을 찾지 못했을 때는 하나님을 알지 못했고 성경도 한 번도 읽어 보지 못한 때였습니다. 그러나 하나님의 긍휼과 은혜로 말미암아 하나님을 알고 주 예수 그리스도를 알고 나의 구원자로 믿게 되었습니다.

내가 지은 나의 모든 죄를 예수 그리스도의 십자가의 죽음과 흘리신 보혈 통하여 모든 죄를 용서받고 죄의 형벌에서 구원받으며 죄에서 해방받게 되었습니다. 그 이후로 성경을 읽기 시작했고 성경을 통하여 전에 젊은 시절에 가졌던 의문들이 하나씩 하나씩 풀리는 것을 깨닫게 되었습니다. 즉 전에 가졌던 질문에 대한 답을 찾게 되었습니다.

성경책은 여러 주제가 기록된 책입니다. 성경책 안에는 인생에 대한 모든 해답이 다 기록되어 있습니다. 그래서 성경을 보면 인생의 생로병사(生老病死), 생사화복(生死禍福), 인생의 불행과 행복, 인생의 고통과 수고와 삶의 이유, 인생의 삶의 목적과 가치, 인생의 존재 이유와 죽음 이후 세계, 영원한 생명과 영원한 세계 등등 세상에서는 절대로 얻을 수 없는 해답들이 기록되어 있습니다. 그래서 성경은 '인생의 안내서', '인생의 사용 설명서', '인생의 나침판', '인생의 내비게이션'이라고 해도 절대로 틀린 말이 아닙니다.

그러기에 성경책을 통하지 않고서는 그 누구도 참된 인생에 대한 바른 답을 제시해 줄 수 없습니다. 또한 인생에 대한 질문과 여러 의문을 절대로 알 수 없습니다. 필자(筆者)는 성경을 통하여 하나님을 알고 주 예수님도 알고 인생에 대해서 알게 되면서 나의 인생의 의문과 질문들에 대한 답도 찾게 되었고 깨닫게 되었습니다.

그래서 "인생 보고서(인생 바로 알기)"란 제목으로 인생에 대해 알려 주고 싶어 용기를 내어 필(筆)을 들게 되었습니다.

이 책은 필자(筆者)가 지어낸 창작물이 아닙니다. 필자는 다만 성경을 통하여 배우고, 성경이 가르쳐 주고, 깨닫게 해 주고, 보여 주신 말씀을 통하여 인생에 대한 여러 가지 가질 수 있는 질문들에 답을 제시할 수 있어서 그리고 그 답을 함께 공유하고 싶어서 이 책을 쓰게 되었습니다.

이 책은 누구나 인생의 여정 가운데 필자가 전에 고민하고 가졌던 인생에 대한 질문들처럼 누구나 한 번쯤은 그러한 질문을 갖고 고민하고 답을 찾으려는 분들께 도움이 되기 위해서 쓴 책입니다.

이 책은 인생에 대한 근본적인 의문들과 고민(苦悶)들에 대한 해답을 제시해 주고 찾게 해 줄 것입니다. 그래서 필자는 책의 제목을 **"인생 보고서(인생 바로 알기)"**라고 지어 보았습니다. 필자는 두꺼운 성경책에서 인생에 관련된 진리의 말씀들을 찾아 인생을 바로 알 수 있도록 발췌(拔萃) 정리하고 제시한 진리의 말씀을 조금은 쉽게 이해할 수 있도록 보충 설명을 통하여 여러분에게 알려드리는 것뿐입니다. 그러기에 설령 성경을 한 번도 읽지 못한 사람일지라도 이 책을 통하여 인생을 바로 알 수 있을 것입니다. 필자가 인생의 답을 찾은 것처럼 이 책을 읽는 독자님께서도 인생에 대한 답을 찾을 수 있으리라 믿어 의심치 않습니다. 이 책은 분명히 인생의 길라잡이가 될 것입니다.

사람이 어디가 아프거나 어떤 이상 증상이 있으면 병원을 찾아갑니다. 병원을 찾는 이유는 아픈 증상이나 이상 증상을 바르게 알아 치료받고 정상적인 건강한 몸과 건강한 삶을 유지하고 영위(營爲)하기 위해서입니다. 자기 스스로는 자신에게 있는 질병을 알 수 없고 치료할 수 없기 때문입니다. 그래서 질병을 잘 진단하고 잘 치료할 수 있는 큰 병원과 유명한 의사들에게 가려 합니다. 큰 병원은 여러 가지 병을 잘 진단하고 알 수 있는 의학 장비들이 많습니다. 또 병을 잘 치료할 수 있는 첨단 수술 장비도 잘 갖추어져 있기 때문입니다. 뿐만 아니라 여러 유능한 전공의(專攻醫)나 교수들도 많고 질병을 진단하고 수술하고 제반 치료에 대한 축적된 노하우(know-how)나 데이터를 많이 가지고 있기 때문입니다. 바른 진단이 아니면 병을 잘 치료할 수 없습니다. 그래서 사람은 누구나 바른 진단을 통하여 자신의 질병을 빨리 부작용 없이 잘 치료받기 위해서 큰 병원을 선호합니다. 그만큼 하나뿐인 자신의 생명이 귀하기 때문입니다.

　사람이 병원에 가는 것은 일차적으로 질병을 치료받기 위해 갑니다. 그런데 아무리 큰 병원이고 아무리 유능한 명의(名醫)라도 인생의 질병들 즉 인생의 근본적인 질문들과 고민들을 진단하고 치료해 줄 수는 없습니다. 사람의 육체를 정밀하게 촬영하여 이상 유무를 정확히 알아내는 CT나 MRI, MRA 등 기타 장비는 있어도 사람의 마음을 촬영하여 볼 수 있는 의학 장비는 아직까지는 없습니다.

　또 세상에 많은 철학자들도 인생에 대한 근본적인 물음(인생의 마음의 질병)에 대한 분명한 해답을 제시해 주지 못하고 있습니다. 각자 나름대로 명언을 쏟아내고 있지만 다 답이 다릅니다. 답이 각양각색으로 다름은 인생에 대한 분명하고 명확한 답이 아니라는 증거입니다.

　세계 4대 성인 중 한 사람이며 위대한 철학자인 소크라테스는 인생에 대해 이런 명언을 남겼습니다. "너 자신을 알라!"라고 말입니다. 소크라테스는 자기 자신을 알았을지 모르지만 아무튼 명언을 남겼습니다. 이 명언대로 자기 자신을 아는 것은 매우 중요합니다. 자기 자신의 약점과 장점 등을 아는 것이 자신을 아는 것일까요? 자신의 성격이나 자신의 습

관을 아는 것이 자신을 아는 것일까요? 자신의 재물이 얼마나 있는지? 자신이 얼마나 성공했는지? 자신이 얼마나 명예를 얻었는지? 자신이 얼마나 사람들로부터 인정받고 있는지? 등등 이러한 것들을 아는 것이 자신을 아는 것일까요? 일부는 자신의 외형적인 모습은 아는 것이겠지만 자신의 인생을 근본적으로 송두리째 아는 것은 아닙니다.

인생에 대한 근본적인 해답은 이 세상의 훌륭하고 위대한 철학자들이나 지식인들에게서 얻을 수 없습니다. 그들을 통하여 삶의 지식이나 지혜를 얻거나 혹은 삶의 문제에 대한 조언과 위로, 격려를 일부 받을 수는 있겠지만 근본적인 인생을 알 수는 없습니다. 그 이유는 그들 또한 인생에 대해서 잘 모르기 때문입니다. 그들도 누구나 똑같은 인생들이기 때문입니다. 인생들이 인생들을 바르게 알 수는 없습니다.

인생을 바르게 알기 위해서는 인생을 창조하고 지으신 분에게 나아가 물어야 합니다. 창조주만이 바르게 그리고 분명한 인생의 해답을 알고 있기 때문입니다. 인생을 창조한 창조주 하나님은 인생을 창조하고 지으실 때 분명한 목적이 있었고 인생을 잘 알고 있습니다. 그러기에 그분께 나아가야만 인생의 바른 해답을 찾고 얻을 수 있습니다.

이 세상의 모든 물건은 다 만든 사람, 즉 주인이 있습니다. 물건을 만들 때는 무슨 목적이 분명히 있었을 것입니다. 그리고 그 물건을 개발하고 만들었으므로 그 누구보다도 그 물건에 대해 잘 압니다. 이건 누구나 갖는 생각이며 상식입니다. 이처럼 인생인 사람도 사람을 창조하고 만드신 분이 가장 잘 압니다. 그래서 인생의 근본적인 질문들과 고민을 그분께 물으면 가장 정확히 분명하게 답해 줄 것입니다.

"집마다 지은 자가 있으되 모든 것을 지으신 분은 하나님이시니라."(히 3:4)

"오 주여, 주는 영광과 존귀와 권능을 받기에 합당하시오니 주께서 모든 것을 창조하셨고 또 그것들이 주를 기쁘게 하려고 존재하며 창조되었나 이다, 하더라."(계 4:11)

성경은 인생에 대한 모든 것들의 해답서와 같습니다. 진리는 변하지 않는 사실을 말합니다. 진리는 수백 년 수천 년이 지나도 절대로 변하지 않습니다. 이는 바로 진리이기 때문입니다. 성경에 기록된 하나님의 말씀은 불변의 진리입니다. 이 진리를 통해서만 참된 인생의 미스터리를 찾고 발견할 수가 있습니다.

"또 너희가 진리를 알리니 진리가 너희를 자유롭게 하리라, 하시니."(요 8:32)

주 예수님은 단호하게 "내가 곧 길이요 진리요 생명이니"라고 말씀하셨습니다. 이 세상 어디에서도 누구에게서도 진리를 찾을 수 없고 얻을 수 없습니다. 오직 그분께 나아가야만 인생과 인생의 길을 알 수 있고 진리를 알 수 있으며 생명을 얻을 수 있습니다.

인생에 대한 근본적인 풀리지 않는 의문들, 대답할 수 없는 질문들과 마음의 고민 그리고 인생의 미래에 대한 궁금증 등 이 책을 통하여 해답을 얻을 수 있을 것입니다. 인생은 인생을 잘 모릅니다. 그래서 인생은 인생에 대해 가르쳐 줄 수 없습니다. 그 이유는 인생은 인생에 대해서 잘 알지 못하기 때문입니다. 인생은 인생을 창조하고 지으신 분만이 정확히 바르게 알 수 있기 때문에 그분만이 바르게 가르쳐 줄 수 있습니다.

이 책 제목인 **"인생 보고서(인생 바로 알기)"**는 사람을 창조하고 지으신 분께서 인생을 무엇이라고 하는가?에 대해 성경을 통하여 분명한 답을 제시합니다. 보통 인생들이 인생에 대해 생각하고 있는 상상이나 예측하는 것과는 전혀 다른 내용일 것이라고 생각합니다. 어쩌면 생소하고 어쩌면 충격적일 수 있습니다. 그 이유는 지금까지 한 번도 들어 보지 못한 말씀들이기 때문입니다. 그러나 이 책에서 제시한 내용은 모두 사실이며 진리입니다. 그리고 제시한 말씀들은 인생을 창조한 창조주 하나님의 판단(判斷)이며 결론(結論)입니다.

인생은 반드시 인생을 명확하게 잘 알아야 합니다. 그래야만 인생다운 인생을 살 수 있고 인생의 미래를 바르게 미리 준비할 수 있습니다. 그러기에 **"인생 보고서(인생 바로 알기)"**를 읽는 모든 분들이 인생의 참모습을 깨닫고 인생 사후(死後)에 있는 하나님의 심판(審判)을 바르게 알고 믿어서 인생의 종착역에 이르기 전에 자신의 미래를 미리 준비함으로 인생의 꼬인 팔자가 펴지고, 인생의 팔자가 바뀌고, 인생의 운명이 바뀌는 기회가 되어서 꼭 기쁨과 행복을 얻고 또한 영원한 생명을 얻어 인생 여정에 예고 없이 다가오는 죽음이란 불청객과 상관없이 참된 평안과 쉼을 얻고 기쁨으로 다가오는 미래를 소망으로 준비하는 지혜롭고 현명한 인생이 되시길 진실한 마음으로 소망하며 응원합니다.

☞ 이 책에 인용된 성경은 'KJV 1611' 영어 성경을 한글로 번역한 '400
주년 기념판 흠정역 성경'입니다.

목차

제1부

───

인생 바로 알기 내비게이션(Navigation)

사람 인(人) 자(字)의 의미?

"사람 인(人)"을 깊이 생각해 보면 참 깊은 의미가 있습니다. 누가 만들었는지는 알 수 없지만 '참 잘 만들었다.'라는 생각이 듭니다. "사람 인(人)"은 한자의 "丿"의 획(畫)과 "乀" 획이 합쳐진 글자입니다. 사람 인(人) 자(字)를 보면 두 획이 만나서 합쳐진 글자로 서로 받쳐 주고 있는 형상(形狀)입니다. 이것을 쉽게 풀이하면 사람은 혼자서는 스스로 서 있을 수 없기에 혹은 혼자서는 살아갈 수 없기에 그 누군가와 함께 서로 의지하며 서로 받쳐 주어 넘어지지 않고 힘이 되고 도와 가며 살아가게 한다는 의미(意味)가 있는 것입니다.

"사람 인(人)"처럼 그래서인지 몰라도 사람은 남자 혼자서 살 수 없고 또 여자 혼자서도 살 수 없기에 남자와 여자는 결혼하여 같이 함께 살아가는 것입니다. 결혼한 부부가 "사람 인(人)"처럼 서로 의지하고 서로 도와주며 서로 믿고 기댈 수 있는 부부라면 행복한 부부일 것입니다. 그러나 결혼한 부부가 서로 믿지 못하고 서로 의지하지 않고 서로 도와주지 않고 서로 기대어 살지 않는다면 이는 불행한 부부일 것입니다. 그 이유는 사람은 특히 부부관계는 "사람 인(人)"처럼 서로 기대고 받쳐 주고 서로 믿는 관계여야 하기 때문이다. 부부간에 신뢰와 믿음이 없다면 서로

인생 보고서

기대고 의지하지 못할 것입니다. 또한 서로 믿고 기대고 의지하기 위해서는 인내가 필요합니다. "사람 인(人)"을 보면 서로 기대고 받쳐 있기에 힘이 필요합니다. 이 힘은 잠깐의 일시적인 힘이 아니라 사랑에서 나오는 오랜 시간의 끈기와 인내의 힘이 필요합니다. 나이 많아 죽음으로 인한 부부의 연(聯)이 끝날 때까지 필요로 할 것입니다.

어느 시대를 막론하고 사람이 혼자의 능력으로 살아가기에는 무척이나 힘들고 또한 한계가 있습니다. 우리 속담에도 "백지장도 맞들면 가볍다."라는 말이 있습니다. 이는 혼자 일을 처리하면 힘들고 어렵지만 돕는 자가 있으면 돕는 만큼 쉽고 힘이 덜 든다는 의미일 것입니다.

사람 인(人) 자에서 볼 수 있듯이 인생은 혼자 살 수 없는 구조입니다. 어떤 부분에 있어서 직접적인 도움 없이 살 수는 있겠지만 모든 면에서 보면 남의 도움 없이는 절대로 살아갈 수밖에 없는 것이 사람이고 인생입니다. 모든 것을 다 자신이 만들어서 입고 먹고 자고 살아갑니까? 절대로 불가능합니다. 주위를 돌아보십시오. 보이는 모든 것이 거의 남에 손에 의해서 만들어진 것일 것입니다. 혼자 한다는 게 일정 부분 어느 작은 부분에서 혼자 한다는 것이지 의식주 모두를 혼자 할 수는 없습니다. 또한 자신의 목표를 위해 하는 일까지 모두 혼자 할 수는 없습니다. 사람 인(人) 자(字)에서 볼 수 있듯이 사람은 결국 혼자서는 절대로 살아갈 수 없습니다. 불가능합니다. 서로 도와주고 도움을 입고 의지하면서 살아가는 게 사람이며 인생이라고 감히 저는 말씀드립니다.

"인생이 천 년을 산다 해도 지나간 어제와 같으며 밤의 한 경점(更點)과 같다."라고 하였습니다. (시 90:4) 인생이 아무리 오래 산다 한들 혼자

서 사는 삶은 수고와 슬픔이 대부분의 시간일 것입니다. (시 90:10)

"사람 인(人)"의 한자의 의미를 우리 인생에 비추어 생각해 보면 성경에서 말씀하고 있는 인생과 비교해 볼 때 참 '성경적이다.'라고 말씀드릴 수 있을 것 같습니다. 이 "사람 인(人)"처럼 인생이 함께 살지 않고 혼자서 살아간다면 그는 엄청 힘들고 외로우며 지치기도 하고 넘어지기도 하고 넘어지면 일으켜 줄 상대가 없기에 고통과 절망에 쉽게 빠지고 할 것입니다. 그래서 특히 믿고 기대고 의지하고 힘이 되어 주는 그런 누군가가 없다면 그 인생은 참으로 불행한 인생이라고 말하지 않을 수 없을 것입니다. 그리고 그 인생이 평안하고 기쁘고 행복하게 잘 살아온 성공한 인생이라 말할 수 없을 것입니다.

성경 전도서에 이런 말씀이 있습니다.

"두 사람이 한 사람보다 나음은 그들이 자기들의 수고로 인하여 좋은 보상을 받을 것이기 때문이라. 혹시 그들이 넘어지면 한 사람이 자기 동료를 일으켜 세우려니와 홀로 있는 자는 넘어질 때에 화가 있으리니 그를 도와서 일으킬 자가 그에게 없도다. 또 두 사람이 함께 누우면 그들이 따뜻하게 되거니와 사람이 홀로 있으면 어찌 따뜻하랴?"(전 4:9~11)

성경 창세기 첫 장을 보면 창조에 대한 말씀이 나옵니다. 여섯째 날에 창조주 하나님께서는 사람인 남자(男子 Man)와 여자(女子 Woman)를 창조하셨습니다. 하늘과 땅을 창조하시고 모든 만물을 창조하신 하나님께서 여섯째 날에 남자를 창조하시고 혼자 있는 것이 좋지 않아 여자를 창조하셨습니다.

"주 하나님께서 땅의 흙으로 사람을 지으시고 생명의 숨을 그의 콧구멍
에 불어넣으시니 사람이 살아 있는 혼이 되니라.
주 하나님께서 동쪽으로 에덴에 동산을 세우시고 자신이 지은 남자를
거기 두셨으며."(창 2:7~8)

"주 하나님께서 이르시되, 남자가 홀로 있는 것이 좋지 못하니 내가 그
를 위하여 합당한 조력자를 만들리라, 하시니라."(창 2:18)

"이처럼 하나님께서 자신의 형상으로 사람을 창조하시되 하나님의 형
상으로 그를 창조하시고 그들을 남성과 여성으로 창조하시니라."(창
1:27)

하나님께서는 먼저 남자인 아담(Adam)을 창조하시고 다음에 남자의
조력(助力)자 여자인 이브(Eve)를 창조하셨습니다. 여자를 창조할 때는
아담의 옆구리 갈비뼈 하나를 취하여 지으셨습니다. 이는 마치 "사람 인
(人)" 자와 닮아 있습니다. "丿" 자의 획이 아담이라면 "乀" 자의 획은 아
담의 옆구리에서 나온 여자인 이브입니다. "丿"의 중간(허리=옆구리)에
서 "乀"가 연결되어 "사람 인(人)"을 형성하고 있습니다. "사람 인(人)"을
볼 때 먼저 아담 "丿"이 만들어졌고 아담이 홀로 있는 것이 좋지 않으니
아담을 위해 조력자 즉 돕는 배필을 아담의 허리의 옆구리 갈비뼈로 여
자인 이브 "乀"를 만들어 아담 "丿"의 중간에 붙여 놓았습니다. 아담 "丿"
자가 넘어지지 않도록 돕는 여자인 이브 "乀" 자를 기대어 한 글자인 "사

람 인(人)"을 만들어 한 사람이 된 것입니다.

> "주 하나님께서 아담을 깊이 잠들게 하시니 그가 잠들매 그분께서 그
> 의 갈비뼈 중에서 하나를 취하시고 그것 대신 살로 채우시며 주 하나
> 님께서 남자에게서 취한 그 갈비뼈로 여자를 만드시고 그녀를 남자에
> 게로 데려오시니 아담이 이르되, 이는 이제 내 뼈 중의 뼈요, 내 살 중의
> 살이라. 그녀를 남자에게서 취하였으니 여자라 부르리라, 하니라."(창
> 2:21~23)

아담과 이브는 둘이지만 한 사람 한 몸인 것입니다. 그래서 지금도 흔
히 부부는 한 몸이라고 말하기도 합니다. 두 사람이지만 "한 사람(人)"입
니다.
아담은 남자로 'Man'입니다. 이브는 여자로 'Woman'입니다. 그런데
여자는 'Wo+man'입니다. 'Wo+man'은 '자궁(Womb)이 있는 남자(Man)'
라는 의미입니다. 즉 여자도 남자인 아담에게서 나왔기에 곧 아담의 갈
비뼈로 지음받은 남자입니다. 그런데 자궁이 있는 남자인 것입니다.
그래서 남자와 여자가 결혼하면 한 몸, 한 사람인 것입니다. 영어에 이
런 의미가 숨겨져 있습니다. 또 남성은 'Male'이고 여성은 'Fe+male' 곧
'Female'입니다. 여기서도 남성 여성 모두 'Male'입니다.

성경에도 "사람 인(人)"에 의미하는 그런 직접적인 말씀이 있습니다.
성경 구약성경과 신약성경에도 모두 기록되어 있습니다. 하나님께서
"남자가 아내와 연합하여 한 육체가 될지라."(창 2:24) 말씀하신 것처럼
둘이 결혼을 하면 하나가 되어 한 부부가 된 것입니다. 이 또한 "사람 인

(人)"의 모양과 비슷합니다. 두 획이 하나가 되어 "사람 인(人)" 자가 된 것처럼 말입니다. 하나님은 둘이 결혼을 통하여 하나가 되면 즉 한 몸, 한 사람이 되면 나눌 수 없다고 말씀합니다. 이는 마치 "사람 인(人)" 자를 서로 분리하면 "사람 인(人)" 자가 될 수 없는 것처럼 말입니다. "사람 인(人)" 자는 둘이 하나가 된 글자입니다. 서로 나누면 이는 "사람 인(人)" 자가 될 수 없습니다. 남녀가 결혼하면 한 몸, 한 사람이 되지만 이혼하면 이는 서로 남이 되는 것입니다.

> **"그러므로 남자가 자기 아버지와 어머니를 떠나 자기 아내와 연합하여 그들이 한 육체가 될지니라."(창 2:24)**

> **"그분께서 대답하여 그들에게 이르시되, 처음에 그들을 만드신 분께서 그들을 남성과 여성으로 만드시고 말씀하시기를, 이런 까닭에 남자가 아버지와 어머니를 떠나 자기 아내와 연합하여 그들 둘이 한 육체가 될지니라, 하신 것을 너희가 읽지 못하였느냐? 그런즉 그들이 더 이상 둘이 아니요, 한 육체이니 그러므로 하나님께서 짝지어 주신 것을 사람이 나누지 못할지니라, 하시거늘."(마 19:4~6)**

성경에서는 그리스도(신랑)와 교회(신부)에 대해서도 같이 적용하고 있습니다. 즉 신랑이신 주 예수 그리스도와 신부(구원받은 성도)는 한 몸입니다. 한 몸은 나눌 수 없습니다.

> **"이와 같이 우리도 여럿이지만 그리스도 안에서 한 몸이요 각 사람이 서로 지체이니라."(롬 12:5)**

"몸은 하나이며 많은 지체를 가지고 있고 그 한 몸의 모든 지체가 많아도 한 몸인 것 같이 그리스도도 그러하시니라."(고전 12:12)

지금 교회(신부)는 신랑과 정혼한 상태이지만 곧 신랑께서 신부를 데리러 오실 것입니다. 그리고 하늘에서 결혼식을 할 것입니다. 결혼식이 끝나면 지상으로 내려와 결혼 만찬을 즐길 것입니다. 신부에게는 신랑이 빨리 오기를 기다리며 소망을 가지고 있습니다.

"내가 하나님께 속한 질투로 너희에 대하여 질투하노니 이는 내가 너희를 순결한 한 처녀로 그리스도께 드리기 위해 한 남편에게 너희를 정혼시켰기 때문이라."(고후 11:2)

"이런 까닭에 남자가 자기 아버지와 어머니를 떠나 자기 아내와 결합하여 그들 둘이 한 육체가 될지니라. 이것은 큰 신비라. 그러나 내가 그리스도와 교회에 대하여 말하노라."(엡 5:31~32)

자고로 사람이든 짐승이든 혼자 있는 것은 아름답지도 않고 좋지도 않습니다. 하나님의 섭리에도 어긋납니다. 그래서 하나님께서는 사람은 남성과 여성으로 짐승은 수컷과 암컷으로 창조하시고 지으셨습니다. 이것은 하나님께서 그렇게 하신 이유와 목적이 있습니다. 사람이 외롭지 않게 살려면 혼자 살아서는 안 됩니다. 결혼하여 같이 살게 되면 때로는 다툴 때도 있고 싫을 때도 있습니다. "부부싸움은 칼로 물 베기다."라는 격언(格言)도 있습니다. 이는 부부가 다투고 싸우지만 물을 칼로 벤다고 나누어지지 않는 것처럼 부부는 물처럼 하나, 한 몸이라는 의미입니다.

그래서 부부는 이혼하지 않고 함께 사는 것이 훨씬 더 유익이 되고 좋습니다. 하나님의 섭리와 목적에도 역행하지 않고 부합하는 것입니다.

"그런즉 그들이 더 이상 둘이 아니요, 한 육체이니 그러므로 하나님께서 짝지어 주신 것을 사람이 나누지 못할지니라, 하시거늘."(마 19:6)

"결혼은 모든 것 가운데 존귀한 것이요~"(히 13:4)

결혼 적령기에 남녀가 결혼을 하여 서로 믿고 의지하며 서로 기대어 주고 서로 힘이 되어 주며 살아가며 자식을 낳고 양육하고 가르치며 살아가는 것이 혼자 사는 것보다는 조금은 힘이 들겠지만 혼자 살면서 얻을 수 없는 수많은 유익한 것들을 얻고 기쁨과 행복도 느끼며 외롭지 않게 살 것입니다.

결혼은 하나님의 명령이고 축복입니다. 요즘 시대에는 결혼을 하지 않으려는 젊은 사람들이 많습니다. 여러 이유가 있겠지만 혼자 살려고 합니다. 그러나 이는 하나님의 섭리에 역행하는 것이며 유익보다 손해가 더 많을 것입니다. 결혼은 하나님의 축복이며 인류의 생존을 위한 하나님의 배려이며 지혜입니다.

하나님께서는 최초의 사람인 아담과 이브에게 살아 있는 모든 동물들을 지배하게 하시고 다스리게 하셨습니다. 그러나 그들이 하나님의 말씀을 거역하고 순종하지 않음으로 죄를 짓게 됨으로 인하여 그들은 이 권리를 잃어버리게 되었습니다. 만물의 영장(靈長)인 사람은 나약하고 힘없는 그런 존재로 추락하게 되어 버린 것입니다.

"하나님께서 이르시되, 우리가 우리의 형상으로 우리의 모양에 따라 사람을 만들고 그들이 바다의 물고기와 공중의 날짐승과 가축과 온 땅과 땅에서 기는 모든 기는 것을 지배하게 하자, 하시고 이처럼 하나님께서 자신의 형상으로 사람을 창조하시되 하나님의 형상으로 그를 창조하시고 그들을 남성과 여성으로 창조하시니라."(창 1:26~27)

그리고 그들은 에덴의 동산에서 쫓겨나게 되었습니다. 이제 그들은 하나님을 떠나 하나님 없이 살아가게 되었습니다. 하나님의 형상으로 창조되고 지음받은 그들은 하나님의 형상이 깨어져 버리고 자기 모양대로 자기 형상을 따라 자식을 낳고 살아가게 되었습니다.

"이같이 하나님께서 그 남자를 쫓아내시고 에덴의 동산 동쪽에 그룹들과 사방으로 도는 불타는 칼을 두어 생명나무의 길을 지키게 하시니라."(창 3:24)

"아담이 백삼십 년을 살며 자기 모양대로 자기 형상에 따라 아들을 낳아 그의 이름을 셋이라 하였더라."(창 5:3)

사람은 사람 인(人) 자에서 살펴보았듯이 혼자서는 살 수 없는 존재입니다. 이 순리(順理)를 무시하고 혼자 사는 것은 외롭고 쓸쓸하며 도움을 받지 못하기 때문에 더 힘들 것입니다. 특히 아프거나 질병에 걸려 누워 있다면 돌봐 줄 사람이 곁에 없고 위로해 줄 사람이 옆에 없기에 그 인생은 참으로 비참하며 괴로울 것이며 슬플 것입니다. 사람은 하나님의 목적에 따라 창조되고 지음받았기에 하나님과 함께 살아야 그 인생이 진정한 가치가 있고 또 그 인생도 복되며 수고와 슬픔, 고통과 죽음에서 해방되며 쉼과 자유를 누릴 수 있습니다.

결론은 사람은 혼자 살 수 없습니다. 이처럼 인생도 하나님 없이 산다면 그 인생은 참으로 불쌍하며 비참하다 아니할 수 없습니다. 그 인생은 소망이 없습니다. 절망뿐입니다.

하나님을 잃어버리고 하나님을 떠난 인생은 다시 하나님을 찾고 만나 함께 살아야 합니다. 하나님은 자신을 떠난 인생들에게 돌아오라고 부르고 계십니다.

"오, 목마른 모든 자들아, 너희는 물로 나아오라. 돈 없는 자도 오라. 너희는 와서 사 먹되 참으로 와서 돈도 내지 말고 값도 치르지 말며 포도즙과 젖을 사라.
너희가 어찌하여 빵이 아닌 것을 위해 돈을 허비하느냐? 또 배부르게 하지 못할 것을 위해 수고하느냐? 내 말에 부지런히 귀를 기울일지어다. 그리하면 너희가 좋은 것을 먹으며 너희 혼이 기름진 것으로 인하여 기뻐하리라."(사 55:1)

"사악한 자는 자기 길을 버리고 불의한 자는 자기 생각을 버리고 **주께로 돌아오라. 그리하면 그분께서 그를 긍휼히 여기시리라. 우리 하나님께로 돌아오라. 그분께서 풍성하게 용서하시리라.**"(사 55:7)

하나님을 찾고 만나 함께한다면 아담이 잃어버린 모든 것을 되찾고 저주받은 그 저주가 풀리며 하늘로부터 오는 모든 복을 얻게 됩니다. 죽음에서 영원한 생명을 얻고 그분과 함께 새로운 하늘과 새 땅에서 왕들로서 통치하는 인생이 될 것입니다. 이 얼마나 놀라운 약속의 말씀입니까?

이것이 인생의 본분이며 인생다운 인생을 사는 것입니다. 하나님의 목적에 부합(符合)하는 그런 인생을 사는 것입니다. 인생 혼자가 아닌 하나님과 함께하는 인생 그 인생은 참으로 행복한 인생이라고 말할 수 있을 것입니다.

> "또 우리 하나님을 위해 **우리를 왕과 제사장으로 삼으셨으니 우리가 땅에서 통치하리이다**, 하더라."(계 5:10)

> "첫째 부활에 참여하는 자는 복이 있고 거룩하도다. 둘째 사망이 그들을 다스릴 권능을 갖지 못하고 도리어 그들이 하나님과 그리스도의 제사장이 되어 천 년 동안 **그분과 함께 통치하리로다**."(계 20:6)

다시 한번 정리하면 남자 여자가 결혼하여 한 부부(夫婦) 즉 한 몸, 하나가 된 것처럼 사람은 하나님 앞에 회개하고 복음을 듣고 믿어 구원을 받고 신랑 되시는 주 예수 그리스도의 신부가 되고 아내가 되어야 합니다. 그래야만 신랑 되시는 주 예수 그리스도와 한 몸 하나가 되어 영원히 함께할 수 있습니다. 주 예수 그리스도를 믿으면 주 예수 그리스도와 하나가 될 수 있습니다. 이는 마치 사람 인(人) 자처럼 구원받은 자들은 그분의 아내가 되어 그분과 영원히 함께하는 것입니다.

> "우리가 즐거워하고 기뻐하며 그분께 존귀를 돌릴지니 어린양의 혼인 잔치가 이르렀고 그분의 아내가 자신을 예비하였도다."(계 19:7)

"이것은 그들이 다 하나가 되게 하려 함이니이다. 아버지여, 아버지께서 내 안에, 내가 아버지 안에 있는 것 같이 그들도 우리 안에서 하나가 되게 하사 아버지께서 나를 보내신 것을 세상이 믿게 하옵소서."(요 17:21)

명언(名言) "너 자신(自身)을 알라!"

　독자님은 자신에 대해 알고 있습니까? 얼마나 알고 있습니까? 사람들은 자기 자신에 대해 너무 모릅니다. 저도 한때는 그랬습니다. 인생이 자신에 대해서 바르게 알면 바른 인생을 설계하여 바른 인생을 가치(價值) 있게 복되게 살 수 있습니다. 세계 4대 성인 중 한 명이며 위대한 철학자 소크라테스는 "너 자신을 알라!"라는 이런 유명한 명언을 남겼습니다. 이런 명언을 남긴 정확한 이유는 잘 모르겠지만 소크라테스가 생각할 때는 사람들이 자신에 대해 너무 모른다고 생각했기에 이런 말을 했을 것은 분명합니다. 그런데 이렇게 말한 소크라테스는 자신을 정말 잘 알았을까요? 저의 대답은 "글쎄요?"입니다. 그와 관련된 책을 보면 그도 자신을 몰랐으리라는 추정을 하게 됩니다.

　사람들은 자신에 대해서 어느 정도는 잘 안다고 생각합니다. 남보다는 자신을 자신이 더 잘 알 것이라고 생각합니다. 그러나 이는 사람들의 각자 생각이지 사실은 아닙니다. 각 사람은 남에게도 거짓말을 하지만 자신에게는 더 많이 합니다. 자기 스스로 자신을 속이는 것입니다. 자신을 속이고 속고 있지만 자신은 정작 그걸 잘 모릅니다. 의식하지 못한 채 거짓말을 하고 있기 때문입니다.

　　　　　　　　　　　　　　　　인생 보고서

하나의 예를 든다면 사람들은 자신과의 많은 약속을 합니다. 그리고 그 약속들을 많이 지키지 못함을 봅니다. 이런 사자성어(四子成語)가 있습니다. 바로 "작심삼일(作心三日)"입니다. 즉 자신의 다짐이 곧 자신과의 약속이 삼 일을 못 간다는 말입니다. 곧 자신에게 거짓말을 하게 된 것입니다. 물론 사람들은 생각하기를 이것은 거짓말이라고 생각하지 않을 것입니다. 그러나 이것이 거짓말인지 아닌지는 어떤 약속들을 다른 사람들에게 했다고 가정하여 생각해 보면 쉽게 알 수 있습니다. 남에게 약속한 그 약속을 지키지 못했다면 그 약속은 곧 거짓말이 될 것입니다. 크고 귀중한 약속을 지키지 못했다면 고소를 당할 수도 있고 돈으로 배상해야 되는 상황도 있고 부끄러움을 당하고 수모를 겪어야 하는 상황도 올 것입니다. 거짓말은 인간에게 죄가 들어온 후 거짓말을 밥 먹듯이 하는 거짓말쟁이가 되어 버린 것입니다. 이것은 인생의 악한 본성(本性) 중의 하나입니다.

"결코 그럴 수 없느니라. 참으로 하나님은 진실하시되 **사람은 다 거짓말쟁이라 할지어다.** 이것은 기록된바, 이로써 주께서 주의 말씀하신 것에서 의롭게 되시고 판단 받으실 때에 이기시리이다, 함과 같으니라."(롬 3:4)

세상에 어떤 책도 인간(人間)에 대해서 적나라하게 지적하고 바르게 결론을 내려준 그러한 책이 있을까요? 확인은 해 보지 않았지만 아마 제 생각에는 없는 것 같습니다. 그런데 인간에 대해서, 인간의 근본(根本)에 대해서, 인간 자체(自體)에 대해서 적나라하게 거짓 없이 아주 분명하게 기록한 책이 딱 하나 있습니다. 그 책은 바로 유일무이한 책인 성경(The

Holy Bible)입니다. 그래서 이 성경은 책 중의 책(The Book)이라고도 일 컫습니다. 오직 성경책에서만 인생(人生)이 무엇인지 즉 어디서 와서 어 디로 가는지? 인간이 어떤 존재인지? 인간이 왜 악(惡)하게 되었는지? 인 간에게 왜 선(善)이 없는지? 인간의 선을 위선(僞善)이라고 하는지? 인간 에게 왜 사랑이 없는지? 인간의 사랑은 왜 거짓된 사랑이라 하는지? 인 간이 왜 생로병사(生老病死)를 겪어야 하는지? 인간의 생사화복(生死禍 福)과 인간은 죽음 후 어떻게 되는지? 인간은 어느 시대를 막론하고 왜 짐승과 달리 종교생활(宗敎生活)을 하는지? 그리고 사람과 관련된 모든 것들을 망라하여 가르쳐 주고 있습니다. 인간의 정체(正體)를 잘 기록해 놓은 책입니다. 성경은 인간의 종합백과사전이라고 해도 전혀 전혀 손 색이 없는 책입니다. 그러기에 인간을 잘 알려면 성경을 읽고 공부하면 됩니다.

사람이 자신을 안다는 것은 성경에서 사람에 대해 무엇이라고 하는지 그 기록한 내용을 알고 믿는 사람이 자신을 바르게 아는 것입니다. 자신 에게 돈이 얼마나 있는지? 자신의 성격이 어떤지? 자신이 얼마나 지식을 알고 있는지? 자신이 갖고 있는 권력이 얼마나 되는지? 자신이 얼마나 성공을 했는지? 등을 아는 것이 자신을 바르게 아는 것이 아닙니다. 이 러한 것은 자신의 외형적인 앎과 관련된 것이지 성경에서 사람에 대해 말하는 것과는 다른 내용으로 자신을 아는 것이 아닙니다.

역사상 가장 지혜로운 왕인 솔로몬 왕은 잠언과 전도서를 기록하였습 니다. 이 두 책에는 인생에 관한 주옥같은 지혜들이 기록되어 있습니다. 전도서 마지막에 보면 인생이 반드시 알아야 할 내용을 간략히 기록하고 있습니다. 하나님을 알 때 자신도 알 수 있습니다. 하나님을 모르면 자신을 절대 알 수 없습니다. 성경은 하나님을 두려워하고 그분의 명령을 지키는 것이 사람의 온전한 의무(義務)라고 합니다. 그리고 인생의 육체가 죽으면 끝이 아니라 그 후에는 하나님의 심판이 있다는 사실도 모든 인생은 분명히 알아야 함을 가르쳐 주고 있습니다.

> "우리가 전체 일의 결론을 들을지니 하나님을 두려워하고 그분의 명령들을 지킬지어다. 이것이 사람의 온전한 의무이니라. 하나님께서 모든 은밀한 일과 더불어 선한 일이든 악한 일이든 모든 일을 심판하시리라."(전 12:13)

> "한 번 죽는 것은 사람들에게 정해진 것이요 그 뒤에는 심판이 있나니."(히 9:27)

> "또 내가 보매 죽은 자들이 작은 자나 큰 자나 할 것 없이 하나님 앞에 서 있는데 책들이 펴져 있고 또 다른 책이 펴져 있었으니 곧 생명책이라. 죽은 자들이 자기 행위들에 따라 책들에 기록된 것들에 근거하여 심판을 받았더라. 사망과 지옥도 불 호수에 던져졌더라. 이것은 둘째 사망이라. 누구든지 생명책에 기록된 것으로 드러나지 않은 자는 불 호수에 던져졌더라."(계 20:12, 14, 15)

하나님을 알고 주 예수 그리스도를 알 때 누구든지 어떤 인생이든지 영생을 얻을 수 있다고 성경은 말씀합니다. 하나님과 주 예수 그리스도를 알고 믿게 될 때 비로소 자기 자신을 알 수 있습니다.

"성경 기록들을 탐구하라. 너희가 그것들 안에서 영원한 생명을 얻는 줄로 생각하거니와 그것들이 바로 나에 대하여 증언하느니라."(요 5:39)

"영생은 이것이니 곧 그들이 유일하신 참 하나님인 아버지와 아버지께서 보내신 자 예수 그리스도를 아는 것이니이다."(요 17:3)

"나를 보내신 분의 뜻은 이것이니 곧 아들을 보고 그를 믿는 모든 자가 영존하는 생명을 얻는 것이니라. 마지막 날에 내가 그를 일으키리라, 하시니라."(요 6:40)

인생이 자신을 안다는 것은 성경이 인생을 무엇이라고 하는지에 대해 알고 인정하고 믿는 것이 자신을 바르게 정확히 아는 것입니다. 하나님의 시각으로 자신을 보아야 비로소 자신을 정확히 분명히 알고 보는 것입니다. 이것이 자신을 아는 것입니다.

인생은 오직 성경(聖經 Bible)을 통해서만 바르게 알 수 있습니다

　사람의 눈으로 볼 수 있는 것은 한계가 있습니다. 아주 작은 것들은 사람의 눈으로 볼 수 없습니다. 그래서 과학자는 사람의 눈으로 볼 수 없는 작은 것들을 볼 수 있는 기계를 개발했는데 그것은 바로 "현미경(顯微鏡)"이라는 것입니다. 현미경은 아주 작은 세균들까지도 볼 수 있습니다. 이 현미경이 개발되면서 병을 치료하는 의학계에 지대한 영향을 끼쳤고 많은 발전을 가져왔습니다. 그래서 현미경이 나오기 전에는 사람의 눈으로 볼 수 없었기에 어떤 세균으로 질병이 발생되었는지도 몰랐었고 그 세균을 죽이는 약도 개발할 수도 시험할 수도 없었습니다. 그러나 현미경이 나온 뒤로는 볼 수 없는 아주 작은 이러한 것들을 잘 보고 잘 알 수 있었기에 전에는 치료할 수 없는 질병들을 치료하게 되었고 약도 많이 개발되었습니다.

　이 현미경은 인간이 개발한 위대한 작품이라면 또 하나 인간이 개발한 위대한 작품은 바로 "망원경(望遠鏡)"입니다. 이 망원경은 사람의 눈으로 멀리 볼 수 없는 한계를 극복할 수 있는 너무나 좋은 기계입니다. 사람의 시력에 따라서 조금씩은 다르지만 그리 멀리 볼 수 없습니다. 그런데 망원경을 통해서 보면 아주 멀리 볼 수 있습니다. 요즈음은 망원경도 계속 발전하여 우주도 볼 수 있을 정도까지 발전했습니다. 우주를 본다는 것은 사람의 눈으로는 절대 불가능합니다, 절대 불가능한 것은 망원경이 가능하게 해 줍니다. 천체 망원경으로 촬영한 사진을 보면 참으로 아름답고 감탄하지 아니할 수 없습니다. 지구의 모습도 촬영하고 달도 촬영하고 각종 행성도 촬영합니다. 우주선에 천체 망원경을 실어 우주선이 여러 행성들을 다니며 촬영합니다. 많은 사람들은 이런 우주선이 천체 망원경으로 찍은 행성들이나 기타 천체사진들을 보았을 것입니다. 현미경과 망원경은 사람들이 절대로 볼 수 없는 것들을 보게 해 줍니다. 사람은 볼 수 없는 게 너무 많습니다. 사람이 볼 수 없는 것을 보게 될 때 감탄을 하며 그것에 매료(魅了)됩니다.

인간이 만든 걸작품인 현미경과 망원경을 통해서도 절대 볼 수 없는 것이 있는데 그것은 바로 하나님입니다. 하나님은 그 무엇으로도 볼 수 없습니다. 하나님은 오직 믿음의 눈으로만 볼 수 있습니다. 하나님을 보고 알기 위해서는 믿음이 필요합니다. 하나님은 자신을 알고 싶어 찾는 자들에게 계시(啓示)를 통하여 보여 주고 만나 주십니다. 하나님을 알 수 있는 길은 하나님의 일반 계시 즉 하나님께서 창조하고 만든 자연(自然)에 존재하는 피조물들을 통해서 하나님의 존재를 알 수 있고 또 하나님의 특별 계시 즉 하나님의 말씀이 기록된 성경을 통해서 하나님의 뜻과 계획 그리고 그 외 많은 것들을 바르게 알 수 있습니다. 오직 성경을 통해서만 오로지 하나님과 인생의 모든 것들을 알 수 있습니다.
인간이 볼 수 없는 하나님을 보고 하나님을 알게 된다면 참으로 경탄(敬歎)을 금하지 못하며 그분께 정말 매료될 수밖에 없을 것입니다. 모든 것을 창조하고 지으신 그분께 놀라지 않으며 찬사(讚辭)를 보내지 않을 수 없을 것입니다. 그분을 더 사랑하고 그분을 더 알고 싶고 그분의 전

인생 보고서

지전능(全知全能)하심과 그분의 능력 앞에 우리 인생이 너무나 초라하며 먼지 같고 벌레 같은 자신을 보게 될 것입니다. 정말 아무것도 아닌 존재임을 깨닫게 될 것입니다.

사람이 하나님의 존재를 알기 전까지는 자신이 뭐 대단한 것 같고 뭔가 할 줄 아는 능력 있는 그런 자로 생각도 하겠지만 하나님을 바르게 안다면 사람은 모두 유구무언(有口無言)이 될 것입니다. 사람이 사람과 비교하니 자신이 커 보이고, 유능해 보이고, 능력이 있는 자로 생각할 수도 있고, 이런저런 생각도 하겠지만 사람을 만든 하나님 앞에서는 비교 대상이 될 수 없습니다.

간단한 예를 하나 든다면 똥통에 구더기가 자기들끼리는 이렇게 저렇게 비교도 하고 잘난 체도 하고 자신이 다른 구더기보다 우월하다고 생각도 하고 자기는 다른 구더기보다 더 깨끗하고 잘생겼다고 여기며 말한다고 가정해 봅시다. 그러면 사람이 이 똥통에 구더기들을 볼 때 어떻게 생각할까요? 그들의 생각과 말대로 사실로 인정해 줄까요? 참 어이가 없겠죠? 말이 안 나올 것입니다. 사람과 구더기는 절대 비교 대상이 될 수 없습니다. 이처럼 하나님과 사람도 절대 비교 대상이 될 수 없습니다.

사람은 자기 자신을 잘 모릅니다. 자신의 마음과 생각을 알 수 없을 때도 많습니다. 자신의 의지(意志)나 생각대로 행할 수 없습니다. 마음먹은 대로 다 잘할 수 없습니다. 특히나 사람은 타인의 마음과 생각은 모릅니다. 말해 주지 않는 한 절대로 모릅니다. 그러나 하나님은 사람의 마음과 생각까지 그 모든 것을 다 아십니다. 하나님은 사람을 창조한 창조주 하나님이시기 때문입니다.

"그러하오나, 오 의로운 자를 시험하사 속 중심과 마음을 보시는 만군의 주여, 내가 주께 내 사정을 드러내었사오니 주께서 그들에게 원수 갚으시는 것을 내가 보게 하옵소서."(렘 20:12)

"또 마음을 아시는 하나님께서 우리에게 성령님을 주신 것 같이 그들에게도 주사 그들에게 증언하시며."(행 15:8)

인생은 자기 자신을 알려고 해도 스스로는 절대로 모릅니다. 아무리 알려고 노력해도 절대로 알 수 없습니다. 인생이 어떤 인생인지를 바르게 알려면 반드시 하나님을 알아야 합니다. 인생을 알기 전에 하나님을 먼저 알아야 비로소 자신을 알 수 있습니다. 하나님을 모르고 인생을 알 수는 없습니다. 성경은 인생을 알게 해 주는 인생 사용 설명서와 같습니다. 성경은 사람의 마음을 비추어 주는 거울과도 같습니다.

사람의 몸에 있는 각종 질병을 알기 위해 여러 첨단의학 장비(MRI, MRA, CT 등)가 있어서 그것으로 촬영하여 질병을 찾아내고 치료할 수 있지만 사람의 마음을 촬영하여 볼 수 있는 장비는 아직까지는 없습니다. 그러나 유일하게 사람의 마음을 알 수 있는 것이 있습니다. 그것은 바로 하나님의 말씀이 기록된 성경책입니다. 성경은 마음을 비추어 주는 거울과 같습니다. 이 성경에 기록된 빛 되신 하나님의 말씀을 통하여 사람의 마음속을 비추어 알 수 있습니다. 빛은 어둠을 쫓아내고 모든 사물들을 보게 해 줍니다.

"주의 말씀은 내 발에 등불이요, 내 길에 빛이니이다."(시 119:105)

"그 명령은 등불이요, 그 법은 빛이며 훈계하는 책망들은 생명의 길이니라."(잠 6:23)

    오직 성경을 통해서만 하나님 아버지와 주 예수 그리스도를 알 수 있으며 그리고 인생의 그 모든 것도 바르게 알 수 있습니다. 성경에 기록된 하나님의 말씀을 통해서 자신을 아는 것이 바르게 정확히 자신을 아는 것입니다. 자신의 시각으로 자신을 보고 아는 것은 자신을 바르게 아는 것이 아닙니다.

    성경은 인생의 지도(地圖)와 같고 성경은 인생의 나침판과 같으며 성경은 인생의 내비게이션이며 성경은 인생을 알게 해 주는 길라잡이입니다.

④

성경(聖經 Bible)은 어떤 책(冊)일까요?

1) 성경은 하나님과 사람에 대해 알려 주는 안내서입니다

성경은 인간의 눈으로 볼 수 없는 창조주인 하나님과 인류를 구원하기 위해 하나님께서 사람의 모습으로 이 땅에 오신 주 예수 그리스도와 그리고 사람과 그 인생에 대해 분명하게 알려 주고 있는 안내서(案內書)이고 매뉴얼(Manual)이며 사용 설명서와 같습니다.

백화점이나 전자 대리점에 가서 어떤 전자 제품을 구입하여 집에 와서 포장을 뜯고 제품을 보면 항상 그 제품에 대한 사용 설명서가 있습니다. 어떤 사람이 전자 제품을 처음 구입했다면 그 제품을 잘 사용할 줄 모를 겁니다. 그러나 그 제품의 사용 설명서를 천천히 살펴보면 누구나 쉽게 사용할 수 있도록 설명이 잘되어 있습니다. 그래서 그 제품 사용 설명서 대로 따라 하면 누구나 쉽게 그 제품을 사용할 수 있습니다. 그리고 그 제품 사용 설명서에는 그 제품에 필요한 여러 가지 내용들이 다 기록되어 있습니다.

제품 사용 설명서는 매우 중요하므로 버리지 않고 보관하여 문제가 발생하거나 어떤 정보가 필요시 찾아보고 문제를 해결하고 정보를 얻어 그 제품을 잘 사용하게 해 줍니다. 만일 그 제품의 사용 설명서가 없다면 그 제품에 대해 잘 알 수 없고 그 제품을 잘 사용할 수 없으며 잘못하면 고장을 낼 수도 있습니다. 제품 사용 설명서는 그 제품을 잘 알 수 있도록 그리고 잘 사용할 수 있도록 안내해 주는 안내서입니다. 이처럼 제품 사용 설명서는 매우 중요합니다.

창조주 하나님을 사람은 볼 수 없습니다. 하나님은 영(靈 the Spirit)이시기에 사람의 눈으로 볼 수 없습니다. 하지만 볼 수 없고 영이신 하나님은 친히 택한 사람으로 기록하게 한 성경(聖經 Bible)을 통해서 자신을 알 수 있도록 하셨습니다. 그리고 믿음과 마음의 눈으로 자신을 볼 수 있도록 계시(啓示)하시고 허락하셨습니다.

성경 기록은 하나님 자신이 친히 택하신 40명의 사람들에 의해서 지금으로부터 약 3,500년 전부터 약 1,500년 동안에 여러 세대 통하여 당신의 경륜(經綸)과 섭리(燮理)를 따라 하나님의 영감(靈感 inspiration)으로 주신 것입니다.

"나는 그것을 사람에게서 받지도 아니하고 배우지도 아니하였으며 다만 그것은 예수 그리스도의 계시로 말미암았느니라."(갈 1:12)

"모든 성경 기록은 하나님의 영감으로 주신 것으로~"(딤후 3:16)

"먼저 이것을 알라. 성경 기록의 대언 중 어떤 것도 사적인 해석에서 나지 아니하였나니 대언은 옛적에 사람의 뜻으로 말미암아 나오지 아니하였고 오직 하나님의 거룩한 사람들은 성령님께서 움직이시는 대로 말하였느니라."(벧후 1:20)

그래서 성경을 기록한 사람들을 저자(著者)라고 하지 않고 기자(記者)라고 부릅니다. 즉 하나님은 저자이시고 사람은 기자입니다. 성경은 시대가 다르고 나라가 다른 여러 지역에서 일면식(一面識)도 없는 여러 시대 여러 사람들이 각자 맡겨진 대로 기록했는데 이를 모아 한 권의 책(The Book)으로 만들어진 책이 곧 성경(The Holy Bible)인데 읽어 보면 놀랍게도 한 사람이 기록한 것처럼 주제와 내용들이 연결되어 있고 통일성과 일관성 있는 주제를 가지고 있습니다. 이는 한 하나님이 저자이시기 때문이다.

또한 성경은 어떤 한 주인공을 두고 그 주인공에 대한 이야기 즉 그분의 역사(History=Hi+story)를 다루고 있습니다. 그 주인공은 다름 아닌 하나님 아버지의 아들이신 주 예수 그리스도입니다. 그분은 곧 말씀 하나님이십니다. (요 1:1, 계 19:13) 이를 두고 경이(驚異)롭다 아니할 수 없을 것입니다. 이는 인간이 절대로 쓸 수 없는 절대 불가능한 책입니다. 수천 년이 지난 지금에도 그 성경책은 없어지지 않고 그대로 보존되어 지금 이 시간에도 지구촌 여기저기에서 읽고 있습니다. 인간으로서는 가히 상상도 할 수 없는 그런 책인 것입니다. 성경은 인생에 대해 그리고 사람의 실체에 대해 거짓 없이 분명하게 기록하고 있습니다.

세상 격언에 이런 말이 있습니다. "지피지기백전백승(知彼知己百戰百勝)" 즉 나를 알고 적을 알면 백전백승이라는 말입니다. 유일하게 인생과 인간에 대해서 잘 알려 주는 책이 있다면 그건 바로 오직 성경뿐입니다. 그래서 이 책의 필자(筆者)는 이 성경을 통해서 인생과 인간에 대해 무엇이라고 말씀하고 결론을 내리고 있는지 그 결론의 답을 기록된 그대로 제시해 드리고 싶습니다. 성경에 기록된 하나님의 말씀은 거짓이 아니고 참된 진리이고 진실이기 때문에 인생의 잣대로 삼아도 전혀 문제가 없고 오히려 인생의 나침판인 인생의 길이 될 것이고 인생의 길을 비추는 등불이 될 것입니다.

"또 어린아이 때부터 네가 **거룩한 성경 기록들**을 알았나니 그것들은 능히 너를 지혜롭게 하여 **그리스도 예수님 안에 있는 믿음**을 통해 **구원에 이르게 하느니라.**
모든 성경 기록은 하나님의 영감으로 주신 것으로 **교리**와 **책망**과 **바로 잡음**과 **의로 교육**하기에 유익하니 이것은 하나님의 사람이 완전하게 되어 모든 선한 일에 철저히 갖추어지게 하려 함이라."(딤후 3:15~17)

성경에서 보는 인생과 인간을 간략히 살펴보면 항상 부정적입니다. 이는 사람들이 싫어하든지 싫지 않든지 사실입니다. 성경에 기록된 하나님의 말씀은 모두 사실입니다. 하나님의 말씀은 절대 거짓말이 없습니다. 만일 하나라도 하나님의 말씀이 거짓말로 기록되어 있다면 이는 거룩한 진리의 성경책이 아닙니다. 하지만 성경은 진리이고 기록된 하나님의 말씀은 사실이기에 믿을 수 있으며 온전히 인생의 안내서로 전혀 부족함이 없는 유일무이(唯一無二)한 책 중의 책입니다.

"결코 그럴 수 없느니라. **참으로 하나님은 진실하시되** 사람은 다 거짓말쟁이라 할지어다. 이것은 기록된바, 이로써 주께서 주의 말씀하신 것에서 의롭게 되시고 판단 받으실 때에 이기시리이다, 함과 같으니라."(롬 3:4)

"**영원한 생명**의 소망 안에서 사도가 되었는데 이 생명은 **거짓말하실 수**

없는 하나님께서 세상이 시작되기 전에 약속하셨으나.'(딛 1:2)

이 책을 통하여 사람의 실체를 알게 된다면 자신의 인생을 어떻게 살아가야 하는지? 무엇을 위해 살아야 하는지? 어떻게 살아야 하는지? 누구를 위해 살아야 하는지? 등 해답을 찾을 수 있고 또 바른 해답을 알아서 새로운 인생의 길을 걸어가고 인생이 인간다운 삶을 영위(營爲)하며 진정 가치 있고 보람되고 안전한 가운데 두려움 없이 소망 가운데서 자유를 누리며 행복한 인생의 여정(旅程)을 누릴 것이라고 자신 있게 말씀드립니다. 그리고 누구든지 이 책을 통해서 자신을 창조한 창조주 하나님과 자신을 바르게 안다면 인생의 여정 속에서 영원한 생명을 얻고 정말 가치 있는 복된 인생이 되리라 확신합니다.

저는 감히 자신 있게 말씀드릴 수 있습니다. 이 책은 읽는 모든 여러분께 인생 최고의 기회가 될 것입니다. 이 기회를 놓치지 말고 반드시 꼭 붙잡아 새로운 인생의 여정의 문을 열게 되시기를 바랍니다. 인생의 여정 가운데 자신의 인생을 새로운 인생으로 바꿀 수 있는 기회를 붙잡는 자만이 자신의 인생을 바꿀 수 있고 자신의 인생이 달라질 수 있기 때문입니다.

2) 성경책에 대한 간략한 설명과 주제(主題)들

성경에 대해 간략히 살펴보면 성경은 구약 39권 신약 27권으로 모두 66권이 모여 한 권의 책으로 완성된 책입니다. 성경은 처음 성경이 기록된 지 수천 년이 지났지만 하나님께서 지금까지도 보존하고 지키신 책입니다.

"주의 말씀들은 순수한 말씀들이니 흙 도가니에서 정제하여 일곱 번 순수하게 만든 은 같도다. 오 주여, 주께서 그것들을 지키시며 주께서 그것들을 이 세대로부터 영원히 보존하시리이다."(시 12:6)

성경이 어떤 책인지 개략적(槪略的)으로 살펴보겠습니다. 성경은 인류 역사상 그 어떤 책들보다도 가장 많이 필사되고 번역되고 인쇄되어 인류 역사상 가장 많이 보급되고 읽히고 있는 최고의 베스트셀러 책이며 단연코 책 중의 책입니다. 성경은 인류를 구원하러 오신 예수 그리스도에 대해 기록된 책입니다. 성경은 사람과 만물을 향한 하나님의 약속(約束) 곧 언약(言約)의 책입니다. 성경은 하늘과 땅, 우주와 만물의 창조와 끝을 그리고 사람의 기원(起源)과 미래 곧 시작과 끝을 기록한 놀라운 책입니다. 성경은 미리 기록한 예언(豫言)의 책이며 인류의 역사를 기록한 역사(歷史)책이기도 합니다. 성경은 기원전(BC-Before Christ-그리스도 이전-구약)과 기원후(AD-Anno Domini-주님의 해-신약)를 나누어 주는 책입니다. 성경은 사람들에게 믿음을 요구하는 책이며 믿음대로 역사 되는 절대 능력의 놀라운 책입니다. 성경은 사람이 사람답게 살도록 지식과 지혜를 주는 책입니다. 성경은 죄(罪)가 무엇인지 유일하게 밝혀 주고 그 죄를 제거해 주는 참으로 놀라운 책입니다. 성경은 인간의 생로병사(生老病死)와 생사화복(生死禍福)과 인간의 미래에 대해 유일하게 기록된 책입니다. 성경은 이전 세상과 현 세상 그리고 다가오는 영원한 세상에 대해 분명히 밝혀 주고 알려 주는 책입니다. 성경은 어떠한 사람도 기록된 성경 말씀과 믿음을 통하여 능력으로 변화시키는 힘이 있어 모든 것으로부터 구원해 주는 책이며 기쁨과 감사, 쉼과 자유, 행복과 소망, 기적을 일으키는 정말 정말 놀라운 책입니다. 성경은 하나님께서 사람에게 보내는 최고의 사랑의 편지입니다. 성경은 하나님과 사람의 최고의 신성한 로맨스(romance)를 다룬 책입니다.

성경은 모든 사람들에게 회개(悔改)하고 복음(福音)을 믿으라고 말씀하며 이 말씀을 믿고 순종하는 자들에게는 상상할 수 없는 은혜(恩惠)와 축복(祝福)이 있음을 그러나 하나님의 사람을 거부한 사람들에게 하나님의 진노(震怒)가 얼마나 무서운지 경고하고 반드시 하나님의 공의(公義)의 심판(審判)이 있음을 알려 주는 책입니다. 성경은 자신이 어떠한 사람인지, 어디로 가고 있는지, 어떤 길을 가야 하는지, 무엇을 믿고 누구를 신뢰하며 무엇을 위해 살아야 하는지를 제시해 주며 인생의 옳고 바른 길을 걸어가도록 가르쳐 주는 지혜(知慧)의 책입니다.

이러한 성경책은 세상의 모든 사람들에게 복을 주고 영원한 생명을 주기 위해 각 나라의 자국어(自國語)로 번역되어 보급되고 있습니다. 그래서 성경책은 이 세상의 그 어떤 책보다 널리 알려지고 읽히고 있습니다. 그리고 이 책을 통하여 셀 수 없는 사람들이 기적(奇蹟) 같은 변화를 입고 지금도 변화되고 있습니다. 이 글을 쓰는 필자(筆者)도 그중에 한 사람입니다. 이 세상의 어떤 책과도 비교 대상이 될 수 없는 책 중의 책인 성경책은 유일하게 절대 진리, 절대 권위의 책입니다. 성경에 기록된 말씀들(Words)은 살아 있는 하나님의 말씀들로 그 말씀들을 믿는 자에게 그 믿음대로 변화시키는 놀라운 능력과 기적의 책입니다.

3) 성경은 인생의 모든 해답(解答)이 다 기록된 책입니다

성경은 인생의 모든 문제를 알 수 있고 해결할 수 있는 해답서라고 자신 있게 말씀드립니다. 성경책 안에는 인생인 사람의 처음과 끝 인생의 생로병사(生老病死)와 인생의 생사화복(生死禍福)이 그리고 인생의 미래가 기록되어 있습니다. 사람이 어떻게 창조되었으며 사람이 왜 수고하고 땀을 흘리며 살아야 하는지, 왜 늙고 병들고 죽는지 등에 대하여 분명하게 말씀해 주고 있습니다.

그리고 죄가 무엇인지? 죄의 삯은 어떻게 되는지? 죄를 지은 인생들은 어떻게 되는지? 죄를 지은 인간은 왜 죽는지? 죄를 지은 인생은 모두 하나님의 심판을 왜 받는지? 왜 죄인은 영원한 지옥의 형벌을 피할 수 없는지? 죄인이 어떻게 하면 하나님의 심판을 면(免)하고 영원한 생명을 얻을 수 있는지에 대한 해답이 다 기록되어 있습니다.

그래서 성경책 속에서 답을 찾고자 한다면 누구든지 그 무엇이든지 인생에 관한 모든 물음에 대한 답을 얻을 수 있습니다. 단 얻지 못함은 사람들이 원치 않아 찾지 않아서입니다.

"그러나 너희는 생명을 얻기 위해 내게 오기를 원치 아니하는도다."(요 5:40)

사람들은 자신에게 어떤 어려움이나 문제가 있으면 자신이 해결하려 합니다. 자신이 해결하려다 하지 못하면 주위에 도움을 구합니다. 그러나 도움을 얻지 못하거나 해결받지 못하면 이제는 괴로워하고 실망하고 절망하고 자포자기(自暴自棄)합니다. 사람은 능력의 한계가 있습니다. 어느 정도 어느 선까지는 할 수 있습니다. 그러나 한계를 벗어나면 해결은 불가능합니다. 그러나 하나님은 그렇지 않습니다. 능력이 무한하십니다. 전지전능(全知全能)하십니다. 하늘과 땅을 창조하시고 만물을 지으시고 사람도 창조하신 분께서 과연 못 하시는 게 무엇이 있을까요? 아무것도 없습니다. 보이는 세계뿐만이 아니라 보이지 않는 세계도 보이지 않는 능력(能力)도 다 창조하신 분이십니다.

> "이는 그분에 의해 모든 것이 창조되었기 때문이라. 하늘에 있는 것들과 땅에 있는 것들, 보이는 것들과 보이지 아니하는 것들 곧 왕좌들이나 통치들이나 정사들이나 권능들이나 모든 것이 그분에 의해 창조되고 그분을 위하여 창조되었노라."(골 1:16)

모든 물건은 만든 회사나 만든 사람이 그 물건에 대해서 잘 알듯이 사람은 사람을 창조하신 하나님께서 제일 잘 아십니다. 그래서 사람은 창조주 하나님께서 말씀하시고 사람을 통해 기록한 성경으로 분명하고 바르게 판단할 수 있습니다. 사람의 판단이나 세상의 기준과 잣대는 정확하지 않고 바르지 않습니다. 그래서 기준과 잣대로 삼을 수 없습니다. 하지만 성경은 너무나 정확하고 분명하고 오류가 없이 바르게 판단할 수 있습니다. 그래서 사람이 어떠한 존재인지 정확히 알고 싶다면 반드시 성경으로 판단해 보아야 합니다. 그래야만이 바른 판단을 받을 수 있고 바르게 알며 바른 결론을 얻을 수 있습니다.

유능한 의사인 명의(名醫)는 어떤 환자가 오면 환자의 병을 정확히 잘 진단하고 검진하여 수술을 할 것인지 약으로 치료할 것인지 바른 판단을 내려 그에 따른 수술이나 바른 처방을 하여 최대한 빨리 부작용 없이 완벽하게 병을 잘 치료하여 그 병을 낫게 하는 의사입니다. 유능하고 능력 있는 개발자나 기술자는 어떤 사람들이 제품을 안전하고 쉽고 편리하게 그리고 가격이 저렴하게 오랫동안 고장 나지 않고 사용하게 만드는 사람일 것입니다. 또 유능한 강사나 교사들은 배우는 학생이나 배우는 사람들이 알아듣기 쉽게 이해하기 쉽게 기억하기 쉽게 여러 방법과 교제 도구를 활용하여 최대한 짧은 시간에 최대한 성과를 낼 수 있도록 잘 가르치는 자일 것입니다.

하나님은 인간을 창조하고 지으신 분으로서 인간의 모든 것을 완벽하게 잘 알고 계시므로 인생의 모든 해답들을 가지고 계십니다. 성경은 하나님의 능력의 말씀이 기록된 책으로 인생의 모든 것을 변화시키며 인생을 가장 복되게 인도하는 능력의 책입니다. 성경은 기록된 말씀들을 통하여 인생들의 모든 문제들을 해결해 줍니다. 뿐만 아니라 인생들에게 예고 없이 찾아오는 죽음에서 구원하며, 영원한 생명을 주며, 소망과 기쁨, 감사와 행복, 평안과 안식을 누리게 해 주는 참으로 복된 책입니다. 성경책 안에는 인생의 출생부터 죽음 이후까지 즉 인생의 A~Z까지 그 모든 것을 알려주며 밝혀 주고 있습니다.

제2부

성경은 인생을 무엇이라고 할까요?

인생은 헛되며 허무(虛無)하다고 말씀합니다

먼저 성경에 기록된 하나님의 말씀을 보겠습니다.

"전도자가 이르되, 헛되고 헛되며 헛되고 헛되니 모든 것이 헛되도다.
사람이 해 아래에서 행하는 모든 수고에서 무슨 유익을 얻으리요?"(전
1:2~2)

"전도자가 말하노니, 헛되고 헛되며 모든 것이 헛되도다."(전 12:8)

위의 말씀에서 나오는 "전도자(傳道者)"는 성경 '전도서(傳道書)'와 '잠
언(箴言)'의 기록자(記錄者)로 실존했던 인물입니다. 기록자의 이름은 그
유명한 이스라엘 솔로몬 왕입니다.

우리나라 사람들은 세종대왕이나 이순신 장군을 모르는 사람이 거의
없듯이 솔로몬 왕도 이스라엘 사람이라면 거의 모르는 사람이 없을 것입
니다. 또한 솔로몬 왕은 역사적으로 유명한 사람이기에 전 세계적으로
알려져서 많은 사람들이 알고 있습니다. 역사상 가장 지혜로운 왕이고
가장 많은 부(富)를 누리며 큰 권세를 가졌던 왕으로 기록하고 있습니다.

"보라, 내가 네 말대로 행하였느니라. 보라, 내가 네게 지혜롭고 깨닫는 마음을 주었은즉 너 이전에도 너와 같은 자가 없었거니와 너 이후에도 너와 같은 자가 일어나지 아니하리라.

또 네가 구하지 아니한 것 즉 재물과 명예도 내가 네게 주었은즉 네 평생토록 왕들 중에서 너와 같은 자가 없으리라."(왕상 3:12~3)

이 솔로몬 왕은 왕비(王妃)가 700명이요 첩(妾)이 300명 도합(都合) 천 명의 아내를 두었던 왕입니다. 역사상 이런 왕은 오직 솔로몬 왕뿐입니다.

"그러나 솔로몬 왕이 파라오의 딸을 포함하여 많은 이방 여인을 사랑하였으니 곧 모압 족속과 암몬 족속과 에돔 족속과 시돈 사람들과 헷 족속의 여인들이라. 그에게 아내들 곧 왕비 칠백 명과 첩 삼백 명이 있었는데 그의 아내들이 그의 마음을 돌렸더라."(왕상 11:1,3)

이 정도라면 솔로몬 왕의 권세가 어떠했는지 가히 짐작이 갈 것입니다. 이런 능력 있는 왕이 성경 전도서 1장에서 "헛되고 헛되며 헛되고 헛되니 모든 것이 헛되도다"라고 인생에 대해서 이렇게 결론을 내리고 있습니다. 이 결론은 어느 날 생각 없이 갑자기 내린 탁상공론(卓上空論)이 아닙니다. 솔로몬 왕은 하나님께서 자신에게 주신 놀라운 지혜로 인생에 대해 찾고 탐구(探求)하고 실행하여 보고 나서 내린 결론입니다.

"지혜를 써서 하늘 아래에서 이루어진 모든 일에 관하여 찾아보고 탐구하려고 내 마음을 쏟았는데~"(전 1:13)

"내가 내 마음속으로 이르기를, 자, 이제 내가 너를 희락으로 시험할 터 인즉 쾌락을 즐기라, 하였으되, 보라, 이것도 헛되도다."(전 2:1)

"또 무엇이든지 내 눈이 원하는 것들을 내가 금하지 아니하였고 내 마음을 억제하여 어떤 기쁨도 막지 아니하였으니 이는 내 마음이 내 모든 수고를 기뻐하였기 때문이라. 이것이 내 모든 수고로 인하여 얻은 내 몫이었노라. 그때에 내가 내 손이 이룩한 모든 일과 내가 수고하여 행한 모든 수고를 바라보았는데, 보라, 모든 것이 헛되며 영을 괴롭게 하는 것이요, 해 아래에는 아무 유익이 없었도다."(전 2:10~11)

인생을 살아 본 사람은 대부분 솔로몬 왕이 내린 결론에 동의하리라 생각합니다. 솔로몬 왕은 왜 인생을 자신 있게 헛되다고 했을까요? 그리고 인생이 헛되다고 하는 그 결론을 우리는 믿어도 될까요? 이렇게 단정을 내린 어떤 이유와 근거가 있을까요? 이유와 근거가 되는 기준과 잣대는 과연 바르고 옳을까요? 네! 충분히 바르고 옳고 믿을 수 있습니다. 성경은 모두 사실에 기반을 두고 있습니다. 또 성경은 진리이며 하늘과 땅을 창조한 창조주 하나님의 말씀이기 때문입니다. 이것만으로도 신뢰할 수 있으며 믿을 수 있습니다.

"전도자는 애를 써서 받아들일 만한 말씀들을 찾았는데 여기 기록된 것은 올바른 것이요 곧 진리의 말씀들이로다."(전 12:10)

하나님은 인생의 한 대표로 솔로몬 왕을 택하고 지혜를 주고 부(富)와 권력과 능력을 주어서 직접 인생이 원하는 것들을 시행해 보고 살아 보

인생 보고서

게 함으로써 인생이 어떠한 인생인지를 가르쳐 주고 싶었습니다. 솔로
몬 왕은 하나님께서 자신에게 주신 모든 것으로 실제로 시행을 해 보고
경험과 체험을 통해 하나님의 지혜로 인생이 어떠한지를 깨닫게 되었고
그 결과를 성경에 기록하였습니다. 그 기록이 성경의 '잠언'과 '전도서'입
니다. 하나님께서는 모든 인생이 솔로몬 왕이 깨달은 인생의 결론을 깨
달아 믿고 하나님을 찾고 하나님께 돌아와 하나님을 믿고 함께하기를
원하셨습니다. 이 또한 하나님의 놀라운 지혜입니다. 솔로몬 왕은 자신
이 깨달은 사실을 백성들에게 가르쳐 주었습니다. 이는 하나님의 마음
이고 뜻이기도 합니다. 하나님은 인생들이 헛되고 허무함을 알고 하나
님께로 돌아와 하나님과 함께 자신의 인생을 살기를 원하십니다. 그래
야만 그 인생이 참으로 복되기 때문입니다.

> **"또한 전도자는 지혜로우므로 여전히 백성에게 지식을 가르쳤고 참으
> 로 그가 크게 주의를 기울이고 탐구하여 많은 잠언을 정리하였노라."(전
> 12:9)**

솔로몬 왕은 자신이 원하는 것을 직접 해 보면서 하나님의 지혜를 얻
어 인생의 헛됨과 인생의 결론을 내려 기록한 책이 바로 '전도서'입니다.
우리는 각자 자신이 인생을 솔로몬 왕처럼 살아 보지 않아도 살아 본 사
람이 기록한 책을 통하여 이해하고 믿는다면 우리는 헛된 인생을 살아
보지 않아도 알 수 있는 것입니다. 이것 또한 지혜입니다. 내가 무엇을
알기 위해 직접 해 봐야 깨달을 수 있지만 내가 굳이 해 보지 않아도 직
접 해 본 사람의 말을 사실로 받아들이고 믿는다면 그는 그만큼 인생의
시간을 버는 것입니다. 헛된 시간을 낭비하지 않을 수 있는 것입니다.

잘못된 인생의 길을 걷지 않을 수 있습니다. 인생을 실패하지 않을 수 있습니다.

인생이 지혜로운 삶을 살아가고 인생의 시간을 낭비하지 않으려면 우리보다 훨씬 뛰어난 능력 있는 사람의 지혜를 얻어야 할 것입니다. 이 지혜는 솔로몬 왕이 '전도서'와 '잠언'에 기록했지만 사실은 하나님께서 인생들에게 말씀하고 있는 것입니다. 인생이 참으로 헛되다고 인정하고 믿는 사람은 그 헛된 인생이 헛되지 않는 인생이 되고자 생각을 할 것입니다. 이런 사람들에게는 성경이 그 답을 제시해 주고 있습니다.

"우리가 전체 일의 결론을 들을지니 하나님을 두려워하고 그분의 명령들을 지킬지어다. 이것이 사람의 온전한 의무이니라. 하나님께서 모든 은밀한 일과 더불어 선한 일이든 악한 일이든 모든 일을 심판하시리라."(전 12:13)

인생이 결코 헛되지 않는 인생이 되기 위해서는 하나님을 두려워하고 그분을 명령들은 지켜야 합니다. 이것이 솔로몬왕이 기록한 '전도서'의 결론입니다.

인생이 헛되지 않기 위해서는 그 인생을 창조하고 지으신 창조주 하나님께 돌아가야 합니다. 그분을 떠난 모든 인생은 그 무엇이든지 다 헛될 뿐입니다.

어떤 사람이 아무리 부귀영화(富貴榮華)를 누렸다 한들 죽음과 함께 그 부귀영화를 함께 가져갈 수는 없습니다. 인생은 공수래공수거(空手來空手去)입니다. 즉 '빈손으로 왔다가 빈손으로 간다.'는 말입니다. 대부분 많은 사람들은 '인생 죽으면 끝이지 별거 있어?'라고 말합니다. 그러나 이는 무지(無知)에서 나온 말입니다. 인생은 죽으면 끝이 아닙니다. 죽음은 새로운 세계로 들어가는 관문(關門)입니다. 솔로몬 왕은 인생이 죽음 뒤에 반드시 심판(審判, 재판)이 있음을 하나님께서 알려 주신 지혜를 통하여 인생들에게 알려 주고 있습니다. 믿고 안 믿고는 각자 사람들의 판단에 달려 있습니다. 그러나 그 판단은 자신이 책임을 져야 합니다. 스스로 결정한 자신의 생각을 믿기에 또한 책임도 자신의 몫인 것입니다. 그래서 어떠한 결과가 닥치더라도 원망할 수 없고 피할 수도 없습니다. 이는 자신의 선택의 결과이기 때문입니다. 하나님은 분명하게 말씀하고 있습니다.

"오 청년이여, 네 젊은 때를 기뻐하라. 네 젊은 시절에 네 마음이 너를 기쁘게 하고 네 마음이 원하는 길로 걸으며 네 눈이 보는 대로 걸으라. **그러나 이 모든 일들로 인하여 하나님께서 너를 심판으로 데려가실 줄 너는 알라.**"(전 11:9)

"**다만 네가 네 강퍅함과 뉘우치지 아니하는 마음에 따라 진노의 날 곧 하나님의 의로운 심판이 나타나는 그날에 닥칠 진노를 네게 쌓아 올리는도다.**"(롬 2:5)

"또 내가 보매 죽은 자들이 작은 자나 큰 자나 할 것 없이 하나님 앞에 서 있는데 책들이 펴져 있고 또 다른 책이 펴져 있었으니 곧 생명책이라. **죽은 자들이 자기 행위들에 따라 책들에 기록된 것들에 근거하여 심판을 받았더라.** 바다가 자기 속에 있던 죽은 자들을 내주고 또 사망과 지옥도 자기 속에 있던 죽은 자들을 넘겨주매 **그들이 각각 자기 행**

위들에 따라 심판을 받았고."(계 20:12~13)

하나님은 인생의 헛됨을 깨닫고 사람을 창조한 창조주 하나님을 기억하고 하나님을 찾아 돌아오라고 하십니다. 하나님께로 돌아가는 이것이 인생의 헛됨에서 벗어나 참으로 복된 인생의 시작이 될 것입니다.

"너희는 주를 만날 만한 때에 **그분을 찾으라.** 그분께서 가까이 계실 때에 **그분을 부르라.** 사악한 자는 자기 길을 버리고 불의한 자는 자기 생각을 버리고 **주께로 돌아오라.** 그리하면 그분께서 그를 긍휼히 여기시리라. 우리 **하나님께로 돌아오라.** 그분께서 풍성하게 용서하시리라."(사 55:6~7)

인생은 들의 풀과 같고
인생의 영광은 들의 꽃 같습니다

　지금으로부터 약 2,700년 전에 이스라엘의 예언자인 이사야는 인생을 들의 풀과 같고 인생의 영광은 들의 꽃과 같다고 성경에 기록하였습니다. 인생의 육체는 마치 들의 풀과 같습니다. 들의 모든 풀은 봄이 시작되면서 공짜로 주어지는 비와 햇빛을 받아 가며 싹이 나오기 시작하여 자라 다양한 예쁜 꽃을 활짝 피우지만 가을이 되어가면 꽃도 시들고 떨어지며 잎도 지고 풀도 마르고 죽게 됩니다. 아무리 꽃이 예뻐도 그 꽃도 시들고 떨어집니다. 꽃이 처음 피면 정말 예쁘지만 시들면 아름다움도 시들고 볼품도 없고 결국 떨어집니다.

　이것이 들의 풀의 일생입니다. 어쩌면 이 들의 풀과 꽃이 인생과 같기에 성경에 소개된 이사야뿐만이 아니라 하나님을 모르는 사람들도 인생을 들의 꽃으로 노래로 시로 비유하곤 합니다. 인생을 들의 풀처럼 허무하게 잠시 살다가 가는 인생이라고 말합니다. 그리고 인생의 영광을 들의 아름다운 꽃에 비유하곤 합니다. 인생의 화려함도 인생의 명예도 인생의 권력도 인생의 성공도 인생의 부(富)도 결국은 잠시 주어지는 들의 꽃처럼 피었다가 지는 것처럼 인생의 영화도 잠시 누리는 것이고 결국 죽으면 모든 영광도 들의 꽃처럼 마르고 떨어지고 사라진다는 것입니다. 아무리 예쁜 들의 꽃도 영원하지 못하고 잠시 피었다가 지는 것처럼 인생도 마찬가지입니다. 사람들은 꽃이 피어 있을 때는 화려하고 예뻐서 관심이 있지만 말라지고 떨어지는 꽃엔 관심이 없습니다. 인생도 이와 마찬가지입니다. 인생이 뭐 대단한 것 같아도 잠시 잠깐 후면 들의 풀과 꽃처럼 육체도 늙어 시들어 가며 주름이 늘어 가고 병들고 아프며 추함만 남기고 죽어 사라지게 됩니다. 참으로 인생은 들의 풀처럼 들의 꽃처럼 헛되며 허무한 것입니다.

> "그 소리가 이르되, 외치라, 하니 그가 이르기를, 내가 무엇이라 외치리이까? 하매, 모든 육체는 풀이요, 육체의 모든 아름다움은 들의 꽃과 같으니라.
> 풀은 마르고 꽃은 시드나니 이는 주의 영이 그것 위에 불기 때문이라.
> 백성은 참으로 풀이로다. 풀은 마르고 꽃은 시드나 우리 하나님의 말씀은 영원토록 서리라, 하라."(사 40:6~8)

인생을 이사야처럼 똑같이 기록한 성경이 있습니다. 바로 신약의 베드로전서입니다. 이 베드로전서는 지금으로부터 약 2천 년 전에 기록된 말씀입니다. 사도인 베드로는 이사야처럼 동일하게 인생을 들의 풀과 같고 인생의 영광이 들의 꽃과 같다고 비유를 들어 말씀하고 있습니다. 인생의 육체는 죽으면 다시 돌아올 수 없지만 들의 풀은 매년 때가 되면 다시 싹이 나고 꽃을 피우고 할 것입니다. 그러나 인생의 육체는 한번 죽으면 풀처럼 해마다 다시 새 생명으로 태어날 수 없습니다. 이것만 본다면 인생은 어쩌면 풀보다 못한 인생이 아닐까 싶습니다. 인생의 영광을 누렸던 많은 위대한 사람들도 두 번 다시 영광을 누리지는 못합니다. 그리고 들의 꽃이 시들고 떨어지는 것처럼 인생의 영광도 금방 떨어지고 사라지게 됩니다.

"모든 육체는 풀과 같고 사람의 모든 영광은 풀의 꽃과 같으니라. 풀은
마르고 그것의 꽃은 떨어지되."(벧전 1:24)

인생의 육체는 한번 죽으면 흙으로 돌아갑니다. 물론 흙으로 지음받
았기 때문입니다. 하지만 영(靈)과 혼(魂)은 죽지 않습니다. 불멸(不滅)
입니다. 인생은 들의 풀과 같이 매년 죽고 다시 살아나지 못합니다. 인
생은 몸이 죽으면 영과 혼도 몸처럼 흙이 되어 소멸되어 버린 것이 아닙
니다. 한번 태어난 영과 혼은 죽지도 소멸(燒滅)되지도 않습니다. 자아
(自我)인 혼은 몸이 살아 있을 때 만물과 사람을 창조하고 지으신 하나님
을 믿고 모든 사람을 위해 죽으신 주 예수 그리스도를 믿었느냐 믿지 않
았느냐에 따라가는 곳이 결정됩니다.

주 예수 그리스도를 믿고 구원받은 사람의 혼은 하나님이 계시는 천
국(天國)으로 가지만 주 예수 그리스도를 믿지 않은 혼은 지옥(地獄)으로
들어가게 됩니다. 혼은 각 사람의 자신(自身)이며 곧 자아(自我)입니다.
그리고 모든 사람의 영은 하나님께서 주신 것이기에 하나님께로 갑니다.

"주 하나님께서 땅의 흙으로 사람을 지으시고 생명의 숨을 그의 콧구
멍에 불어넣으시니 사람이 살아 있는 혼이 되니라."(창 2:7)

"사람들의 아들들에게 일어나는 일이 짐승들에게도 일어나나니~ 이
것이 죽는 것 같이 저것도 죽나니 참으로 그들이 다 한 호흡을 가졌도
다.~ 모두가 한 곳으로 가나니 모두가 흙에서 나와 모두가 다시 흙으

로 돌아가거니와."(전 3:19~20)

"그때에 흙은 전에 있던 대로 땅으로 돌아가며 영은 그것을 주신 하나
님께로 돌아가리로다."(전 12:7)

누가복음 16장에는 살아 있을 때 호화롭게 살던 어떤 부자가 죽어서
불타는 지옥에 가서 고통당하는 말씀이 있습니다. 즉 누구나 살아 있을
때 주 예수 그리스도를 믿지 않아 구원받지 못한 사람은 누구든지 혼이
곧 자신이 지옥으로 가서 고통을 당하는 것입니다. 이것은 사실이며 진
리입니다.

"그가 지옥에서 고통 중에 눈을 들어 멀리 아브라함과 그의 품에 있는
나사로를 보고."(눅 16:23)

'전도서'를 기록한 기자는 말합니다. 인생은 참으로 헛되고 헛되며 들
의 풀과 같고 인생의 영광도 한낱 꽃의 영광과 같다고 말합니다. 그러기
에 인생은 그런 인생임을 깨닫고 잠시 잠깐 이 세상에 나그네로 있을 때
영원히 존재하시며 영원한 생명 되시는 하나님과 주 예수 그리스도를
알고 만나야만 그 인생이 헛된 인생 허무한 인생이 되지 않을 것입니다.

"전도자는 애를 써서 받아들일 만한 말씀들을 찾았는데 여기 기록된 것
은 올바른 것이요 곧 진리의 말씀들이로다."(전 12:10)

인생은 안개, 구름, 이슬과 같습니다

자욱한 안개도 햇빛이 나며 사라집니다. 예쁜 뭉게구름도 바람이 불면 한순간에 사라지고 없습니다. 반짝반짝한 새벽이슬도 햇빛이 비추면 사라집니다. 모두 어느 순간까지는 자신의 존재를 드러내고 나타내지만 잠깐의 시간이 지나면 순식간에 자신의 존재는 없어지고 사라져 버립니다. 긴 시간과 견주어 보면 한순간이며 눈 깜작할 시간입니다. 이들의 이름은 존재하지만 이들의 실체는 어느 한순간에만 존재했다가 사라지고 없습니다. 모든 것은 항상 그리고 영원히 존재해야만 그 가치가 있습니다. 성경은 인생을 안개, 구름, 이슬로 비유했는데 적절한 비유라 생각합니다.

"내일 있을 일을 너희가 알지 못하는도다. 너희 생명이 무엇이냐? 그것은 곧 잠시 나타났다가 그 뒤에 사라져 버리는 안개니라."(약 4:14)

"이들은 물 없는 샘이요 폭풍에 밀려다니는 구름이라. 그들을 위해 어둠의 안개가 영원토록 예비되어 있나니."(벧후 2:17)

"그러므로 그들은 아침 구름 같고 사라지는 새벽이슬 같으며 타작마

당에서 회오리바람에 날리는 겨 같고 굴뚝에서 나는 연기 같으리라."(호 13:3)

또 성경에는 인생을 먼지와 같고 타고 남은 재와 같고 바람과 같다고 말씀하고 있습니다. 사람들은 스스로 생각하기는 인생에 많은 의미를 부여(附與)하고 인생을 대단한 것처럼 생각하지만 성경은 인생을 말씀하길 한마디로 '별 볼일 없는 인생'이라고 합니다.

"그분께서 나를 수렁에 던지시니 내가 먼지와 재같이 되었도다."(욥 30:19)

"그들이 다만 육체에 지나지 아니하며 지나가고 다시 돌아오지 아니하는 바람임을 그분께서 기억하셨도다."(시 78:39)

인생은 한번 죽으면 바람처럼 다시 돌아올 수 없으며 자신의 영광과 화려함도 흔적도 없이 바람처럼 사라집니다. 이게 인생입니다. 성경은 인생을 결코 가치 있는 인생이라고 말씀하지 않습니다. 성경은 인생을 안개, 구름, 이슬, 겨, 연기, 재, 바람과 같다고 하며 금방 사라지며 사라진 후에는 흔적도 없고 다시 돌아올 수도 없다고 합니다. 그래서 인생은 허무한 것이며 헛된 것이라고 성경은 말씀합니다.

인생이 허무하고 헛된 인생으로 끝나지 않으려면 인생의 여정 가운데서 하나님을 만나야 합니다. 인생이 하나님을 만났을 때만이 비로소 가치가 있고 참다운 인생으로 꽃피울 수 있고 영원히 지지 않고 사라지지 않는 인생으로 거듭나게 될 것입니다.

인생 보고서

인생은 수고와 슬픔뿐이라고 말씀합니다

　인생이 태어나서 자신의 꿈을 이루고 좀 더 복되고 아름다운 인생을 펼치고 살기 위해 많은 땀을 흘리며 수고를 합니다. 때론 눈물도 흘리고 아픔도 참곤 합니다. 이유는 인생의 삶이 마냥 쉽고 넉넉하지 않기 때문입니다. 그리고 자신의 인생의 목표를 이루고 가치 있는 인생을 살아야 하기 때문입니다. 치열한 경쟁 속에서 살아남아야 자신의 목표를 이루고 꿈을 이룰 수 있기 때문입니다. 베짱이처럼 마냥 놀고 설렁설렁했다가는 아무것도 이룰 수 없습니다. 그래서 어찌 보면 인생이란 게 고달프고 남모를 많은 사연이 있는 게 인생이기도 합니다.

　성경 시편에서 하나님의 종 모세는 인생을 말하길 아침에 자라나는 풀 같고 또 인생은 수고와 슬픔이라고 말하고 있습니다. 자신의 인생이 한편으로 하나님의 위대한 종이었지만 또 한편으론 어쩌면 자신의 인생의 삶이 참으로 파란만장한 수고와 슬픔의 삶이었음을 알 수 있습니다. 하나님께서는 이 모세를 통하여 인생의 삶이 어떠함을 가르쳐 주고 싶었습니다. 그래서 모세는 하나님께서 가르쳐 주신 인생의 가르침을 시편에서 기록하였습니다. 인생의 결과는 수고와 슬픔을 빼면 그리 남는 게 없는 것입니다. 인생을 안개, 구름, 이슬과 같이 비유한 것처럼 잠깐 살다가 사라지는데 그 시간들이 수고와 슬픔뿐이라면 이 얼마나 허무하고 헛됩니까?

이 시대 선진국에서는 사람이 먹고사는 데 여유가 있고 또 과학과 의술이 발달하여 건강관리를 할 수 있는 시대이므로 사람의 평균 수명이 늘어나 '백세시대'라고 말들을 합니다. 하지만 아직도 후진국에 사는 사람들은 평균 수명이 선진국 사람들의 절반 수준에 불과합니다. 그러기에 지구상의 온 인류의 평균 수명은 성경에 기록되어 있는 것처럼 칠십 년 강건하면 팔십 년 정도 될 것입니다.

> **"우리의 햇수의 날들이 칠십 년이요, 강건하면 팔십 년이라도 그 햇수의 위력은 수고와 슬픔뿐이니 그 위력이 곧 끊어지매 우리가 날아가 버리나이다."(시 90:10)**

인생을 결산해 본다면 기쁨과 행복의 시간이 더 많을까요? 아니면 수고와 슬픔이 더 많을까요? 아마 대부분 답하길 수고와 슬픔이 훨씬 더 많다고 말하리라 봅니다. 성경은 이미 몇천 년 전에 모세를 통하여 인생은 수고와 슬픔뿐이라고 결론을 내렸습니다. 인생을 어느 정도 사신 연로하신 분들에게 "지금까지 살아온 세월이 어땠나요?" 하고 여쭈어보면 "뭐 있어? 힘들고 고생한 것뿐여!" 하고 말씀하십니다. 또 어떤 분은 "살아 보니 주름밖에 없어! 늙고 병들고 아픈 데밖에 없어!" 하십니다. 대부분 수고하고 슬펐고 힘들고 괴롭고 고통스럽다는 이야기를 하지 기쁘고 즐겁고 행복하다고 말씀하지는 않습니다,

> **"사람은 자기 일터로 나가 저녁까지 수고하는도다."(시 104:23)**

인생 보고서

"사람이 해 아래에서 수고하며 행한 자신의 모든 수고와 자기 **마음을 괴롭게 하는** 것으로부터 무엇을 얻으리요? 그의 모든 날은 **슬픔이며** 그의 해산의 고통은 괴로움이니라. 참으로 그의 마음이 밤에 안식을 얻지 못하나니 이것도 헛되도다."(전 2:22~23)

이것은 너무나 당연합니다. 하나님께서 그렇게 하셨습니다. 하나님께서 처음부터 사람을 수고하고 슬픔의 삶을 살아가도록 창조하지는 않으셨습니다, 하나님은 사람을 완벽하게 수고하지 않도록 슬픔과 고통이 없도록 항상 기쁨을 누리도록 창조하셨습니다. 그런데 사람이 사탄에게 속아 죄를 짓고 나서부터 죄의 결과로 그렇게 된 것입니다. 여자가 산고의 고통을 치르는 것이나 사람이 땀을 흘리며 고생하는 근본 이유가 바로 하나님의 말씀을 거역하여 죄를 짓게 됨으로 하나님의 저주와 심판으로 비롯되었습니다. 아담이 하나님의 말씀을 거역하여 죄가 들어와 그 죄의 속성이 온 인류에 전가(轉嫁)되어 죄로 인한 수고와 슬픔과 고통인 인생들에게 오게 되었습니다.

"또 여자에게 이르시되, 내가 네게 고통과 수태를 크게 더하리니 네가 **고통 중에 자식을 낳을 것이요**, 또 너의 열망이 네 남편에게 있으리니 그가 너를 다스릴 것이니라, 하시고 아담에게 이르시되, 네가 네 아내의 음성에 귀를 기울이고 내가 네게 먹지 말라고 명령한 나무에서 나는 것을 먹었은즉 땅은 너로 인하여 저주를 받고 **너는 평생토록 고통 중에 땅의 소산을 먹으리라.**
또한 땅이 네게 가시덤불과 엉겅퀴를 내리라. 네가 들의 채소를 먹으며 땅으로 돌아가기까지 네 얼굴에 땀을 흘려야 빵을 먹으리니 이는 네가

땅에서 취하여졌기 때문이라. 너는 흙이니 흙으로 돌아갈 것이니라. 하시니라."(창 3:16~19)

그러면 우리가 수고와 슬픔의 열매가 아닌 기쁨과 행복의 열매를 맺으려면 어떻게 해야 될까요? 우리가 수고의 삶과 슬픔과 고통의 삶을 살지 않으려면 하나님의 말씀에 순종하면 됩니다. 아담과 이브가 하나님의 말씀을 불순종함으로 저주와 죽음과 함께 수고와 슬픔의 삶이 온 것처럼 이것에서 벗어나려면 인생이 하나님의 말씀에 순종하면 저주와 죽음에서 수고와 슬픔의 삶에서 벗어날 수 있습니다. 이 시대 우리에게 말씀하신 하나님의 말씀을 거역하지 않고 순종함으로 하나님을 만나면 되는 것입니다.

"너희가 만일 내가 이 날 너희에게 명령하는 주 너희 하나님의 명령들에 순종하면 복을 받을 것이요."(신 11:27)

"또 하나님께서 그들의 눈에서 모든 눈물을 씻어 주시리라. 다시는 사망이 없고 슬픔도 울부짖음도 없으며 또 아픔도 다시는 없으리니 이는 이전 것들이 지나갔기 때문이라, 하더라."(계 21:4)

만물을 창조하고 만드신 전지전능하신 하나님을 알고 그 창조주 하나님을 믿고 의지하면 저주와 죽음에서 해방되고 수고와 슬픔의 삶이 아니라 마음에 참된 평안을 얻고 참된 소망을 가지고 인생의 아름다운 열매들을 얻을 것입니다. 그러면 그 인생이 결코 헛되지 않을 것입니다. 그러나 하나님의 말씀에 순종하지 않고 거역함으로 하나님과 주 예수 그리스도를 믿지 않는 그 인생은 저주와 죽음에서 해방될 수 없으며 수고와 슬픔의 삶이 연속되며 영원히 불행할 것이며 결국은 영존하는 불의 형벌을 받을 것입니다.

> **"하나님을 알지 못하는 자들과 우리 주 예수 그리스도의 복음에 순종하지 아니하는 자들에게 타오르는 불로 징벌하실 때에 그리하시리라. 그들은 주의 앞과 그분의 권능의 영광에서 떠나 영존하는 파멸로 형벌을 받으리로다."(살후 1:8~9)**

아담과 그 이후에 얼마 동안 사람들은 거의 천 년에 가까운 날들을 살았습니다. 사람이 천 년을 산다 해도 영원(永遠)에 비하면 점(点)도 안 되는 시간입니다. 영원하신 하나님께서 사람을 창조하실 때 몇십 년, 몇백 년 살게 하려고 창조했을까요? 그렇지 않았습니다. 하나님께서는 사람과 영원히 함께하시려고 창조하셨습니다. 그런데 사람이 죄를 짓고 이 영원한 생명을 잃어버리게 되었습니다. 하지만 하나님께서는 인생이 다시 영원히 살 수 있는 길을 마련해 주셨습니다. 사람이 영원한 생명을 얻으려면 하나님의 부르심에 응답하고 하나님께서 준비하신 그 길로 나아가면 됩니다. 그러면 누구나 영원한 생명을 얻을 수 있습니다.

> "아담의 전 생애는 구백삼십 년이었으며 그가 죽으니라."(창 5:5)

> "므두셀라의 전 생애는 구백육십구 년이었으며 그가 죽으니라."(창 5:27)

> **"나를 보내신 분의 뜻은 이것이니 곧 아들을 보고 그를 믿는 모든 자**

가 영존하는 생명을 얻는 것이니라. 마지막 날에 내가 그를 일으키리라, 하시니라."(요 6:40)

"하나님께서 세상을 이처럼 사랑하사 자신의 독생자를 주셨으니 이것은 누구든지 그를 믿는 자는 멸망하지 않고 영존하는 생명을 얻게 하려 하심이라."(요 3:16)

하나님은 사람 안에 참된 행복을 넣어 놓지 않았습니다. 그래서 그러한 것들을 누리지 못하는 것입니다. 하나님께서는 오직 예수 그리스도 안에 그러한 것들을 감추어 놓았습니다. 그래서 사람들이 참으로 그러한 것들을 누리고자 한다면 주 예수 그리스도를 알고 믿고 그분과 함께하면 그분에게 있는 것을 자신의 것으로 누릴 수 있는 것입니다. 그리스도 안에 있는 것은 무엇이든지 영원하고 참된 것들입니다. 주 예수 그리스도에게서 나온 것으로 우리가 인생을 살 때 그 인생은 참으로 복되고 행복하고 기쁨이 있고 소망이 있으며 진정 가치 있는 인생이 되는 것입니다. 하지만 주 예수 그리스도를 알지 못하고 믿지 않고 그분과 함께하지 않는다면 그 인생은 누가 되든지 결국은 불행한 인생이고 그의 인생의 삶은 헛된 것일 겁니다.

어느 그 누군가 이 세상에서 부와 영예를 누리고 건강한 삶을 살았다 할지라도 경점과 같은 팔십 년 인생을 후회 없이 살았다 한들 그 인생이 헛되지 않았다고 어느 누가 말할 수 있을까요? 모든 인생은 죽으면 모든 그의 영광도 끝이며 사라집니다. 그가 살았을 때 매일 호화로이 잔치를 베풀고 살았다고 영원히 지속될 수는 없습니다. 한순간입니다. 한순간을 사는 인생을 어느 누가 헛되지 않는 인생이라고 말할 수가 있겠습니까? 인생은 점(點)에 불과한 인생의 삶을 살면서 주 예수 그리스도를 만나 믿고 영원한 생명을 얻어 새로운 인생을 사는 것만이 참으로 그 인생이 복되다고 할 수 있을 것입니다. 영원한 생명이 없는 인생은 그 인생이 설령 행복한 삶을 살았다 할지라도 그 인생은 복되다고 할 수 없습니다. 정말 복된 인생은 인생의 여정에서 하나님을 알고 믿고 주 예수 그리스도를 알고 믿는 것입니다. 이 길만이 유일한 행복의 조건입니다. 인생의 헛됨과 헛되지 않음의 기준은 오직 주 예수 그리스도가 그 기준입니다.

> "야곱의 하나님을 자기의 도움으로 삼으며 주 자기 하나님께 소망을 두는 자는 행복하도다."(시 146:5)

> "저 복된 소망과 위대하신 하나님 곧 우리의 구원자 예수 그리스도의 영광스런 나타나심을 기다리게 하셨느니라."(딛 2:13)

> "영생은 이것이니 곧 그들이 유일하신 참 하나님인 아버지와 아버지께서 보내신 자 예수 그리스도를 아는 것이니이다."(요 17:3)

인생은 고생하려고 태어났다 합니다

하나님께서는 처음 사람인 인생을 창조할 때는 인생을 고생시킬 목적으로 창조하지 않았습니다. 사람을 처음 창조 시에는 에덴의 동산 낙원에서 땀 흘리지 않고 고생하지 않고 자유롭게 행복하게 안식을 누리며 평안한 가운데 모든 것을 수고 없이 먹고 다스리며 살도록 하셨습니다. 그런데 아담이 하나님의 말씀을 거역하고 불순종함으로 인하여 땅은 저주를 받고 아담과 그의 후손들인 인생들에게는 수고하고 땀을 흘리고 고생해야만 먹고 살아갈 수밖에 없게 되었습니다. 결국 모든 인생은 고생의 문(門)이 열리게 되었습니다. 이는 자업자득(自業自得)이 되었습니다.

> "아담에게 이르시되, 네가 네 아내의 음성에 귀를 기울이고 **내가 네게 먹지 말라고 명령한 나무에서 나는 것을 먹었은즉** 땅은 너로 인하여 저주를 받고 너는 **평생토록 고통 중에 땅의 소산을 먹으리라.** 또한 땅이 네게 가시덤불과 엉겅퀴를 내리라. 네가 들의 채소를 먹으며 **땅으로 돌아가기까지 네 얼굴에 땀을 흘려야 빵을 먹으리니** 이는 네가 땅에서 취하여졌기 때문이라. 너는 흙이니 흙으로 돌아갈 것이니라, 하시니라."(창 3:17~19)

인생 보고서

또 여자에게는 죄의 대가로 출산의 고통이 주어졌습니다. 만일 죄를 짓지 않았더라면 출산은 고통이 따르지 않았을 것입니다. 이는 말씀을 바꾸어 보면 알 수 있습니다. 고통이 따른 이유는 바로 하나님의 명령을 거역하고 죄를 지은 결과이기 때문입니다.

"또 여자에게 이르시되, 내가 네게 고통과 수태를 크게 더하리니 네가 고통 중에 자식을 낳을 것이요~"(창 3:16)

인류의 조상인 아담과 이브의 불순종의 결과로 인하여 인생들에게는 수고의 땀과 출산의 고통이 따르게 되었고 일평생을 살면서 고생과 고통의 삶을 사는 인생으로 바뀌게 된 것입니다. 이것은 인생들에게 운명이 되어 버렸고 숙명으로 다가오게 되었습니다.

"불티가 위로 날아가는 것 같이 사람은 고생하려고 태어나느니라."(욥 5:7)

"내가 내 삶을 고통 속에 보내며 내 햇수를 탄식 속에 보내오니 내 기력이 내 불법으로 인해 약해지고 내 뼈가 소멸되었나이다."(시 31:10)

인생이 한평생을 수고하면서 살다가 죽게 되면 그 인생은 참으로 허망할 것입니다. 그래서 하나님께서는 인생들에게 고생과 수고의 삶에서 벗어나게 하는 길을 마련해 주셨습니다. 아담과 이브는 온 인류에게 고생의 문을 열었지만 하나님은 자신의 독생자인 예수 그리스도를 통하여 고생의 문을 닫을 수 있도록 하셨습니다. 그래서 이제 누구든지 주 예수 그리스도를 믿는 모든 자는 수고와 슬픔과 고생의 삶에서 해방될 수 있습니다. 고생과 고통의 삶에서 벗어나고 해방될 수 있는 유일한 길은 오직 주 예수 그리스도를 마음으로 믿고 영접하는 것입니다. 잠시 잠깐 인생을 사는 가운데 하나님을 만나고 주 예수 그리스도를 믿는다면 그 인생은 참으로 복되다 할 것입니다.

"사람이 해 아래에서 행하는 모든 수고에서 무슨 유익을 얻으리요?"(전 1:3)

"하나님 곧 우리 주 예수 그리스도의 아버지를 찬송하리로다. 그분께서 그리스도 안에서 하늘의 처소들에 있는 모든 영적인 복으로 우리에게 복을 주셨으니."(엡 1:3)

"또 하나님께서 그들의 눈에서 모든 눈물을 씻어 주시리라. 다시는 사망이 없고 슬픔도 울부짖음도 없으며 또 아픔도 다시는 없으리니 이는 이전 것들이 지나갔기 때문이라, 하더라."(계 21:4)

6

인생은 나그네와 같습니다

"인생" 하면 저는 제일 먼저 가수 최희준의 노래 〈하숙생!〉이 생각납니다. 제가 나이를 좀 먹었다는 것을 넌지시 말하고 있는 것 같습니다. 이 노래는 1964년에 나온 노래입니다. 요즘 신세대들은 아마 한 번도 들어 보지 못해 모를 수도 있겠지만 이른바 '베이비붐 세대'는 많이 듣고 불러 보기도 하고 해서 잘 아실 것입니다. 그러나 혹 모르는 분들을 위해 베이비붐 세대인 제가 한번 하숙생의 가사를 읊어 보겠습니다.

♪ 인생은 나그넷길~ 어디서 왔다가 어디로 가는가?~ ♬

어떤가요? 나이를 좀 드셨다고 생각하신 분들은 옛날의 추억들도 아련히 생각나실 것입니다. 많은 시간 속에서 나름대로 인생의 삶을 살아온 사람들에게 "인생이란 무엇인가?"라고 묻는다면 이 거창한 질문에 누구나 선뜻 대답하기가 쉽지만은 않을 것입니다. 이 물음은 어쩌면 온 인류의 숙제이기도 할 것입니다. 그래서 수많은 사람들이 이 숙제를 풀어 보려고 마치 생각하는 로댕의 동상처럼 많은 철학자들, 지식인들, 종교인들이 생각하고 번민 속에서 고민해 보지만 질문에 대한 시원한 해답을 제시하지 못하므로 오늘날까지도 여전히 미지수(未知數)인 것 같습니다.

〈하숙생〉의 노래 가사에서 인생은 "나그네"라고 합니다. 나그네는 집을 잠시 떠나 여행하는 사람입니다. 그래서 여행객이라고도 부릅니다. 여행객은 여행을 다 마치면 집에 다시 돌아가야 합니다. '방랑객'과 '떠돌이'는 '나그네'와는 다릅니다. 방랑객과 떠돌이는 정한 곳이 없이 이리저리 목적 없이 떠돌아다니는 사람을 말합니다. 방랑객과 떠돌이는 떠나온 집도 없고 돌아갈 집도 없습니다. 그러기에 방랑객이요 떠돌이라고 말합니다.

하지만 나그네요 여행객은 떠나온 집이 있고 여행을 마치면 돌아갈 집이 있는 것입니다. 여행을 마치고 돌아갈 집이 있다는 것은 매우 중요합니다. 집은 곧 쉬는 곳을 말합니다. 안식처(安息處)를 말합니다. 쉼이 있고 평안이 있는 곳입니다. 즉 여행을 마치고 자신이 쉬고 안식할 곳이 있는 사람은 큰 걱정이 없을 것입니다. 그러나 방랑객과 떠돌이는 돌아가서 쉬고 안식을 누릴 수 있는 집이 없기에 해가 저물어 가면 불안하고 걱정이 앞설 것입니다. 더더구나 날씨가 추운 겨울이 되면 걱정과 근심 두려움이 몰려올 것입니다. 아무튼 나그네는 그 나그넷길의 여정에서 많은 사연들이 있고 추억들이 있을 것입니다. 나그네는 좋은 추억이든지 안 좋은 추억이든지 여정이 끝나면 떠나온 집으로 돌아가야 합니다.

사람은 태어나면서부터 나그네 인생을 살게 됩니다. 그리고 인생의 여정이 마치면 돌아가야 합니다. 태어날 때는 자신의 의지와 상관없이 태어납니다. 그러나 인생의 여정은 자신의 계획과 노력 자신의 뜻과 의지로 살아가게 됩니다. 그 길이 싫든 좋든 인생의 길인 나그네의 길을 걸어가는 것입니다. 그리고 언젠가는 나그네의 여정을 마칠 때가 옵니다. 그때는 집으로 돌아가야 합니다. 자신의 집으로 돌아가야 평안하고 자유로운 쉼을 누릴 수 있습니다. 여행 중에는 안식할 수 없습니다.

인생 보고서

우리 속담에 이런 말이 있습니다. "집 나가면 개고생이다." 아마 자기 집이 제일 좋고 평안히 쉴 수 있다는 의미일 것입니다. 자신의 집은 안식처입니다.

> **"나는 땅에서 나그네이오니 주의 명령들을 내게 숨기지 마소서."(시 119:19)**

여러분은 인생의 나그네 여정을 마치면 돌아갈 참된 안식처가 있습니까? 평안히 행복하게 안식할 수 있는 그런 참된 안식처가 있습니까? 인생이라면 나그넷길에서 누구나 꼭 자신이 돌아갈 안식처를 준비해야 합니다.

> **"그들이 이제는 더 좋은 본향을 사모하니 곧 하늘의 본향이라. 그러므로 하나님께서도 그들의 하나님이라 불리는 것을 부끄러워하지 아니하시나니 그분께서 그들을 위하여 한 도시를 예비하셨느니라."(히 11:16)**

몸은 흙으로 지음받았기에 흙으로 돌아갑니다. 그러나 영과 혼은 어디로 갈까요? 이 세상에서 사람이 사는 동안에 사람의 몸은 영(靈)과 혼(魂)이 거하는 집입니다. 사람이 살다가 몸이 어떤 사고나 질병이나 아니면 늙어 죽게 됩니다. 사람의 몸이 죽으면 몸 안에 있는 살고 있던 영과 혼은 더 이상 죽은 몸에 거할 수 없으므로 자신이 살았던 몸(집)에서 나오게 됩니다. 몸은 흙에서 왔기에 흙으로 돌아가 안식을 취합니다. 그런데 몸에서 나온 영과 혼도 안식(安息)이 필요합니다.

여러분의 영과 혼은 돌아갈 안식처가 있습니까? 돌아갈 집을 준비하셨나요? 몸이 살아 있을 때 영과 혼이 돌아갈 안식처(집)를 준비해야 합니다. 영과 혼이 돌아갈 집을 미리 준비하였다면 이는 참으로 지혜로운 자이며 현명한 자입니다. 그러나 영과 혼이 돌아갈 집을 아직 준비를 못하셨다면 참으로 큰일입니다. 그러나 미리 실망하지는 마시기 바랍니다. 이 책은 여러분의 영과 혼을 안식처로 돌아가게 인도해 줄 것입니다.

"그때에 흙은 전에 있던 대로 땅으로 돌아가며 영은 그것을 주신 하나님께로 돌아가리로다."(전 12:7)

"오 내 혼아, 네 안식으로 돌아갈지어다. 주께서 너를 후대하셨도다."(시 116:7)

2절 가사에 "어디서 왔다가 어디로 가는가?"의 가사입니다. 이 책을 읽는 독자분께서는 이 가사의 질문에 대한 답을 알고 있습니까? 꼭 알아야 할 것입니다. 지구상에 셀 수 없는 사람들이 태어나고 죽고, 그리고 지금도 여전히 태어나고 살아가고 있지만 이 가사처럼 "어디서 와서 어디로 가는지?"에 대해 아는 사람은 그리 많지 않을 것이라 생각합니다. 셀 수도 없는 사람들이 궁금해하며 알고자 했지만 여전히 숙제인 것 같습니다. 인간의 지혜로는 쉽게 답할 수 없는 질문인 것입니다. 그래서 이 세상의 수많은 사람들이 나름대로 온갖 지혜를 동원하여 답해 보지만 여전히 확실한 답을 제시해 주지 못하고 있습니다.

인생의 핵심은 "어디로 가느냐?"입니다. 어디서 온 줄은 알겠는데 살다가 어디로 가는지는 도무지 모릅니다. 잘 가르쳐 주는 사람도 없습니다. 세상에 그렇게 많은 책들이 있지만 답을 시원하게 말해 주는 책은 없습니다. 만일 있었다면 이미 많은 사람들이 궁금해하고 찾고 싶어 하는 질문이기에 진즉 사람들의 입에 오르내리고 알려졌을 것입니다. 특히 요즘 시대는 "정보의 바다" 또는 "정보의 홍수 시대"에 살고 있다고 말합니다. 그래서 아무 포털사이트에서 검색만 하면 모든 게 다 나오는 세상입니다. 특히 요즘은 AI 발달로 Chat GTP에 물어보면 모든 물음에 대한 답을 거의 쉽게 얻을 수 있습니다. 하지만 "인생은 어디로 가는가?"에 대한 답은 Chat GTP도 분명한 답을 못하며 여전히 수수께끼입니다.

어떤 한 가수는 인생은 "꿈"이라고 말합니다. 또한 어떤 여가수는 인생을 말하길 "인생은 알 수가 없네."라고 노래합니다. 어떤 사람은 인생은 "마라톤"과 같다고 합니다. 속담에 인생은 "일장춘몽(一場春夢)"이라고 했습니다. 그리스의 철학자의 아버지라고 불리는 소크라테스는 "인생은 무엇인가?"라는 질문에 다소 엉뚱한 답인지는 몰라도 "너 자신을 알라."라고 답했습니다. 위대한 과학자 아인슈타인은 "인생은 자전거를 타는 것이다."라고 했으며 독일의 대문호 괴테는 "눈물에 젖은 빵을 먹어보기 전에는 인생을 논하지 말라." 하고 역설했습니다. 수학자요 과학자이며 발명가 그리고 작가인 파스칼은 "인간은 생각하는 갈대이다."라고 했습니다. 영국의 대시인이며 극작가인 셰익스피어는 "인생은 바보가 지껄이는 이야기와 같다."라고 했으며 또 "인생은 사느냐 죽느냐 이것이 문제로다."라고 했습니다. 중국의 논어는 "인생이란 무엇을 알아가는 지가(知家)의 길이다."라고 하였습니다. 다들 인생을 나름대로 말하며 결론을 내리지만 다들 해답이 다릅니다. 도찐개찐입니다.

인생의 해답은 오직 하나님의 말씀이 기록된 성경책 안에서만 그 답을 찾을 수 있습니다. 인생의 해답은 인간을 창조하고 지으신 창조주 하나님께 물어봐야 바르게 그 해답을 알 수 있습니다. 이 세상의 아무리 뛰어난 철학자도 지식인도 지혜를 가진 자도 인생에 대한 답을 분명하게 제시해 주지 못합니다. 그리고 인생의 나그네 여정의 길을 마치고 돌아갈 집을 알려 줄 수 없습니다. 인생의 본향(本鄕)을 이 세상 사람들은 그 누구도 알 수 없으며 가르쳐 줄 수 없습니다. 그 이유는 그들도 답을 모르기 때문입니다. 답은 오직 하나님께 있기 때문입니다. 우리 인생은 인생의 여정이 끝나기 전에 반드시 자신의 인생에 대해서 알고 자신이 거해야 할 돌아갈 안식처인 그 집 곧 본향을 미리 준비해야 합니다. 이런 사람이 참으로 지혜롭고 현명한 자라고 생각합니다. 인생의 본향은 하늘에 있습니다.

"그들이 이제는 더 좋은 본향을 사모하니 곧 하늘의 본향이라. 그러므로 하나님께서도 그들의 하나님이라 불리는 것을 부끄러워하지 아니하시나니 그분께서 그들을 위하여 한 도시를 예비하셨느니라."(히 11:16)

장례식에 가서 보면 사람들은 돌아가신 사람의 가족들을 위로하면서 말합니다. '하늘나라 좋은 곳으로 가셨을 것입니다!', '천국으로 갔을 겁니다!', '하늘에서 평안히 계실 것입니다!" 등 여러 위로의 말들을 합니다. 그렇게 말하는 사람들이 하나님을 모르고 주 예수 그리스도를 믿지 않는 사람이라면 이는 확신 없이 생각 속에서 그냥 입으로 나오는 위로의 말들입니다. 왜냐면 그렇게 위로의 말을 하는 사람들은 자신도 분명히 모르는 가운데 믿음과 확신이 없이 생각 없이 그냥 쉽게 내뱉은 막연한 말들이기 때문입니다. 하지만 하나님과 주 예수 그리스도를 바르게 알고 믿으면 누구나 자신이 죽고 나면 자신의 영과 혼이 어디로 가는지 분명히 알고 확신 가운데 지내게 됩니다. 그래서 죽음이 두렵지 않기에 인생의 여정을 평안함 가운데 보낼 수 있습니다. 그리고 인생의 여정이 마치면 결국 그 믿음대로 가는 것입니다.

독자님께서도 인생의 여정이 끝나면 돌아갈 본향을 준비하셨나요? 혹 아직까지 자신의 영과 혼이 돌아갈 집을 준비하지 못했다면 이번 기회를 통하여 꼭 준비하여 두려움 없이 평안한 가운데 인생의 여정을 마칠 수 있게 되기를 간절한 마음으로 소망합니다.

> "그분께서 우리를 어둠의 권능에서 건져 내사 자신의 사랑하시는 아들의 왕국으로 옮기셨으니."(골 1:13)

> "진실로 진실로 내가 너희에게 이르노니, 내 말을 듣고 또 나를 보내신 분을 믿는 자에게는 영존하는 생명이 있고 또 그는 정죄에 이르지 아니하리니 사망에서 생명으로 옮겨졌느니라."(요 5:24)

인생은 공수래공수거(空手來空手去)입니다

가수 최희준의 노래 〈하숙생〉에 "인생은 벌거숭이 빈손으로 왔다가 빈손으로 가는가."라는 가사가 있습니다. 인생의 출생 시 모습과 마지막 죽음의 때의 모습을 잘 표현한 것 같습니다. 인생은 엄마 배 속에서 나올 때 무엇을 가지고 나온 것이 아닙니다. 빈손으로 나옵니다. 또 인생이 죽을 때 자신이 모았던 그 모든 것을 가지고 갈 수 없습니다. 빈손으로 갑니다. 이는 배운 사람이든 배우지 않는 사람이든 다 아는 상식입니다. 성경에도 이런 구절이 있습니다. 하나님께서도 이런 인생을 아시고 기록하게 하셨습니다.

"그가 모태에서 나왔은즉 온 그대로 벌거벗은 채 돌아가고 자기의 수고한 것 중에 아무것도 손에 들고 가지 못하리니."(전 5:15)

"이르되, 내가 모태에서 벌거벗고 나왔은즉 또한 벌거벗은 채 그리로 돌아가리라. 주신 분도 주시요 가져가신 분도 주시니 주의 이름이 찬송을 받을지어다, 하고."(욥 1:21)

"우리가 이 세상에 아무것도 가지고 오지 아니하였은즉 아무것도 가지

고 가지 못할 것이 확실하니."(딤전 6:7)

　그런데 사람들은 한결같이 '빈손으로 와서 빈손으로 간다.'고 말을 하면서 노래를 부르지만 믿고 실천하지는 않습니다. 인간의 욕망은 끝이 없습니다. 아무리 쌓아도 끝이 없고 만족이 없습니다. 죽을 때까지 쌓기만 하려 합니다. 결국 인생을 자신의 욕망을 채우지 못하고 또 쓰지도 못한 채 쌓다가 죽는지도 모른 채 죽어 갑니다. 자신이 쌓은 부를 누려 보지도 못하고 평생 힘들게 일만 하다가 인생을 마치는 것입니다. 참으로 미련하고 어리석고 불행한 인생이 아닌가요? 하나님에게서 오는 지혜가 없으면 인생은 아무리 많은 재물과 영예(榮譽)와 권력을 가져도 만족할 줄 모르는 인생이기 때문입니다.

　"은을 사랑하는 자는 은으로 만족하지 못하며 풍요를 사랑하는 자도 소득의 증대로 만족하지 못하리니 이것도 헛되도다. 재물이 늘어나면 그것을 먹는 자들도 느나니 그것의 소유주들이 자기들의 눈으로 그것을 바라보는 것 외에 무엇이 그들에게 좋으랴? 수고하는 자는 많이 먹든지 적게 먹든지 잠을 달게 자거니와 부자는 재물이 풍요하므로 잠들지 못하리로다."(전 5:10〜12)

　이 세상에서 아무리 지식이 많고 뛰어나고 지혜롭다 해도 하나님의 지혜가 없다면 그 모든 것은 허사이며 꽝입니다. 쓸모없는 것이 되어 버리는 것입니다. 하나님께로 온 지식과 지혜가 아닌 이 세상의 지식과 지혜는 오히려 번민과 고통과 피곤함을 줄 뿐입니다.

"기록된바, 내가 지혜로운 자들의 지혜를 무너뜨리고 분별 있는 자들의 명철을 쓸모없게 만들리라, 하였으니 지혜로운 자가 어디 있느냐? 서기 관이 어디 있느냐? 이 세상의 변론가가 어디 있느냐? 하나님께서 이 세 상의 지혜를 어리석게 만들지 아니하셨느냐?"(고전 1:19~20)

"모든 강은 바다로 흐르되 여전히 바다를 채우지 못하며 강들은 자기 들이 나오는 곳으로 거기로 되돌아가느니라.
모든 것이 수고로 가득하여 사람이 그것을 말할 수 없나니 눈은 보는 것으로 만족하지 아니하고 귀는 듣는 것으로 채워지지 아니하는도 다."(전 1:7~8)

 그러나 하나님의 지혜를 얻어 인생을 살고 죽음을 맞이한다면 그 인생 은 참으로 가치 있는 인생을 살았다 평가받을 수 있을 것입니다. 그 인생 은 살면서도 평안과 자유를 누리며 누구나 쉽게 욕망의 늪에 빠지는 그 늪에 빠지지 않고 벗어나 감사하며 행복한 인생을 살 수 있기 때문일 것 입니다. 이것이 참으로 지혜롭고 현명한 인생일 것입니다.

 인생과 세상을 살면서 돈은 없어서는 안 되는 매우 중요한 화폐(貨幣) 입니다. 돈이 정상적인 경제 활동에 쓰이는 것은 매우 바람직하고 타당 합니다. 그런데 돈이 인간의 욕망의 도구로 전락(轉落)하고 돈을 사랑하 며 돈이면 모든 것이 다 해결되는 사회풍토가 큰 문제입니다. 그래서 수 단과 방법을 가리지 않고 돈을 벌려고 합니다. 어그러지고 비뚤어지고 악한 현 세상에서는 성실하게 정상적으로 돈을 벌기는 쉽지만은 않습니 다. 정상적인 방법이 아닌 불법적인 방법으로 또는 합법을 가장한 불법

인생 보고서

적인 방법으로 돈을 벌어야 쉽게 큰돈을 벌 수 있는 그런 사회가 되어 버렸습니다.

TV 뉴스를 보면 예전이나 지금도 여전히 나오는 정경유착, 보이스피싱, 불법도박, 마약, 온갖 비리와 뇌물수수, 로또 및 주식 작전세력(한탕주의) 등등 권력을 얻고 큰돈이 된다면 가리지 않습니다. 사람들이 정상적으로 돈을 벌려고 하지 않고 남이 모르는 불법적인 방법으로 돈을 벌려고 합니다. 그 이유는 불법이 난무하는 세상에서 합법적으로 돈을 벌기란 쉽지 않기 때문입니다. 보통 서민이나 가난한 사람은 돈을 벌기가 어렵습니다. 그러나 부자는 돈을 벌기가 쉽습니다. 자본주의 사회 구조가 그런 구조이기 때문입니다. 그래서 빈익빈부익부(貧益貧富益富)란 말도 생기게 된 것입니다.

사람들은 '공수래공수거'는 알고 있지만 성경에서 인생들에게 부유하게 되고자 하는 자들과 돈을 사랑하는 자들에게 분명히 경고하고 있는 말씀은 대부분 모르고 있습니다. 성경은 돈을 사랑함이 모든 악의 뿌리라고 말씀합니다. 인생이라면 새겨들어야 할 것입니다. 성경에 기록된 하나님의 말씀은 진리입니다.

"그러나 부유하게 되고자 하는 자들은 사람들을 파멸과 멸망에 빠지게 하는 시험과 올무와 여러 가지 어리석고 해로운 욕심에 떨어지느니라. **돈을 사랑함이 모든 악의 뿌리이니** 어떤 자들이 돈을 탐내다가 믿음에서 떠나 잘못하고 많은 고통으로 자기를 찔러 꿰뚫었도다."(딤전 6:9~10)

우리는 뉴스에서 사회적으로 유명한 인사들, 권력이 있는 사람들이 손에 수갑을 하고 검찰로 끌려가는 사람들이 자주 봅니다. 우리가 보기에 그런 사람들은 부족한 것이 없는 사람들인데 그럼에도 불구하고 불법적인 방법으로 더 큰돈을 모으려다 그렇게 된 사람들입니다. 자신들이 그렇게 될 줄 알았다면 그렇게 하지는 안 했을 것입니다. 결국 절제할 줄 모르는 욕망과 돈을 사랑한 결과 때문에 죄를 짓게 된 것입니다. 인생이 만족할 줄 모르면 힘들고 피곤하고 고통스럽습니다. 하지만 하나님의 지혜로 욕망이란 늪에서 벗어날 때 비로소 만족하는 인생을 사는 것입니다. 성경은 인생들에게 지혜의 책으로 인생을 바른길로 인도하는 정말 놀라운 책입니다.

"그분께서 사모하는 혼에게 만족을 주시며 주린 혼을 선하심으로 채워주시는도다."(시 107:9)

"먹을 것과 입을 것이 있은즉 우리가 그것으로 만족할 것이니라."(딤전 6:8)

인생들이 스스로 쌓고 얻은 것은 아무것도 가져갈 수 없습니다. 이뿐만 아니라 이 세상에서도 쌓은 것들을 다 누리지도 못합니다. 이 세상에서 얻은 것은 영원하지 않습니다. 인생이 영원한 것을 얻으려면 자신이 어떠한 사람인지를 성경에 기록된 하나님의 말씀을 통하여 깨닫고 회개하고 하나님과 주 예수 그리스도를 믿어야 합니다. 그래야만 그 인생이 참으로 성공한 인생이라고 말할 수 있을 것입니다. 어떤 인생이라도 짧은 인생의 여정 가운데서 영원한 생명을 얻어야 그 인생이 진정한 복된 인생이 될 것입니다.

"또 그 증거는 이것이니 곧 **하나님께서 우리에게 영원한 생명을 주신
것과 이 생명이 그분의 아들 안에 있는 것이니라. 아들이 있는 자에게
는 생명이 있고** 하나님의 아들이 없는 자에게는 생명이 없느니라. 내가
하나님의 아들의 이름을 믿는 너희에게 이것들을 쓴 것은 너희에게 영
원한 생명이 있음을 너희가 알게 하고 또 하나님의 아들의 이름을 너희
가 믿게 하려 함이라."(요일 5:11)

제3부

인생에 대한 하나님의 결론(結論)

인생은 부정(不淨)한 물건이며 불량품입니다

처음에 하나님께서 사람을 창조하고 지으셨을 때는 하나님의 형상대로 창조한 사람을 보고 하나님께서 매우 좋아하셨습니다. 하나님께서 사람을 창조하고 기뻐하신 이유는 자신의 형상대로 지음을 받았고 하나님과 고통을 나누고 사랑을 나눌 수 있었기 때문입니다.

> "이처럼 하나님께서 자신의 형상으로 사람을 창조하시되 하나님의 형상으로 그를 창조하시고 그들을 남성과 여성으로 창조하시니라."(창 1:27)

> "하나님께서 자신이 만든 모든 것을 보시니, 보라, 매우 좋았더라. 그 저녁과 아침이 여섯째 날이더라."(창 1:31)

그리고 하나님께서는 최초의 사람인 아담(Adam)에게 자신의 배필(配匹)이 되는 여자인 아내 즉 이브(Eve)도 자신의 갈비뼈를 통하여 만들어 조력자로 지어 주셨습니다.

> "주 하나님께서 이르시되, 남자가 홀로 있는 것이 좋지 못하니 내가 그

를 위하여 합당한 조력자를 만들리라, 하시니라."(창 2:18)

"주 하나님께서 아담을 깊이 잠들게 하시니 그가 잠들매 그분께서 그의
갈비뼈 중에서 하나를 취하시고 그것 대신 살로 채우시며 주 하나님께
서 남자에게서 취한 그 갈비뼈로 여자를 만드시고 그녀를 남자에게로
데려오시니."(창 2:21~22)

하나님께서는 그들에게 에덴에 동산과 강들을 만들어 주시고 씨 맺는
채소와 씨 맺는 나무의 열매를 가진 모든 나무도 주셨습니다.

"하나님께서 이르시되, 보라, 내가 온 지면 위에 있는 씨 맺는 모든 채소
와 속에 씨 맺는 나무의 열매를 가진 모든 나무를 너희에게 주었노니 그
것이 너희에게 먹을 것이 되리라."(창 1:29)

"주 하나님께서 동쪽으로 에덴에 동산을 세우시고 자신이 지은 남자를
거기 두셨으며 또 주 하나님께서 땅으로부터 보기에 아름답고 먹기에
좋은 모든 나무가 자라게 하시니 그 동산의 한가운데에는 생명나무와
선악을 알게 하는 나무도 있더라. 강 하나가 에덴에서 나가 동산을 적시
고 거기서부터 갈라져 네 개의 근원이 되었는데."(창 2:8)

또 하나님께서는 그들에게 바다와 공중과 땅의 모든 것들을 정복하고
지배하는 정복자와 지배자로 곧 그들을 땅을 다스리며 지배하는 왕으로
그들은 세우셨습니다.

"하나님께서 그들에게 복을 주시며 그들에게 이르시되, 다산하고 번성하여 땅을 채우라. 땅을 정복하라. 또 바다의 물고기와 공중의 날짐승과 땅 위에서 움직이는 모든 생물을 지배하라, 하시니라."(창 1:28)

최초의 사람인 아담과 이브는 자신을 창조한 하나님께 나아가는 데 전혀 거리낌이 없었습니다. 자신을 알고 있고 자신과 대화하며 자신에게 모든 것을 만들어 주고 그것을 다스리고 지배하도록 하셨기에 그들 또한 좋았고 기뻤습니다. 이는 마치 어린아이가 자신을 낳아 준 엄마 아빠가 최고이며 절대로 없어서는 안 되는 그런 존재로 알고 있기에 엄마 아빠에게 나아가는 것은 너무나 당연하고 자연스럽고, 안전하고, 평안하고, 행복한 것처럼 말입니다.

하나님께서는 아담과 이브를 에덴의 동산에 두시고 그것을 가꾸고 지키게 하셨고 그들에게 한 가지 명령을 하셨습니다. 그 명령은 동산의 모든 나무에서 나는 열매는 네 마음대로 다 먹어도 되나 선악을 알게 하는 나무의 열매를 먹지 말라는 것이었습니다. 그러나 그들은 하나님의 말씀에 불순종하여 그 명령을 어기게 되었습니다. 그것은 바로 죄(罪)였습니다 하나님께서 말씀하신 말씀에 불순종하여 오직 한 가지 금지한 명령을 어긴 죄로 인하여 아담과 이브는 모든 것을 잃게 되었고 저주를 받게 되었습니다.

"주 하나님께서 남자를 데려다가 에덴의 동산에 두시고 그것을 가꾸고 지키게 하셨더라. 주 하나님께서 남자에게 명령하여 이르시되, 동산의 모든 나무에서 나는 것은 네가 마음대로 먹어도 되나 선악을 알게 하는

인생 보고서

나무에서 나는 것은 먹지 말라. 그 나무에서 나는 것을 먹는 날에 네가 반드시 죽으리라, 하시니라."(창 2:15)

"여자가 보니 그 나무가 먹기에 좋고 눈으로 보기에 아름다우며 사람을 지혜롭게 할 만큼 탐스러운 나무이므로 여자가 그 나무의 열매를 따서 먹고 자기와 함께한 자기 남편에게도 주매 그가 먹으니라."(창 3:6)

이브는 처음 뱀(사탄)의 유혹을 받아 선악을 알게 하는 나무의 열매를 먹고 남편인 아담에게 주었습니다. 아담도 이브가 주는 그 열매를 받아 먹게 되었습니다. 그들은 함께 하나님의 말씀을 거역하고 하나님의 말씀을 믿지 않고 불순종함으로 그들은 하나님 앞에 죄를 짓게 되었고 죄인이 되어 버린 것입니다.

그들은 죄로 말미암아 하나님의 형상이 깨어져 버리고 하나님의 창조 목적에 벗어난 죄가 있는 부정(不淨)한 사람 즉 부정한 물건이 되어 버린 것입니다. 제품으로 말하면 쓸모없는 불량품이 되어 버린 것입니다. 아담과 이브는 온 인류의 조상으로 세상에 죄를 들어오게 했고 죄로 말미암은 사망을 들어오게 했습니다. 아담의 죄는 자신들에게만 국한되는 것이 아니라 온 인류에게 죄를 전가(轉嫁)시킨 장본인이 되었고 이 죄로 말미암은 모든 사람에게 또한 사망이 임하게 했습니다.

"그러므로 한 사람으로 말미암아 죄가 세상에 들어오고 죄로 말미암아 사망이 들어왔나니 이와 같이 모든 사람이 죄를 지었으므로 사망이 모든 사람에게 임하였느니라."(롬 5:12)

하나님께서는 이들에게 당신의 명령을 거역하고 불순종한 그리고 당신의 말씀을 믿지 아니한 대가로 그들에게 합당한 저주(咀呪)와 벌(罰)을 내리셨습니다. 이들이 받은 저주와 벌은 자신들이 행한 죄의 대가였습니다. 그들이 지은 죄의 대가는 자신뿐만이 아니라 온 인류에게 참으로 엄청난 대가인 고통과 수고와 불행이 시작이 되었습니다.

> **"또 여자에게 이르시되, 내가 네게 고통과 수태를 크게 더하리니 네가 고통 중에 자식을 낳을 것이요, 또 너의 열망이 네 남편에게 있으리니 그가 너를 다스릴 것이니라, 하시고.**
> **아담에게 이르시되, 네가 네 아내의 음성에 귀를 기울이고 내가 네게 먹지 말라고 명령한 나무에서 나는 것을 먹었은즉 땅은 너로 인하여 저주를 받고 너는 평생토록 고통 중에 땅의 소산을 먹으리라. 또한 땅이 네게 가시덤불과 엉겅퀴를 내리라. 네가 들의 채소를 먹으며 땅으로 돌아가기까지 네 얼굴에 땀을 흘려야 빵을 먹으리니 이는 네가 땅에서 취하여졌기 때문이라. 너는 흙이니 흙으로 돌아갈 것이니라, 하시니라."**(창 3:16~19)

만일 이들이 하나님의 말씀을 믿고 순종하였다면 이브에게 내려진 산고의 고통은 없었을 것입니다. 그리고 아담에게 내려진 평생토록 땀을 흘리며 고통의 소산을 먹어야 하는 것과 땅이 저주를 받지 않았을 것입니다. 지금의 모든 인생이 수고하고 고통스럽게 살다가 죽음 곧 흙으로 돌아가는 이유는 바로 사람의 조상인 첫째 사람 아담이 지은 죄의 결과 때문입니다. 아담의 자손들은 선택의 여지가 없었습니다. 원망해도 소용이 없습니다. 곧 운명(運命)이 되었고 숙명(宿命)이 되어 버렸습니다.

아담과 이브는 자신들이 인식을 하지 못했지만 하나님은 그들이 당신의 선한 목적에 부합되지 않는 '부정(不淨)한 사람' 곧 '부정한 물건'이 되어 버린 것을 알고 하나님께서는 그들을 심판하고 그들이 생명 나무의 열매를 먹어 영생할 수 없도록 그들을 에덴의 동산에서 추방하였습니다.

> **"그러나 우리는 다 부정한 물건 같아서 우리의 모든 의는 더러운 누더기 같으며 우리는 다 잎사귀같이 시들므로 우리의 불법들이 바람같이 우리를 몰아가나이다."**(사 64:6)

"주 하나님께서 이르시되, 보라, 남자가 우리 가운데 하나같이 되어 선악을 알게 되었도다. 이제 그가 자기 손을 들어 생명나무에서 나는 것도 따서 먹고 영원히 살까 염려하노라, 하시고. 그런 까닭에 주 하나님께서 에덴의 동산에서 그를 내보내사 그를 땅에서 취하였으므로 땅을 갈게 하시니라. 이같이 하나님께서 그 남자를 쫓아내시고 에덴의 동산 동쪽에 그룹들과 사방으로 도는 불타는 칼을 두어 생명나무의 길을 지키게 하시니라."(창 3:22~24)

② 인생은 더럽고 사악(邪惡)한 죄인(罪人)입니다

하나님은 인생을 더럽다고 하십니다. 그 이유는 뭘까요? 왜 하나님은 인생을 더럽게 보시는 것일까요? 하나님의 형상대로 창조되고 지음받은 사람은 이제 자신들이 지은 죄로 인하여 하나님의 형상이 파괴되고 깨져 버렸습니다. 이제 하나님께 자유롭게 나아가지 못하고 두렵기만 하는 죄인이 되어 자신들을 숨기고 자신들의 부끄러움을 가리는 사람으로 변하게 되었습니다. 그들이 죄를 짓기 전에는 부끄러움을 몰랐고 하나님을 두려워하지도 않았습니다. 그런데 그들을 죄를 짓고 난 후 모든 상황은 완전히 바뀌게 된 것입니다. 그들은 자신들이 벌거벗은 줄을 알게 되었고 그로 인하여 하나님이 두려워 하나님 앞을 떠나 숨게 되었습니다. 그 모든 원인은 바로 죄 때문이었습니다.

"이처럼 하나님께서 자신의 형상으로 사람을 창조하시되 하나님의 형상으로 그를 창조하시고 그들을 남성과 여성으로 창조하시니라."(창 1:27)

"그들 두 사람의 눈이 열리매 그들이 자기들이 벌거벗은 줄을 알고는 무화과나무 잎을 엮어 자기들을 위해 앞치마를 만들었더라. 그들이 그

인생 보고서

날 서늘한 때에 동산에서 거니시는 주 하나님의 음성을 듣고 아담과 그의 아내가 주 하나님 앞을 떠나 동산의 나무들 가운데 숨으매 주 하나님께서 아담을 부르시며 그에게 이르시되, 네가 어디 있느냐? 하시니 그가 이르되, 내가 동산에서 하나님의 음성을 듣고 **벌거벗었으므로 두려워하여 숨었나이다**, 하거늘."(창 3:7~10)

시간이 흐른 후 어느 날 하나님께서는 하늘에서 자신을 찾는 자들이 있는지 사람들을 보셨는데 하나님은 없다 하고 또 단 한 사람도 선을 행하는 자도 없고 모두 함께 더러운 자가 되었다고 말씀합니다.

"어리석은 자가 마음속으로 이르기를, 하나님은 없다, 하였도다. 그들은 부패하여 가증한 일들을 행하였으니 선을 행하는 자가 하나도 없도다. 주께서 깨닫는 자나 하나님을 찾는 자가 있는지 보시려고 하늘에서부터 사람들의 자녀들을 내려다보셨으되 그들이 다 치우쳐서 다 함께 더러운 자가 되고 선을 행하는 자가 없나니 단 한 사람도 없도다."(시 14:1~3)

인간에게 죄가 들어온 후 어떤 인간도 선(善)을 행할 수 없었고 모두 악(惡)을 행하고 죄악과 더러움 속에 빠져서 살아가게 된 것입니다. 사람들이 보기에는 선한 사람도 있고 선을 행하는 사람도 있겠다고 생각할 줄 모르지만 하나님이 보실 때는 선을 행하는 사람이 단 한 사람도 없다고 분명히 말씀하시며 사람이 생각하는 선은 모두 가짜 선 곧 위선(僞善)이라고 말씀합니다. 사람에게 본래 선이 없는데 선을 행한다며 그것은 가짜라는 것입니다. 즉 거짓된 선이라는 것입니다. 그것이 바로 위선입니다.

쉬운 예를 하나 든다면 어떤 항아리에 무엇이 들어 있느냐에 따라 그 안에 들어 있는 것이 나오지 들어 있지 않은 것이 나올 수는 없는 것입니다. 항아리에 물이 들어 있으면 물이 나오고 술이 들어 있으면 술이 나옵니다.

주 예수님은 사람의 속에서 나오는 것이 사람을 더럽게 한다고 말씀하십니다. 이는 사람 속에 더러운 것들이 있음을 증명해 주고 있습니다. 만일 사람 안에 더러운 것들이 없다면 절대로 더러운 것들이 나오지 않을 것입니다. 그러나 더러움으로 가득 차 있기에 그 더러움이 나온다는 것입니다.

"그분께서 그들에게 이르시되, 너희도 그렇게 깨닫지 못하느냐? 무엇이든지 밖에서 사람 속으로 들어가는 것이 능히 사람을 더럽게 하지 못하는 줄을 너희가 알지 못하느냐? 그것은 그의 마음속이 아니라 뱃속으로 들어가 모든 음식을 깨끗하게 하고 뒤로 나가느니라, 하시니라. 또 그분께서 이르시되, 사람에게서 나오는 것, 그것이 사람을 더럽게 하느니라. 속에서 곧 사람들의 마음에서 악한 생각, 간음, 음행, 살인, 도둑질, 탐욕, 사악함, 속임, 색욕, 악한 눈, 신성모독, 교만, 어리석음이 나오는데 이 모든 악한 것이 속에서 나와 사람을 더럽게 하느니라, 하시니라."(막 7:18~23)

사도 바울은 로마서 7장에서 사람 안에 죄가 있다고 분명하게 말씀해 주고 있습니다. 사람 속에 죄가 있으므로 죄성(罪性)들로 말미암아 죄의 열매들을 맺는 것입니다. 죄는 죄를 지을 만한 환경과 형편이 오면 기회를 잡아 일하게 됩니다. 즉 죄를 짓게 만듭니다.

사람 속에 더러움이 있고 악이 있기에 더러움이 나오고 악이 나오는 것입니다. 더러움과 깨끗함이 함께 섞여 공존할 수는 없습니다. 이는 마치 빛과 어둠이 공존할 수 없는 것과 같습니다. 사람은 둘 중 하나입니다. 죄인(罪人) 아니면 의인(義人)입니다. 사람이 깨끗하지 않다면 더러운 것입니다. 죄가 세상에 들어온 후 사람은 본성이 바뀌어서 깨끗함을 좋아하지 않고 더러움을 더 좋아합니다. 이는 빛보다 어둠을 더 좋아한다는 의미입니다.

> "내 안에 (곧 내 육신 안에) 선한 것이 거하지 아니하는 줄을 내가 아노니 원함은 내게 있으나 선한 그것을 어떻게 행할는지 내가 찾지 못하노라. 이는 내가 원하는 선은 내가 행하지 아니하고 도리어 내가 원치 아니하는 악을 곧 그것을 내가 행하기 때문이라. 이제 내가 원치 아니하는 그것을 내가 행하면 그것을 행하는 자가 더 이상 내가 아니요 내 안에 거하는 죄니라."(롬 7:18~20)

> "정죄는 이것이니 곧 빛이 세상에 왔으되 사람들이 자기 행위가 악하므로 빛보다 어둠을 더 사랑한 것이니라."(요 3:19)

사람에게 선이 있다면 선이 나올 것입니다. 하지만 사람 속에는 선이 없기에 선이 나올 수 없는 것입니다. 선을 행할 수도 없는 것입니다. 죄가 들어온 인간에게 선이 없다는 것은 창조주 하나님의 결론입니다. 사람들은 선을 행하기를 원하지만 그 원하는 대로 행하지 않고 오히려 원하지 않는 악을 행하게 됩니다. 그 이유는 자신 안에 죄가 있고 죄를 이 길 수 없기 때문입니다. 이 세상에 그 어떤 사람도 이러한 사실을 알지 못합니다. 그러나 하나님은 왜 그런지 분명하게 사실을 우리에게 알려 주고 밝혀 주고 있습니다. 그 이유와 원인은 바로 사람 속에 거하는 죄라고 단호하게 말씀하고 있습니다.

> "하나님께서 깨닫는 자나 하나님을 찾는 자가 있는지 보시려고 하늘에서부터 사람들의 자녀들을 내려다보셨으되 그들이 모두 물러가 함께 더러운 자가 되고 선을 행하는 자가 없나니 단 한 사람도 없도다."(시 53:2~3)

> "우리가 알거니와 율법은 영적이나 나는 육신적이어서 죄 아래 팔렸도다. 내가 행하는 것을 내가 인정하지 아니하노니 이는 내가 원하는 것은 내가 행하지 아니하고 내가 미워하는 것을 내가 행하기 때문이라."(롬 7:14~15)

하나님께서는 여자에게서 태어난 자는 모두 깨끗하지 않다고 말씀하십니다. 모든 사람은 남자의 씨로 여자에게서 태어납니다. 모든 사람은 죄 중에서 잉태됩니다. 아기가 태어나면 너무나 예쁘고 귀엽고 한없이 사랑스럽습니다. 무슨 선이나 악을 행하지 않습니다. 아니 행할 수도 없습니다. 하지만 인간은 적당한 여건과 환경이 조성되면 육신 안에 있는 죄가 발현(發現)되어 죄를 짓게 됩니다. 이는 사람이 죄의 유혹과 죄의 능력을 이기지 못하기 때문입니다.

어떤 항아리 속에 깨끗한 물이 들어 있다면 그 항아리도 깨끗한 항아리로 취급받습니다. 어떤 항아리에 좋은 꿀이 들어 있다면 그 항아리도 귀하게 취급받습니다. 어떤 항아리에 더러운 똥이 들어 있다면 그 항아리도 더럽게 취급받습니다. 그 항아리 속에 무엇이 들어 있는지가 중요합니다.

이처럼 사람 속에 더럽고 악한 죄가 있으면 그 사람은 더럽고 악한 죄인으로 취급받게 되는 것입니다. 그래서 죄 속에서 잉태되고 출생한 사람은 깨끗하지 않다고 말씀하며 더럽고 악하다고 성경은 말씀해 주고 있습니다. 오직 성경만이 이를 밝혀 주고 있습니다. 사람들이 믿든지 믿지 않든지 이는 사실이며 진리입니다.

"그런즉 사람이 어찌 하나님과 견주어 의롭다 할 수 있겠느냐? 또는 여자에게서 태어난 자가 어찌 깨끗할 수 있겠느냐?"(욥 25:4)

"보소서, 내가 불법 가운데서 형성되었으며 내 어머니가 죄 가운데서 나를 수태하였나이다."(시 51:5)

사람은 죄 중에서 잉태되고 죄를 가지고 죄인으로 태어납니다. 그리고 죄인으로 성장하면서 죄를 즐기고 죄를 짓게 됩니다. 죄를 짓고 그 죄를 자랑합니다. 현시대는 극도로 악한 세상이 되어버려서 죄에 대한 인식과 감각이 별로 없습니다.

하나님은 사람의 사악(邪惡)함을 보았습니다. 사람들의 마음에서 생각하는 모든 것이 항상 악함을 보셨습니다. 인간들은 마음을 볼 수 없지만 사람을 창조한 하나님은 사람의 마음을 볼 수 있습니다. 사람의 마음을 보신 하나님의 결정입니다. 그것은 사람은 항상 사악하다는 것입니다.

"하나님께서 사람의 **사악함**이 땅에서 커지고 또 그의 **마음에서 생각하여 상상하는** 모든 것이 항상 악할 뿐임을 보시고."(창 6:5)

"**사악한 자들의** 더러운 행실로 인해 괴로움을 받던 **의로운 롯**을 건져내셨으니"(벧후 2:7)

"그들은 곧 모든 불의와 음행과 사악함과 탐욕과 악의로 가득하며 시기와 살인과 논쟁과 속임수와 적개심으로 가득하고 수군수군하는 자요."(롬 1:29)

"의로운 자의 수고는 생명으로 향하며 **사악한 자의 열매는 죄로 향하**느니라."(잠 10:16)

현 세상은 악한 세상입니다. 사람들도 자꾸만 악해져 가고 있습니다. 작은 죄는 죄로도 여기지 않고 죄를 짓지 않으려 하는 사람을 오히려 이상히 여기며 생각합니다. 죄는 살인(殺人) 같은 큰 죄만이 죄가 아닙니다. 사람들은 생각하기를 큰 죄만 죄로 여기지 작은 죄 마음의 죄는 죄로도 여기지 않습니다. 성경은 거짓말도 살인죄와 동일하게 판단합니다.

"그분께서 하나님 곧 우리 아버지의 뜻에 따라 **이 악한 현 세상에서** 우리를 건지시려고 우리의 죄들로 인하여 자신을 주셨으니"(갈 1:4)

"악한 자들과 유혹하는 자들은 점점 더 악하여져서 속이기도 하고 속기도 하리라."(딤후 3:13)

"개들과 마법사들과 음행을 일삼는 자들과 **살인자들**과 우상 숭배자들과 거짓말을 좋아하며 지어내는 자는 누구든지 밖에 있느니라."(계 22:15)

지금은 간통죄가 폐지됨에 따라 간통죄를 범해도 죄가 되지 않습니다. 고발할 수도 없습니다. 설령 고발해도 접수를 받아 주지 않습니다. 죄가 아니기 때문입니다. 동성연애도 문제 되지 않습니다. 동성끼리 결혼도 합니다. '게이(gay)', '레즈비언(lesbian)', '트랜스 젠더 성전환(性轉換)' 등의 숫자도 갈수록 늘어가고 있습니다. (性小數者) 성경은 이 세대를 악하고 음란한 세대라고 합니다.

"**악하고 음란한 세대가** 표적을 구하나 대언자 요나의 표적 외에는 아무 표적도 그 세대에게 주지 아니하리라, 하시고 그들을 남겨 둔 채 떠나가시니라."(마 16:4)

성경이 말하는 이 현시대 가장 큰 죄는 하나님을 두려워하지 않고 주 예수 그리스도를 믿지 않는 죄입니다. 예수 그리스도를 믿지 않는 죄는 사람을 죽인 살인죄보다 더 큽니다. 살인죄와 같은 큰 죄와 그 어떤 죄도 용서받을 수 있지만 주 예수 그리스도를 믿지 않는 죄는 결코 용서받을 수 없습니다. 사람들은 마음과 지식에 하나님 두기를 싫어합니다. 이는 사람의 마음 안에 죄가 있기 때문입니다.

"**죄에 대하여라 함은 그들이 나를 믿지 아니하기 때문이요,**"(요 16:9)

"이러한 까닭에 하나님께서 그들을 수치스런 애정에 내주셨으니 이는 심지어 그들의 여자들도 본래대로 쓸 것을 본성에 어긋나는 것으로 바꾸었기 때문이라.

남자들도 이와 같이 본래대로 여자 쓰는 것을 버리고 서로를 향해 욕정이 불 일 듯하여 남자가 남자와 더불어 보기 흉한 짓을 행함으로 자기 잘못에 합당한 보응을 자기 속에 받았느니라.

또한 그들이 자기 지식 속에 하나님 두기를 싫어하매 하나님께서도 그들을 버림받은 생각에 내주사 합당하지 못한 일들을 행하게 하셨으니, 그들은 곧 모든 불의와 음행과 사악함과 탐욕과 악의로 가득하며 시기와 살인과 논쟁과 속임수와 적개심으로 가득하고 수군수군하는 자요, 뒤에서 헐뜯는 자요, 하나님을 미워하는 자요, 업신여기는 자요, 교만한 자요, 자랑하는 자요, 악한 일들을 꾸미는 자요, 부모에게 불순종하는 자요, 지각이 없는 자요, 언약을 어기는 자요, 본성의 애정이 없는 자요, 화해하기 어려운 자요, 긍휼이 없는 자라. 그들이 이런 일들을 행하는 자들은 죽어야 마땅하다는 하나님의 심판을 알고도 같은 일들을 행할 뿐 아니라 그런 일들 행하는 자들을 기뻐하느니라."(롬 1:26~32)

사람의 속에는 선이 거하지 않습니다. 대신 사람 안에는 더러움이 거하고 사악함이 거하고 죄가 거하고 있습니다. 그러기에 사람은 더럽고 사악한 죄인입니다. 인정하고 싶지 않지만 사실입니다. 그러기에 선을 행하고 싶은 원함은 있지만 사람 속에 선이 없으므로 선을 행하지 않고 도리어 원하지 아니하는 악을 행하게 된다는 것입니다. 그렇게 악을 행하게 하는 근본적인 능력이 되는 것은 바로 죄라고 말씀합니다.

"이제 내가 원치 아니하는 그것을 내가 행하면 그것을 행하는 자가 더 이상 내가 아니요 내 안에 거하는 죄니라."(롬 7:20)

인간은 죄의 능력을 인간 스스로는 절대 이길 수는 없습니다. 죄는 오직 하나님만이 이길 수 있고 깨끗이 처리할 수 있습니다. 하나님 외에는 없습니다. 사람의 육체 안에 있는 죄와 사망의 법을 사람은 이길 수 없습니다. 죄와 사망의 법과 싸워 이길 수 있고 해방시킬 수 있는 법은 오직 그리스도 예수님 안에 있는 생명의 성령의 법뿐입니다. 사람이 만유인력과 중력을 벗어날 수 없듯이 죄의 능력에서 벗어날 수 없습니다. 죄와 사망의 법에서 벗어나려면 오직 주 예수 그리스도를 믿음으로 생명의 성령의 법이 내 안에 들어오게 해야 합니다. 믿음을 통하여 생명의 성령의 법이 내 안에 들어오게 되면 생명의 성령의 법이 내 안에 있는 죄의 법과 나 대신 싸워 이기게 해 줍니다. 그러므로 죄의 권세로부터 벗어날 수 있습니다. 이 방법 외에는 죄를 이길 수 있는 방법은 전혀 없습니다.

"이는 그리스도 예수님 안에 있는 생명의 성령의 법이 죄와 사망의 법에서 나를 해방시켰기 때문이라."(롬 8:2)

성경은 모든 사람이 죄를 지은 죄인이라서 하나님의 영광에 이를 수 없다고 말씀합니다. 그리고 모든 사람은 죄를 지었기에 또한 죄의 삯[대가(代價)]인 사망에 이른다고 기록하고 있습니다.

"모든 사람이 죄를 지어 하나님의 영광에 이르지 못하더니."(롬 3:23)

"죄의 삯은 사망이나 하나님의 선물은 예수 그리스도 우리 주를 통해 얻는 영원한 생명이니라."(롬 6:23)

그래서 예수님은 죄인들을 회개시켜 죄에서 사망에서 구원하러 오셨습니다. 사람들은 스스로는 자신이 누구인지 어떤 사람인지 모릅니다. 하지만 성경은 하나님의 말씀을 통하여 사람이 얼마나 더럽고 사악하며 하나님 앞에 큰 죄인인지를 밝혀 줍니다. 성경은 사람의 마음과 사람 그 자체를 비추어 주는 거울과도 같습니다. 사람이 어떤 사람인지 분명하게 보여 줍니다. 하나님은 인간 자신을 알게 하여 회개하게 하시고 구원하시려 자신의 독생자인 예수님을 보내 주셨습니다. 예수님은 하나님의 뜻을 이루기 위해 오셨고 죄인들을 부르고 있습니다. 더럽고 사악하고 죄인인 인생들이 주 예수님을 믿어 사람이 의롭게 되기를 원하십니다.

"나는 의로운 자들을 부르러 오지 아니하고 죄인들을 불러 회개하게 하려고 왔노라, 하시니라."(눅 5:32)

"그리스도 예수님께서 죄인들을 구원하시려고 세상에 오셨다는 이 말은 신실한 말이요 온전히 받아들이기에 합당한 말이로다. 죄인들 중에 내가 우두머리니라."(딤전 1:15)

"내가 너희에게 이르노니, 이와 같이 한 죄인이 회개하면 하나님의 천사들 앞에서 기쁨이 있느니라, 하시니라."(눅 15:10)

"그리스도 예수님 안에 있는 구속을 통해 하나님의 은혜로 값없이 의

롭게 되었느니라."(롬 3:24)

"그러므로 우리가 결론을 내리노니 사람은 율법의 행위와 상관없이 믿
음으로 의롭게 되느니라."(롬 3:28)

인생은 다 거짓말쟁이입니다

사람들은 거짓말을 너무 많이 합니다. 사람 스스로도 거짓말을 밥 먹듯이 한다고 말합니다. 거짓말을 하면서도 거짓말인지 인식하지 못하고 많이 합니다. 또 거짓말을 많이 하면서도 대수롭지 않게 생각합니다. 자신의 기준에 나쁜 거짓말이 아니면 괜찮다고 생각하기 때문입니다. 또 자신뿐만이 아니라 다른 사람들도 모두 그렇게 거짓말을 하기 때문일 것입니다. 그리고 거짓말도 선한 거짓말이 있고 악한 거짓말이 있다고 생각합니다. 그래서 선한 거짓말은 해도 괜찮다고 여기는 것입니다. 그러나 선한 거짓말이든 악한 거짓말이든 모두 거짓말입니다. 둘 다 죄에서 나온 거짓말입니다.

사람들은 왜 거짓말을 할까요? 첫째는 남을 속이기 위해서입니다. 둘째는 남을 속여 자신의 욕망을 이루고 자신의 이익을 얻기 위해서입니다. 셋째는 믿음이 없어서입니다. 믿음이 없으면 모든 것이 다 불안합니다. 어떤 일들에서든지 사람과의 관계에서든지 자신이 생각하는 것에 대한 확신이 없으면 사람들은 그것들을 사실인 것처럼 감추기 위해 거짓말을 하게 됩니다. 세웠던 어떤 목표나 계획 등이 미치지 못할 때 그 위기를 넘어가기 위해 변명으로 거짓말을 하게 됩니다. 사람들은 모든 일에서나 관계에서 믿음이 없으면 불안하기에 그래서 그 불안감을 잠재우려 거짓말을 하는 것입니다. 넷째는 자신을 세우고 자신을 높이기 위해서 인정받기 위해서 거짓말을 하게 됩니다. 사실대로 말하면 자신을 세우거나 높이거나 인정받기가 어렵기 때문에 거짓말을 하게 됩니다. 이러한 거짓말은 죄인들의 속성입니다. 거짓말을 안 하려 해도 자신도 모르게 자신의 의지와 상관없이 거짓말이 나옵니다. 이것은 죄인의 본성(本性)입니다. 거짓말을 한번 하면 그 거짓말을 숨기기 위해서 또 다른 거짓말을 하게 됩니다. 이런 식으로 한 번 한 거짓말은 눈덩이처럼 계속 커지는 것입니다. 절대로 거짓말은 줄어들지 않습니다.

우스갯소리로 이런 이야기가 있습니다. 세계 거짓말 대회가 있었습니다. 이 대회에서 우승한 사람은 자신은 지금까지 거짓말을 한 번도 안 했다고 하여 우승을 했다는 것입니다. 사람들은 입만 열면 거의 거짓말을 본능적으로 하게 됩니다. 그래서 사람은 누구든지 다 거짓말쟁이인 것입니다. 성경도 모든 사람을 다 거짓말쟁이라고 말씀합니다.

"결코 그럴 수 없느니라. 참으로 하나님은 진실하시되 **사람은 다 거짓말쟁이라 할지어다.** 이것은 기록된바, 이로써 주께서 주의 말씀하신 것에서 의롭게 되시고 판단 받으실 때에 이기시리이다, 함과 같으니라."(롬 3:4)

"황급히 이르기를, **모든 사람이 거짓말쟁이라,** 하였도다."(시 116:11)

왜 사람들은 모두 거짓말쟁이가 되었을까요? 이 세상에서 어느 유능한 박사라 유명한 철학자나 많은 지식이 있고 지혜로운 자라 하여도 사람에게서는 이 질문에 대한 해답을 들을 수 없을 것입니다. 이유는 이 세상에서는 그에 대한 답이 없기 때문입니다. 이에 대한 해답은 오직 성경 안에만 있습니다. 앞글에서도 말했지만 성경은 인생의 모든 해답이 다 있습니다. 어떤 질문이든지 그에 대한 모든 해답이 다 있습니다. 사람이 거짓말쟁이가 된 이유는 사람이 거짓의 아비에게서 났기 때문이라고 성경은 밝혀 주고 있습니다. 성경에서 말씀하는 거짓의 아비는 자신을 낳아 준 아버지를 말하는 게 아닙니다.

성경 창세기 3장에서 처음 이브를 속일 때 뱀은 간교하게 거짓말로 이브를 속였습니다. 이 뱀은 마귀인 사탄을 말합니다.

사탄은 세상을 속이는 자입니다. 죄는 사탄 마귀의 속성에 속합니다. 최초로 거짓말을 했던 존재는 사탄 마귀입니다. 그래서 거짓의 아비라고 말씀한 것입니다.

> **"그 큰 용 즉 저 옛 뱀 곧 마귀라고도 하고 사탄이라고도 하며 온 세상을 속이는 자가 내쫓기더라. 그가 땅으로 내쫓기니 그의 천사들도 그와 함께 내쫓기니라."**(계 12:9)

아담 이후로 모든 인류는 모두 거짓의 아비의 자식들이 된 것입니다. 그래서 모든 사람은 아비의 유전자를 이어받아 거짓말을 하는 것입니다. 설령 거짓말을 하기 싫어도 육신 안에 유전되고 내재된 죄성(罪性)으로 말미암아 거짓말을 하는 것입니다. 이 세상에서 태어난 모든 사람들은 다 거짓말을 합니다. 한 번도 하지 않는 사람들은 단 한 명도 없습니다. 거짓말을 많이 하든지 적게 하든지 모두 거짓말쟁이입니다. 아비가 거짓말쟁이이기 때문입니다. '콩 심는 데 콩 나고 팥 심는 데 팥 난다'라는 말처럼 아비가 거짓말쟁이이면 그의 자식들도 거짓말쟁이입니다. 자식은 아비를 닮게 됩니다.

> "너희는 너희 아비 마귀에게서 났으므로 너희 아비의 욕망들을 행하려 하느니라. 그는 처음부터 살인자요 자기 속에 진리가 없으므로 진리 안에 거하지 아니하고 거짓말을 할 때에 자기의 것으로 말하나니 이는 그가 거짓말쟁이요 거짓의 아비이기 때문이라."(요 8:44)

이 세상에서 인생들에게는 두 부류의 아버지가 있습니다. 한 분은 바로 하나님 아버지입니다. 하나님 아버지는 주 예수 그리스도를 믿고 구원받게 되면 하나님의 자녀로 태어납니다. 즉 거짓의 아비에게서 떨어져 나와 하나님 아버지에게 양자로 입양되는 것입니다.

> "그분을 받아들인 자 곧 그분의 이름을 믿는 자들에게는 다 하나님의 아들이 되는 권능을 그분께서 주셨으니 이들은 혈통으로나 육신의 뜻으로나 사람의 뜻으로 나지 아니하고 오직 하나님에게서 태어난 자들이니라."(요 1:12~13)

> "자신의 크게 기뻐하시는 뜻에 따라 우리를 예정하사 예수 그리스도를 통해 자신의 아이로 입양하심으로써."(엡 1:5)

또 하나는 아버지는 위에서 말씀드린 거짓의 아비입니다. 이는 모든 인류의 아비이며 하나님과 주 예수 그리스도를 알지도 못하고 믿지도 않아 구원받지 못한 자들의 아비입니다.

이제 거짓의 아비에게서 나와 하나님의 자녀가 된 사람들은 거짓말쟁이가 아닙니다. 이제 거짓말하실 수 없는 하나님의 자녀로 태어났고 신분이 바뀌었기 때문입니다.

주 예수 그리스도를 믿음으로 인하여 죄에서 구원받아 마음에 죄와 죄들을 용서받고 깨끗이 씻었기에 거룩한 성령으로 마음에 인침을 받았고 하나님의 자녀가 되었기 때문입니다. 즉 아버지가 바뀐 것입니다. 구원받기 전에는 아버지가 거짓의 아비였지만 죄에서 구원받고 난 후로는 하나님 아버지로 바뀌었기 때문입니다. 전에는 거짓의 아비인 거짓의 자녀들로 하나님 아버지와 원수 관계이었으나 이제는 예수 그리스도의 피로 구원받아 하나님과 화목이 되어 하나님의 자녀가 되었습니다. 그래서 이제 주 예수 그리스도를 믿는 자들에게는 모두 하나님을 아버지라고 부를 수 있는 자격을 주셨습니다. 그래서 '아바 아버지'라고 부를 수 있게 된 것입니다. 이는 실로 엄청난 상상할 수 없는 기적 같은 놀라운 것입니다. 그리고 이는 믿음으로 구원받은 자만이 알고 있는 사실입니다.

"영원한 생명의 소망 안에서 사도가 되었는데 이 생명은 거짓말하실 수 없는 하나님께서 세상이 시작되기 전에 약속하셨으나."(딛 1:2)

"너희는 다시 두려움에 이르는 속박의 영을 받지 아니하고 양자 삼으시는 영을 받았느니라. 그분을 힘입어 우리가, 아바, 아버지, 하고 부르짖느니라."(롬 8:15)

인생은 다 어려서부터 항상 악(惡)합니다

성경은 사람은 어려서부터 악하다고 말씀하고 있으며 또 마음과 생각에서 상상하는 모든 것이 항상 악하다고 말씀합니다. 대부분 많은 사람들은 이 사실에 대하여 동의하지 않을 것입니다. 그러나 사람들이 동의하지 않더라도 이는 엄연한 사실입니다. 사람들이 성경을 모르고 하나님의 말씀을 배우지 않으면 절대로 알 수 없는 신비(神祕)이기도 합니다.

우리는 이 사실을 조금 이해하기 위해 천진난만(天眞爛漫)한 어린이들을 보면 조금은 쉽게 이해할 수 있을 것입니다. 가정과 학교에서 '친구들과 싸워라!', '부모님 말씀과 선생님 말씀을 잘 듣지 말라!', '형들의 말을 잘 듣지 말고 동생들을 함부로 대하고 때리라!', '거짓말을 많이 하라!', '남에게 욕을 자주 하라!', '남의 물건을 탐내고 도둑질하라!', '남을 미워하고 뒤에서 흉보고 손가락질하라!'라고 가르치는가요? 절대 그렇지 않습니다. 그렇게 가르쳐서 어린이들이 나쁜 어린이들이 되는가요? 아닙니다. 결코 그렇지 않습니다. 오히려 정반대로 가르칩니다. 이는 누구나 생각해 보면 알 수 있을 것입니다. 어느 부모님이나 어느 학교 선생님들도 부모님 말씀 잘 듣고 친구들과 사이좋게 지내고 남의 물건 훔치지 말고 착하게 살고 나쁜 짓 하지 말고 살라고 가르칩니다. 그러나 많은 어린이들이 가르침과는 반대로 행합니다. 물론 자신도 그렇게 행하고 싶지는 않을 것입니다. 그런데도 그렇게 행합니다. 잘못되고 나쁜 짓인 줄 알면서도 행하게 됩니다. 이는 사람의 본성이 악하기 때문입니다. 그 악한 본성을 이길 수 없기 때문입니다. 어느 순간까지 착하게 선하게 죄를 짓지 않는 어린이들도 환경과 기회가 주어지면 동일하게 죄를 짓게 됩니다. 짓는 죄의 크고 작고의 차이가 있고 시간적 차이가 있을 뿐 그 누구도 죄를 이겨서 죄를 안 짓고 살 수는 없습니다. 왜냐면 사람은 죄를 가지고 출생하고 어려서부터 악(惡)하기 때문입니다.

"하나님께서 사람의 사악함이 땅에서 커지고 또 **그의 마음에서 생각하여 상상하는 모든 것이 항상 악할 뿐임**을 보시고."(창 6:5)

"주께서 향기로운 냄새를 맡으시고 주께서 마음속으로 이르시되, 내가 다시는 사람으로 인하여 땅을 저주하지 아니하리니 이는 **사람이 마음에서 상상하는 바가 어려서부터 악하기 때문이라.** 또 내가 다시는 전에 행한 것 같이 모든 생물을 치지 아니하리니."(창 8:21)

현시대는 세상이 갈수록 악해져 갑니다. 죄에 대해 감각도 없어지고 죄에 대한 법의 처벌기준도 완화되거나 간통죄와 같은 법이 폐지되고 범죄는 갈수록 고도화(高度化)되고, 지능화되고, 잔인(殘忍)해지고 죄의식도 없어져 가는 시대입니다. 요즘 시대는 돈과 권력만 있으면 무엇이든 되는 세상이라고 말들 합니다. 그래서 '유전무죄 무전유죄'라는 말이 유행합니다. 갈수록 아동 청소년 범죄가 늘어나고 마약, 강간, 살인 등 범죄 양상이 강력범죄로 바뀌어 가고 있습니다. 요즘은 AI CHAT GPT 발달로 전에는 상상도 못 할 새로운 범죄들이 늘어나고 있습니다. 그 대표적인 범죄는 바로 "딥페이크(Deepfake=AI 기반의 딥러닝 모델을 사용하여 사진이나 비디오에서 얼굴을 인식하고 합성하여 다른 사람의 얼굴로 변환하여 범죄에 악용하는 신기술)" 범죄입니다. 그들은 양심에 가책도 별로 느끼지 못하고 있습니다. 이러한 기술은 스마트폰에서도 쉽게 할 수 있어서 청소년들에게 많은 해악을 주고 있습니다.

아무리 법이 있어도 범죄를 따라가지 못합니다. 신종범죄가 늘어나고 강력범죄들이 늘어나고 있습니다. 참으로 안타까운 현실입니다. 시간이 갈수록 범죄는 늘어나고 범죄 수법도 다양해지고 갈수록 무서운 시대로 변할 것이라 생각합니다. 이런 이유는 사람 안에 있는 죄 때문입니다. 사람은 죄를 이길 수 없기에 죄가 사람을 그렇게 이끌어 가기 때문입니다.

성경에 보면 인간의 최초의 살인은 창세기 4장에 나옵니다.

최초의 사람인 아담과 이브가 결혼하여 첫째 아들 가인을 낳고 그 후 가인의 동생인 아벨을 낳았습니다. 그런데 형인 가인이 자기 동생 아벨을 죽인 것입니다. 성경을 읽어 보면 형이 동생을 죽일 만한 어떤 큰 잘못을 한 것이 아니었습니다. 그런데도 죽인 것입니다. 처음에는 동생을 사랑했으리라 생각합니다. 돌봐 주기도 했을 것입니다. 같이 놀아 주고 기뻐도 했을 것입니다. 그런데 어느 날 자신의 생각과 맞지 않게 행한 동생을 보고 자신의 동생을 죽인 것입니다. 동생은 절대로 형에게 죽을 만한 어떤 큰 잘못을 했던 것이 아니었습니다. 그런데도 형은 자신의 동생 아벨을 쳐죽인 것입니다. 자신이 참지 못하고 얼마나 분이 나고 미워했으면 동생을 그렇게 죽일 수 있었을까요? 이처럼 사람은 악하고 잔혹(殘酷)한 것입니다. 가인은 동생을 죽여야겠다고 생각하고 마음을 먹었을 것입니다. '어디에서 어떻게 죽이지?' 하고 상상도 했을 것입니다. 왜냐면 부모님이 계셨기에 부모님 앞에서는 할 수 없었기 때문입니다. 이처럼 사람의 마음의 모든 생각들이 항상 악(惡)한 것이 인간이라고 성경은 분명히 말씀하고 있습니다.

> "가인이 자기 동생 아벨과 이야기를 하니라. 그 뒤에 그들이 들에 있을 때에 가인이 자기 동생 아벨을 치려고 일어나 그를 (쳐)죽이니라."(창 4:8)

> "이스라엘 자손과 유다 자손이 어려서부터 내 앞에서 오직 악만 행하였느니라. 이스라엘 자손이 자기 손으로 만든 것으로 내 분노를 일으켰느니라. 주가 말하노라."(렘 32:30)

역사 드라마나 영화를 보면 자신이 왕이 되기 위해서 또는 자신이 왕이 되면 그 자리를 보존하기 위해서 그 누구든지 간에 많은 사람들을 죽입니다. 자신의 공신들도 부모도 형제도 처가 쪽 사람들도 친척들도 모두 자신에게 방해가 된다면 서슴지 않고 사람을 죽이게 됩니다. 자신의 권력을 유지하고 자신의 영달(榮達)을 위해 존귀한 사람의 생명을 하찮게 파리 목숨처럼 여겨 죽입니다. 이것이 사람의 악(惡)한 본성(本性)입니다.

중국의 맹자는 '성선설(性善說)'을 주장했습니다. 그러나 순자는 '성악설(性惡說)'을 주장했습니다. 사람들은 대부분 성선설을 인정하고 믿고 있는 것 같습니다. 그러나 성경은 성선설을 인정하지 않습니다. 오히려 성악설을 말하고 있습니다. 인간은 죄 가운데서 형성되고 죄 가운데서 출생하므로 어려서부터 악합니다.

"보소서, 내가 불법 가운데서 형성되었으며 내 어머니가 죄 가운데서 나를 수태하였나이다."(시 51:5)

다윗 왕은 정말 어려서부터 신실하게 믿음을 갖고 하나님을 섬기고 하나님을 두려워하며 하나님과 많은 세월을 동행한 사람이었습니다. 많은 어려움과 고통 속에서도 오히려 하나님을 잊지 않고 찾고 부르짖으며 은혜를 구하고 긍휼을 구했습니다. 다윗 왕은 하나님께 도움을 입고 지혜를 얻어 많은 어려움과 고통과 사망의 위기에서도 벗어나게 되었고 구원을 받게 되었습니다. 다윗 왕은 하나님 앞에 항상 신실하고 겸손하고 믿음의 사람이었습니다. 그러나 그런 다윗 왕도 어느 날 유혹이 오자 그 유혹을 물리치지 못하고 간음을 하고 살인을 하는 용서받지 못할 죄를 짓게 되었습니다. 그에게는 정말 그 죄가 일생일대에 하나님을 대적하고 하나님을 모욕하는 그런 큰 범죄를 저지르게 되었습니다. 그 범죄는 자신에게는 수치요 큰 치욕이 되었습니다.

성경을 보면 어느 왕이든지 어떤 훌륭한 하나님의 종이든지 어떤 믿음의 사람이든지 모두 한순간 실수로 인하여 허물이 있었고 죄를 짓게 되었습니다. 인간은 죄를 짓지 않고 잘 살다가도 어느 한순간에 넘어질 수 있습니다. 세상의 유혹(誘惑) 〈육신의 정욕, 안목의 정욕, 인생의 자랑〉에 죄의 유혹에 넘어질 수 있습니다. 돈과 권력 명예 성적 유혹 등에 시험이 올 때 사람들은 쉽게 그 유혹들을 이길 수 없습니다. 그래서 기회가 주어지면 그 악이 발현(發現)되는 것입니다. 인간은 자신 속에 있는 죄 즉 죄악의 힘을 이길 수 없다고 말씀합니다. 이길 수 없기에 그 죄의 힘에 밀려 죄를 짓게 되는 것입니다.

성경은 사람 안에 죄(罪)가 있다고 말씀합니다. 그리고 사람 안에는 선이 없다고 분명하게 말씀하고 있습니다. 선을 행하고 싶지만 선이 없기에 선을 행할 수가 없는 것입니다. 그리고 악을 행하려고 하지 않지만 악이 육신 안에 있기에 원하지 않는 악을 행하게 되는 것입니다. 그렇게 행하는 근본 원인은 사람 안에 죄가 있기 때문입니다. 죄는 악할 뿐만이 아니라 죄를 짓게 만드는 원동력입니다. 어찌 보면 죄는 악(惡)의 힘입니다. 악의 원천입니다. 죄악의 동력입니다.

"내 안에 (곧 내 육신 안에) 선한 것이 거하지 아니하는 줄을 내가 아노니 원함은 내게 있으나 선한 그것을 어떻게 행할는지는 내가 찾지 못하노라. 이는 내가 원하는 선은 내가 행하지 아니하고 도리어 내가 원치 아니하는 악을 곧 그것을 내가 행하기 때문이라. 이제 내가 원치 아니하는 그것을 내가 행하면 그것을 행하는 자가 더 이상 내가 아니요 내 안에 거하는 죄니라."(롬 7:18)

사람이 이런 자신을 분명히 알아야 합니다. 정말 분명히 깨달아야 합니다. 그리고 고침을 받아야 합니다. 사람인 자신이 이처럼 악한 존재임을 분명히 알고 인정해야 합니다. 그래야만 해결책이 보이는 것입니다. 내가 어떤 존재인지를 알아야 합니다. 자신의 상상 속에서가 아니라 하나님의 말씀으로 보아야 합니다. 성경은 유일하게 사람의 마음을 비춰볼 수 있는 거울과 같습니다. 세상의 어떤 철학자도 세상의 어떤 책에서도 사람에 대해 명확하고 분명하게 가르쳐 주고 말해 주는 사람과 책은 없습니다. 있다 한들 모두 거짓된 것들이고 그 사람의 생각 속에서 나온 상상의 산물(産物)입니다.

성경은 사람의 마음의 생각들이 어려서부터 항상 악하다고 말씀했습니다. 그런 악한 사람에게서 결코 선한 것이 나올 수 없는 것입니다. 아무리 좋은 말과 그럴싸한 지식으로 포장하여 말한다 해도 그것 역시 선이 없는 악에서 나온 산물입니다. 사람의 마음은 만물보다 거짓되고 극도로 사악하다고 성경은 말씀합니다. 만물보다 거짓되고 극도로 사악한 마음에서 무엇이 나오겠습니까? 이는 너무나 당연한 것 아닙니까? 사람은 마음에 들어 있는 대로 나오게 되어 있습니다.

> "마음은 모든 것보다 거짓되고 극도로 사악하니 누가 그것을 알 수 있으리요?"(렘 17:9)

성경은 하나님의 말씀입니다. 하늘과 땅 그리고 모든 눈에 보이는 것과 보이지 않는 그 모든 것 그리고 사람을 창조하고 지으신 창조주 하나님의 말씀입니다. 우리는 그분이 무엇이라고 말씀하는가에 귀를 기울이고 그분의 말씀을 믿어야 합니다. 말씀으로 비추어진 자신을 깨닫고 인정하고 받아들여야 합니다. 이것만이 사람의 거짓된 마음과 극도로 사악한 마음을 바꿔 주는 바른 해결책입니다.

⑤

인생은 자신의 참주인(主人)을 모릅니다, 소는 자기 주인을 압니다

사람들은 이런 말들을 많이 합니다. '개 같은 놈!', '개보다 못한 놈!', '늑대 같은 놈!', '여우 같은 년!', '거머리 같은 사람!', '빈대 같은 놈!' 등등 사람들은 왜 이런 욕을 할까요? 사람에 대한 실망에서 나온 것입니다. 믿었는데~ 그렇게 보지 않았는데~ 그렇게 속일 줄을 몰랐기 때문일 것입니다. 모두가 사람에 대해 실망을 했기 때문일 것입니다. 믿는 도끼에 발등 찍힌 꼴이라 할까 그래서 이런 비유의 말들이 생겼을 것이라 생각합니다.

대부분 짐승들은 자신의 주인들을 배신(背信)하지 않습니다. 그러나 사람들은 그렇지 않음을 봅니다. 사람은 언제라도 그 누구라도 배신(背信)하고 배반(背叛)할 수 있습니다. 대부분 자신의 이익과 자신의 성공을 위해서 기회가 오면 그렇게 합니다. 자신의 이익과 유불리(有不利)를 따라 항상 배신과 배반을 동반합니다. 자신이 배신하지 않으면 남이 먼저 배신합니다. 정치에서도, 기업 간에도, 스포츠에서도, 조폭들 사이에도, 친구 사이에도, 부부 사이에도 즉 무슨 관계이든지, 어떤 관계이든지 인간 사이에는 항상 이런 배신과 배반의 역사가 있었습니다. 어느 시대를 막론하고 인간의 집단 속에서는 항상 있었습니다.

요즈음 시대는 참으로 마지막 시대임을 알 수 있습니다. 사람들은 이

인생 보고서

현 세상을 '미친 세상!', '더러운 세상!'이라고 하면서 '말세!'라고 합니다. 왜 그럴까요? 자신이 판단해도 그만큼 악한 세상이 되어 버렸다는 것일 것입니다. 저도 이런 말들에 동의합니다.

방송과 여러 언론을 통해서 보면 감히 인정하지 않을 수 없습니다. 정말 무서운 세상이고 짐승보다 못한 사람들이 갈수록 늘어나고 많아진다는 생각이 듭니다. 정의(正義)보다는 불의(不義)와 비리(非理)가 판을 치고 선(善)보다는 악(惡)이 더 난무하고 세상을 죄악(罪惡)으로 덮어 가고 있습니다.

부모가 아무 방어나 저항을 할 수 없는 아기나 어린아이를 학대(虐待)하고 발로 밟아 죽입니다. 한두 사람만의 이야기가 아닙니다. 부부 사이에 간통은 이제 죄도 안 됩니다. 보험금을 타기 위해 서로 몰래 생명보험을 들어 죽여 보험금을 타려다 잡힌 사람들도 많습니다. 사람들이 몰라서 그렇지 성공한 케이스도 있을 것입니다.

자식이 치매 부모님을 해외 여행시켜 준다고 하여 몰래 버리는 오는 현대판 고려장(高麗葬)이 있고 부모의 재산이 탐나 미리 상속받으려고 부모를 죽이는 사람도 숩니다. 남을 속이고 사기 치는 것은 다반사라 죄로 여기지도 않습니다. 묻지 마 살인! 데이트 폭행 및 살인! 등등 갈수록 세상은 무섭게 나쁜 쪽으로 빠르게 변하고 변해 가고 있습니다.

성경 이사야서에 이런 말씀이 있습니다. 이런 근본적인 이유는 인생들이 자신의 참주인인 하나님을 모르고 하나님을 두려워하지 않기 때문입니다. 자신의 참주인을 알고 두려워할 때 이러한 죄악의 길을 걷지 않을 수 있습니다.

"소도 자기 주인을 알며 나귀도 자기 주인의 구유를 알건마는 이스라

엘은 알지 못하며 내 백성은 깊이 생각하지 못하는도다, 하셨도다. 아, 죄 많은 민족이요, 불법을 짊어진 백성이요, 악을 행하는 자들의 씨요, 부패시키는 자식들이로다. 그들이 주를 버리고 이스라엘의 거룩하신 이의 분노를 일으키며 뒤로 갔도다."(사 1:3~4)

    소도 자기 주인을 알고 나귀도 자기 주인의 구유를 아는데 정작 인생은 사람의 주인이신 하나님을 알지도 못한다는 것입니다. 하찮은 짐승도 자기 주인을 아는데 만물의 영장(靈長)이란 사람은 자신을 창조한 하나님을 알지 못하고 있으니 이 얼마나 안타깝고 비참하고 한심한가요!
    사람과 동물은 많이 다릅니다. 하나님께서는 사람과 동물을 다르게 창조하고 지으셨습니다. 사람과 동물이 가장 크게 다른 점은 바로 종교성입니다. 사람은 어느 시대를 막론하고 하나님께 경배드리고 어렵고 힘들고 어떤 큰 문제가 발생하여 그것을 자신들이 해결할 수 없을 때 신(神)들을 찾고 종교(宗敎) 행위(行爲)를 하곤 하였습니다. 셀 수 없는 많은 사람들이 창조주 하나님을 믿지 않고 하나님이 아닌 다른 신들을 믿고 잘못된 경배를 드렸고 지금 이 시대에도 드리고 있지만 동물은 사람처럼 이런 종교성이 없습니다. 어느 시대를 막론하고 없었습니다. 각자 자신들이 사는 시대에 동물들이 함께 모여서 아니면 개인적으로 종교 행위를 하는 것을 본 적이 있는가요? 결코 본 적이 없을 것입니다.
    또 하나 사람과 동물이 크게 다른 점은 영원히 살고 싶어 하는 마음 즉 영원을 사모하는 마음일 것입니다. 사람은 누구나 할 것 없이 영원히 살고 싶어 합니다. 그래서 운동도 하고 보약도 먹고 어디가 아프면 병원에 가서 치료도 받습니다. 몸에 좋고 오래 살 수만 있다면 능력이 되는 한 무엇이든 하려고 합니다.

인생 보고서

중국에 유명한 진시황제는 영원히 죽지 않고 살기 위해서 '불로초(不老草)'를 신하들에게 구해 오라고 하였답니다. 그러나 불로초를 먹었는지 먹지 못했는지는 몰라도 오히려 젊은 나이에 죽었습니다. 세상에 불로초가 어디에 있겠습니까! 세상에 불로초는 없습니다.

사람은 누구나 특히 부(富)를 쌓고 권력을 가진 자들은 오래 아니 영원히 살고 싶어 합니다. 하지만 사람의 평균 수명은 그리 길지 않습니다. 이는 하나님의 정하심 때문입니다.

성경은 사람의 수명이 70~80년이라고 말씀하고 있습니다. 지금으로부터 약 3,500년경에 기록된 하나님의 말씀입니다. 나무는 대부분 오래 삽니다. 사람이 베지 않고 좋은 환경만 보존되면 오래 삽니다. 지금 현재도 수명이 긴 나무는 약 2,000년 이상 된 나무도 있습니다. 필자(筆者)가 사는 고향엔 관방제림의 목적으로 심어진 약 350년 이상 된 나무 수백 그루가 지금도 잘 보존되고 잘 살아 있으며 특히 여름에는 시원한 그늘을 제공하여 많은 사람들이 이 그늘 밑에서 쉽니다.

"우리의 햇수의 날들이 칠십 년이요, 강건하면 팔십 년이라도 그 햇수의 위력은 수고와 슬픔뿐이니 그 위력이 곧 끊어지매 우리가 날아가 버리나이다."(시 90:10)

지금은 과학의 발달로 사람의 평균 수명이 조금 늘어나긴 했지만 큰 차이는 없습니다. 아담의 시대에는 사람들이 그래도 지금보다는 훨씬 오래 살았습니다. 아담은 930년을 살았습니다. 성경에서 가장 오랫동안 산 사람은 바로 므두셀라였습니다. 므두셀라는 969년을 살았습니다. 이처럼 아담의 시대에는 지금의 시대와 비교해 보면 10배 이상 비교적 사람들이 오래 살았습니다. 그때는 창조 초기 시대인지라 환경도 그렇게 많이 오염되지 않았습니다. 지금처럼 많은 질병들이 발생하지 않았습니다. 그래서인지는 몰라도 그래도 지금보다는 비교적 오래 살았음을 성경이 증거해 주고 있습니다.

지금은 100세를 넘으면 아주 장수한 사람으로 인정합니다. 사람은 누구나 죽습니다. 조금 오래 살다가 죽고, 어떤 사람은 태어나자마자 죽기도 하고, 어떤 사람은 사고로, 어떤 사람은 질병으로, 평균 수명도 살지 못하고 죽습니다. 사람은 '진인사대천명(盡人事待天命)'이라 합니다. 즉 사람의 목숨은 사람의 손에 있는 것이 아니라 하나님께 있다는 의미입니다. 많은 사람들이 사람의 목숨은 하늘에 있다고들 합니다. 그런데 막상 그런 사람들에게 하나님을 믿느냐고 하면 믿지 않고 하나님의 존재를 인정하지 않습니다. 이는 아이러니하지 않습니까? 그들 스스로 모순(矛盾)을 보여 주고 있지 않습니까?

사람이 동물과 다른 점은 바로 사람은 생각하는 존재입니다. 동물들이 고민하고 연구하고 문제를 해결하기 위해 생각하고 무엇을 만드는 것을 보았는가요? 그러나 사람들은 깊이 생각하고 무엇을 만들고, 또 어떤 문제를 해결하고, 갈등을 해결하기 위해 고민하고 노력합니다. 생각대로 안 되면 고통스러워하고 슬퍼하며 실의에 빠지기도 합니다. 문제가 잘 해결되면 기뻐하고 행복해합니다. 그러나 동물들에겐 이러한 것들이 없습니다.

동물들은 이성(理性)과 지성(知性)에 따라 하는 것이 아니라 본능(本能)에 따라 행하는 것입니다. 그러나 사람은 이성과 지성 그리고 감성(感性)과 감정(感情)에 따라 생각하고, 분별하고, 판단하고, 감성과 감정에 따라 느끼고, 기뻐하고, 행복해하고, 때론 괴로워하고, 슬퍼하기도 하고,

울기도 합니다. 고민하고 고통해하며 절망에 빠지기도 하기도 합니다. 그러나 동물들에게 이런 다양한 표현이 없습니다. 아니 할 수가 없는 것입니다. 그래서 사람은 동물과는 전혀 다르게 창조되었으며 사람은 한 차원 높게 창조된 것입니다.

요즘 이 시대 우리나라도 반려견(伴侶犬) 열풍이 불고 있습니다. 반려견 이외에도 다양한 반려동물이 있습니다. 예전에는 돈 많은 사람들이나 아니면 유명 연예인들이 일부 애완견(愛玩犬)을 키워 왔지만 이제는 빈부(貧富)의 차이나 연령(年齡)에 차이를 두지 않고 너나 나나 할 것 없이 반려동물인 개나 고양이를 많이 키우고 있습니다. 사람보다 더 좋은 비싼 옷을 반려견들에게 입히고, 목걸이와 온갖 사치스런 장식품도 달아 줍니다. 좋은 음식과 맛있는 간식 그리고 아프면 동물병원에 데리고 가서 사람처럼 거의 같게 고급 장비로 검사하고 진료를 하고 치료합니다. 수술도 합니다. 그리고 휴가철이면 반려견을 전용 호텔에 맡깁니다. 반려견이 죽으면 묘비도 세워 줍니다. 거의 사람에 준하는 모든 것을 해 줍니다. 미국서는 개에게 유산도 주었다는 뉴스를 보기도 했습니다. 중상층 이상에서는 개 한 마리를 키우는 데 어린아이 한 명 양육하는 비용 이상으로 들어간다고 합니다. 사람들은 반려견을 자신의 반려자라고 생각합니다. 왜 이런 열풍이 불고 많은 사람들이 유행을 따라 하고 경제적으로도 넉넉하지 않은 사람들까지도 왜 이렇게 애완동물을 좋아하고 키우려 할까요? 한번 깊이 진지하게 생각해 보아야 합니다.

성경은 이 시대를 마지막 시대의 마지막 때라고 말씀합니다. 마지막 때의 현상 중 하나는 믿음이 없는 비뚤어진 세대라고 말씀합니다. 그리고 속이는 시대라고 합니다.

"이에 예수님께서 응답하여 이르시되, 오 **믿음이 없고 비뚤어진 세대여**, 내가 언제까지 너희와 함께 있으리요? 언제까지 너희를 용납하리요? 그를 이리로 내게 데려오라, 하시고."(마 17:17)

"**속지 말라.** 하나님은 조롱당하지 아니하시나니 사람이 무엇을 심든지 그대로 거두리라."(갈 6:7)

즉 사람들이 서로 속이고 속고 하기에 사람들은 서로를 의심하고 서로가 속지 않기 위해 남을 믿으면 안 되기에 사람들은 서로를 불신하고 의심하고 믿지 않습니다. 그래서 사람들에게 믿음이 없다고 하는 것입니다. 사람들 사이에 신뢰가 없어지고 불신과 의심만이 가득한 것입니다. 매사에 그렇게 생각하고 그렇게 사는 것입니다. 그것이 자신을 위한다고 생각하기 때문입니다.

요즘 보이스 피싱이나 스미스 피싱 기타 여러 피싱들이 활개를 치고 있습니다. 계속 새로운 방법으로 진화를 하기에 대처하기도 힘들고 확실한 대처 방안도 없습니다. 매년 수천억 원의 피해를 입고 있습니다. 그래서 정부나 전문가들도 일단 속지 않고 피해를 입지 않으려면 전화나 문자를 받을 경우 일단 의심하고 전화를 끊고 알아보고 신고하라고 가끔 여러 기관에서 문자가 옵니다. 그만큼 피해가 크기 때문입니다. 대처 방안이 일단 '의심하라'는 것입니다. 물론 틀린 말은 아닙니다. 이렇게 서로가 서로를 의심하고 믿지 못하게 합니다.

사회생활에 있어서 사람들의 관계에 서로를 신뢰하지 못하고 의심하고 믿지 못하는 사회가 되므로 많은 사람들이 그래도 사람보다 믿을 수 있는 배반하지 않는 동물인 개나 고양이 기타 동물들을 키우고 어떤 사람들은 반려동물을 사랑하고 사람에게 하듯 모든 것을 해 주고 있습니다. 사람에게 쏟아야 할 사랑을 배반당하고 속지 않고 피해를 입지 않고 상처를 입지 않기 위해서 사람보다는 동물이 더 낫겠다는 생각에서 애완동물과 반려동물을 키우는 것이 아닌가 생각합니다. 사랑을 주고 키우다 맘에 들지 않거나 싫증 나면 버리면 간단하기 때문입니다. 탈도 없습니다. 마음에 상처도 입지 않습니다. 그러나 사람에겐 이렇게 할 수 없는 것입니다. 하지만 동물은 자신의 마음대로 자신의 생각대로 해도 아무런 피해나 상처도 입지 않습니다. 그래서 이 악하고 더럽고 무서운 시대에 그렇게 반려동물들을 키우는 열풍이 부는 것이 아닌가 하는 씁쓸한 생각을 해 봅니다. 그러나 이것은 하나님의 섭리와 역행하는 것입니다. 모든 문제의 핵심이 하나님을 알지 못하고 믿지 않는 데에서 기인(起因)한 것입니다.

　사람은 하나님의 창조물입니다. 창조주로부터 창조되고 지음받은 존재인 것입니다. 창조주 하나님께서 사람을 창조하였을 때에는 목적이 있었습니다. 그 목적에 부합(符合)되지 않는 사람은 아무런 쓸모가 없는 것입니다. 창조주의 뜻과 목적에 부합되지 않는 삶을 살면서 자신의 주인도 모르고 찾으려고도 하지 않고 오히려 창조주 하나님께서 창조하고 만드신 피조물을 사랑하고 섬깁니다. 비뚤어지고 빗나간 사람들에게 하나님께서는 어떻게 처리하실까요? 계속 그냥 그대로 묵인하고 놔둘까요? 절대 그렇지 않습니다. 인생은 반드시 자신이 살아온 결과를 가지고 하나님 아버지 앞에서 심판을 받게 됩니다. 이는 분명한 사실입니다.

예를 들어 어떤 농부가 맛있는 과일을 먹기 위해서 과일나무를 심었는데 그 과일나무가 그 주인의 원하는 열매를 내지 않는다면 그 농부를 그 과일나무를 어떻게 할까요?

> "이와 같이 좋은 나무마다 좋은 열매를 맺고 변질된 나무는 나쁜 열매를 맺나니. 좋은 나무가 나쁜 열매를 맺지 못하고 또 변질된 나무가 좋은 열매를 맺지 못하느니라. 좋은 열매를 맺지 아니하는 나무마다 찍혀 불 속에 던져지나니."(마 7:17~19)

사람은 사람보다 못한 짐승을 사랑해야 하는 것이 아니라 사람의 주인이신 곧 자신을 창조한 창조주 하나님을 찾고 그 하나님을 사랑해야 하는 것입니다. 이것이 인생의 본분(本分)입니다. 예를 들어 바퀴벌레나 파리나 모기가 아무리 예뻐 보여도 다 잡아 죽여야 하는 것입니다. 곁에 두고 항상 함께할 수 없는 것입니다.

사람이 믿고 사랑을 쏟아야 할 대상은 반려동물이 아닙니다. 바로 자신을 창조하고 지으신 즉 자신의 주인이신 창조주 하나님을 믿고 사랑해야 하는 것입니다. 이것만이 마음에 평안을 얻고 기쁨과 감사 그리고 행복과 소망을 가질 수 있는 것입니다. 영원한 생명을 얻게 되는 것입니다. 이 얼마나 경이(驚異)롭고 놀라운가요? 하나님을 알지 못하고 찾지 못한 사람들은 마음이 공허(空虛)하고 만족이 없습니다. 아무리 세상에서 돈과 명예 권력을 얻는다 해도 그 마음은 항상 부족하고 채워지지 않는 것입니다.

그래서 사람은 신(神)들(gods-가짜 신, 창조주의 피조물) 곧 우상(偶像)

앞에 나아가고 경배를 드리고 찾고 부르짖습니다. 사람만이 이렇게 하는 것입니다. 하나님과 사람은 사랑을 주고받는 사이로 사람이 창조되었기에 사람이 하나님께 나아가 경배해야 합니다. 하나님을 잃어버린 사람은 하나님을 만나기 위해 하나님을 찾고 부르짖는 것은 너무나 당연합니다. 동물들에게는 이런 마음이 없습니다. 사람에게만 주어진 특권입니다.

> **"너희는 너희를 위해 우상들이나 새긴 형상을 만들지 말고 서 있는 형상을 세우지 말며 너희를 위해 너희 땅에 돌로 된 형상을 세우고 그것에게 절하지 말라. 나는 주 너희 하나님이니라."(레 26:1)**

이 책을 읽는 독자님은 자신을 창조하신 하나님을 알고 있는가요? 하나님과 동행하며 사랑을 나누고 있는가요? 하나님께 경배를 드리고 있는가요? 그렇다면 독자님은 사람다운 지혜로운 바른 사람이며 복된 자인 것입니다. 그러나 그렇지 못한 사람은 하나님 앞에 잃어버린 자인 것입니다. 주인을 잃어버린 자입니다. 이런 인생은 자신의 참주인을 찾아야 합니다. 인생의 참주인을 만나야 합니다. 자신이 잃어버린 자임을 깨닫고 회개하여 하나님께로 가면 하늘에서는 기쁨이 있으며 하나님께서도 그에게 복된 큰 선물을 주실 것입니다.

> **"나를 사랑하는 자들을 내가 사랑하나니 일찍 나를 찾는 자들이 나를 만나리라."(잠 8:17)**

> **"내가 너희에게 이르노니, 이와 같이 하늘에서는 회개할 필요가 없는 의**

로운 아흔아홉 사람보다 회개하는 한 죄인으로 인하여 더 기쁨이 있으리라."(눅 15:7)

"이 네 동생은 죽었다가 다시 살아났으며 잃어버렸다가 찾았으니 우리가 즐거워하고 기뻐하는 것이 마땅하니라, 하니라."(눅 15:32)

하나님을 알지 못하고 하나님과 사랑을 나누지 못하고 하나님께 경배를 드리지 못한 자는 동물과 별반 다르지 않습니다. 그 사람의 미래는 오히려 동물보다 못할 수도 있습니다. 동물들은 사람처럼 죄를 짓지 않습니다. 동물들은 본능에 따라 움직이고 행동합니다. 하지만 사람은 생각하고 계획하고 행동합니다. 양심의 소리도 듣습니다. 그러나 본능과 양심의 소리와 국가의 법과 도덕(道德)도 어겨 가며 죄를 짓습니다. 이러하니 사람이 '짐승보다 못한 사람'이란 소리를 듣게 됩니다. 사람에겐 죽음후 하나님의 심판이 있다는 것을 잊지 말아야 할 것입니다. 사람이 하나님 없이 사는 삶은 사실상 짐승보다 못한 악한 삶을 살아가게 됩니다. 사람이 사람다운 삶을 살기 위해서는 반드시 자신을 창조하고 지으신 자신의 주인을 분명히 알고 만나야 합니다. 그분을 만나고 그분과 함께 삶가운데 동행해야 합니다. 이것만이 사람다운 삶을 사는 것이고 사람의본분인 것입니다.

⑥

인생은 행악(行惡)의 종자(種子)입니다

제목의 말을 풀이하면 사람은 악(惡)을 행하는 종자(種子) 즉 씨란 의미의 말입니다. 씨는 뿌리는 대로 거둡니다. 호박씨를 심으면 호박을 거둡니다. 참깨 씨를 뿌리면 참깨를 거둡니다. 씨는 그 씨 안에 그 씨를 거둘 수 있도록 모든 것이 내장되어 있습니다. 그래서 씨를 심고 뿌리면 그 심고 뿌린 씨대로 씨와 열매를 거둡니다. 이는 하나님께서 그렇게 하셨기 때문입니다. 어떤 사람이 그렇게 한 것이 아닙니다. 사람은 절대로 그렇게 할 수 없습니다. 사람은 다만 그 씨를 뿌리고 심고 뿌린 씨가 잘 자라고 열매를 맺을 수 있도록 약간의 도움을 줄 뿐입니다. 이 도움도 하나님께서 주시지 않으면 사람은 이것마저도 할 수 없습니다. 햇빛도 하늘에서 내리는 비도 바람도 어느 하나 하나님의 도움 없이는 뿌리고 심은 씨의 열매를 거둘 수 없습니다. 설령 사람이 인위적으로 노력하여 열매를 맺으려 한다 해도 가뭄, 홍수, 폭설, 태풍이나 기타 천재지변(天災地變)이 발생하면 인간의 노력도 허위로 돌아갈 수밖에 없습니다. 그래서 인간의 그 어떤 것도 하나님의 은혜와 도움 없이는 그 어떤 열매도 거둘 수 없습니다. 그런데도 인간들은 그것을 잘 모릅니다. 하나님께서 모든 것을 도와주는데도 인간은 감사할 줄 모릅니다.

하나님께서 햇빛을 주지 않는데 열매가 맺을까요? 하나님께서 비를 주지 않는다면 뿌린 씨가 열매를 맺을까요? 하나님께서 바람을 주지 않는다면 과연 충실한 열매를 맺을까요? 또는 하나님께서 비를 계속해서 내리게 한다면, 강한 태풍을 일으켜 씨를 가진 모든 것들과 열매를 맺은 모든 것들을 떨어뜨리고 쓸어간다면 과연 인간들은 열매들을 얻고 먹을 수 있을까요?

하나님은 악인이든지 선인이든지 차별 없이 모든 사람들에게 은혜로 즉 공짜로 햇빛과 비와 눈 그리고 바람을 줍니다. 그것도 때를 따라서 적절하게 줍니다. 그런데도 인간은 그것을 모릅니다. 하나님을 믿지 않으면서 비가 오지 않아 가뭄이 들면, 비가 많이 오거나, 강한 태풍이 와서 모든 것들을 넘어지게 하고 쓸어가면, 지진을 일으켜 보금자리가 넘어지고 파괴되면, 모두 하나님을 원망합니다. 하나님을 믿지 않으면서 하나님을 탓합니다. 이것은 정말 아이러니하고 모순 아닌가요?

그리고 어떤 나라를 불문하고 여러 나라 역사책에도 많이 기록되었지만 인간에게 큰 재앙이 오면 인간들은 각종 신(神)들 앞에 재물을 바치고 기도합니다. 그 재앙이 물러가기를 구합니다. 성경에 의하면 이런 신들은 아무것도 해 줄 수 없는 가짜 신들입니다. 그런데도 그들은 참신으로 알고 믿고 그 믿는 신들 앞에 나아가 절하고 구하지만 얻을 수 없는 가짜 신들입니다. 그래도 인간들이 스스로 아무것도 할 수 없으니 그렇게 가짜 신들 앞에 나아가 재물을 드리고 절하고 기도하며 구하는 것입니다. 여기서 우리는 인간의 나약함과 큰 재앙 앞에서 인간은 아무것도 할 수 없는 연약한 인간임을 알 수 있습니다. 인간이 무엇을 할 수 있다고 생각하여 참된 신인 하나님을 알려고 하지 않고 찾지도 않고 하나님께서 창조한 피조물을 찾아가 절하고 빌며 도움을 청하는 어리석은 인간을 볼 때 참으로 안타깝고 어리석고 미련함을 알 수 있습니다.

"이디오피아 사람이 자기 피부를, 표범이 자기 반점을 변하게 할 수 있 겠느냐? 그리할 수 있을진대 악에 익숙한 너희도 선을 행할 수 있으리 라."(렘 13:23)

"너희 중에 누가 염려함으로 자기 키에 일 큐빗을 더할 수 있겠느냐?"(마 6:27)

"**어리석은 자가 마음속으로 이르기를, 하나님은 없다, 하였도다. 그들 은 부패하여 가증한 일들을 행하였으니 선을 행하는 자가 하나도 없도 다.**"(시 14:1)

　인간들이 할 수 없음을 진정 깨달았다면 참주인을 찾고 그분께 도움 을 요청해야지 자기 생각에 맞는 신을 찾고 자신의 방법대로 행하고 하 니 이런 행동은 인간이 교만하다는 것을 알 수 있습니다. 인간의 교만의 극치는 인간 자신들이 결국은 신이 되려고 하는 것입니다. 자신들이 신 이 될 수 있다고 생각하는 것입니다. 과학의 발달로 인간은 더욱더 하나 님을 향해 도전하고 있는 것입니다. 하나님을 이겨 보려고 합니다. 인간 은 자신들이 하나님께로부터 창조된 피조물이라는 것을 잊어버렸습니 다. 만일 개가 자신의 주인을 모르고 주인을 물려고 덤벼든다면 이는 미 친개이고 몽둥잇감이고 보신탕감입니다.

　머슴이 주인의 말을 듣지 않는다면 몽둥잇감이고 몽둥이가 약(藥)이 될 것입니다. 성경에도 소가 사람을 들이받으면 그 소는 돌로 쳐서 죽이라고 말씀하고 있습니다. (출 21:32) 하물며 하나님께서 창조한 피조물인 사람이 하나님의 말씀을 거역하고 하나님께 도전하고 하나님을 대적한다면 하나님께서는 이런 인간을 어떻게 하실까요? 더럽고 악하고 추한 불량품인 인간은 불타는 곳에 버려질 수밖에 없습니다. 이것이 하나님의 공의(公義)의 심판입니다.

주인의 말에 잘 순종하고 주인을 두려워하고 주인에게 감사하는 머슴이나 종(servant)은 주인에게 사랑을 받겠지만 주인을 두려워하지 않고 주인의 말에 복종하지 않고 불순종하는 머슴이나 종은 합당한 값을 치를 수밖에 없습니다. 사람이 사람을 다루는데도 이러하거든 하물며 피조물이 자신을 지으신 창조주 즉 자신의 참주인을 두려워하지 않고 거역한다면 그리고 반역하려 한다면 어찌 그 무서운 심판을 피할 수 있을까요? 피할 수 없습니다. 이는 명약관화(明若觀火)입니다.

하나님의 판단은 사람은 악을 행하는 종자(씨)라는 것입니다. 하나님은 처음에 사람을 창조할 때 이렇게 악하게 악한 종자로 창조하지 않으셨습니다. 그런데 왜 그러면 사람은 이런 악한 종자가 되었을까요? 이는 처음 사람인 아담과 이브가 하나님의 말씀을 거역한 데서 비롯되었습니다. 하나님은 사람을 창조하기 전에 모든 것을 창조하였습니다. 이유는 사람으로 그것들을 다스리고 관리할 수 있도록 그리고 사람이 무엇을 먹을까? 무엇을 입을까? 어떻게 살까? 하는 모든 걱정과 근심 염려가 없도록 하기 위해서 사람을 맨 나중에 창조하셨습니다. 또한 아담과 이브가 안전하게 평안하게 행복하게 살 수 있도록 부족함이 전혀 없는 완전한 환경으로 창조하셨습니다. 하나님께서는 모든 만물을 사람을 위해서 창조하신 것입니다. 하나님은 사람에게 복을 주시며 누리고 다스리고

인생 보고서

번성할 수 있도록 하셨습니다.

> "하나님께서 그들에게 복을 주시며 그들에게 이르시되, 다산하고 번성
> 하여 땅을 채우라. 땅을 정복하라. 또 바다의 물고기와 공중의 날짐승과
> 땅 위에서 움직이는 모든 생물을 지배하라, 하시니라."(창 1:28)

하나님께서는 아담에게 동산의 모든 나무에서 나는 것은 마음대로 먹어도 되나 선악을 알게 하는 나무의 열매는 먹지 말라고 하셨고 먹는 날엔 반드시 죽는다고 말씀했습니다. 그러나 아담은 결국 이 선악을 알게 하는 열매를 먹게 되었습니다. 하나님께서 금지한 이 열매를 먹는 것은 곧 하나님의 명령을 거부한 것이고 하나님의 말씀을 순종하지 않았으며 하나님의 말씀을 믿지 않게 되었습니다. 그 결과 아담은 죄를 짓게 되었고 죄가 그 안에 들어오게 되었습니다. 그래서 하나님의 형상대로 창조된 아담은 하나님의 형상이 깨어지고 파괴되었습니다.

하나님의 형상으로 창조된 사람은 하나님의 명령인 말씀에 순종하지 않고 거역한 후 죄를 짓게 되어 죄가 아담 안에 들어옴에 따라 죄인이 되었고 아담의 후손들은 모두에게 죄가 전가되어 죄 중에 잉태되어 출생하게 된 것입니다. 이로 인하여 모든 사람은 악을 행하는 즉 악을 행할 수밖에 없는 행악의 종자가 되어 버렸습니다. 행악의 종자는 악을 행할 수밖에 없습니다. 이는 종자 즉 씨가 악한 씨이기 때문입니다. 선이 없는 악만 있는 그런 씨로 변해 버렸기 때문입니다. 아담으로 인해 아담의 후손 즉 모든 인류는 행각의 종자가 되어버린 것입니다. 이것은 성경이 말씀해 주는 분명하고도 엄연한 사실입니다.

"아, 죄 많은 민족이요, 불법을 짊어진 백성이요, **악을 행하는 자들의 씨요**, 부패시키는 자식들이로다. 그들이 주를 버리고 이스라엘의 거룩하신 이의 분노를 일으키며 뒤로 갔도다."(사 1:4)

아담은 한 번의 불순종으로 이 세상과 모든 인류에게 끔찍한 죄를 들여왔고 사망을 가져왔습니다. 그리고 선하고 악이 없는 사람을 행악의 종자로 변하게 되었습니다. 자신뿐만 아니라 모든 인류를 그렇게 하였습니다. 단 한 번의 범죄가 모든 인류가 범죄 하게 만들었습니다. 모든 인류를 죽게 만들었습니다. 좋은 나무였던 아담이 나쁜 나무로 변해 버렸습니다. 좋은 씨가 악한 씨로 변하게 되었습니다. 그래서 나쁜 열매를 맺히게 되었습니다. 이 얼마나 불행한 인생이며 불쌍한 인생이 되어 버렸는가! 저주받은 인생이 되어 버렸습니다.

"이와 같이 좋은 나무마다 좋은 열매를 맺고 썩은 나무는 나쁜 열매를 맺나니. 좋은 나무가 나쁜 열매를 맺지 못하고 또 썩은 나무가 좋은 열매를 맺지 못하느니라. **좋은 열매를 맺지 아니하는 나무마다 찍혀 불속에 던져지나니** 그러므로 너희가 그들의 열매로 그들을 알리라."(마 7:17~20)

이런 인생을 위해 죄에서 죽음에서 저주에서 인간을 구원하기 위해 구원자인 예수 그리스도를 이 땅에 보내어 주시었습니다. 예수 그리스도께서는 인간이 죄로 인하여 받아야 죽음의 심판과 저주를 대신 받으심으로 죄에서 죽음에서 구원하시고 저주에서 인간을 풀어주셨습니다. 그래서 우리 악한 인간은 회개하고 돌이켜 주 예수 그리스도를 믿어야 합니다. 이것이 이 시대 인간에게 명령하신 하나님의 명령입니다. 아담에게 명령하신 하나의 명령을 어긴 죄로 인하여 죄와 죽음과 저주가 온 것처럼 이 시대 인간들에게 명령하신 명령을 듣지 않고 불순종한다면 거역한다면 또다시 인간은 영원한 저주를 받고 영원한 지옥으로 던져지게 될 것입니다. 영원한 사망으로 들어가게 될 것입니다. 이것은 인간에게 주어진 운명입니다. 자신의 운명을 바꾸어 영원한 생명을 얻고 죄가 없는 죽음이 없는 그리고 인간을 창조한 창조주 하나님과 함께 영원히 살려면 자신이 어떤 사람인지를 알고 깨달아 회개하고 돌이켜 주 예수 그리스도를 믿어야 합니다. 그래야만이 구원을 받게 됩니다. 이 구원은 자신이 죄에서 지옥의 형벌에서 영원한 사망에서 구원받는 것을 말합니다.

"이르시되, 때가 찼고 하나님의 왕국이 가까이 왔으니 너희는 **회개하고 복음을 믿으라**, 하시더라."(막 1:15)

"그들을 데리고 나와 이르되, 선생들이여, **내가 무엇을 하여야 구원을 받으리이까?** 하거늘. 그들이 이르되, **주 예수 그리스도를 믿으라~**"(행 16:30~31)

"그분은 모든 사람이 구원을 받고 진리를 아는 데 이르기를 원하시느니라."(딤전 2:4)

7

인생은 선(善)을 행하는 사람은
단 한 사람도 없습니다

먼저 성경 로마서와 시편에 기록된 말씀을 보겠습니다.

"이것은 기록된바, 의로운 자는 없나니 단 한 사람도 없으며."(롬 3:10)

"그들이 다 길에서 벗어나 함께 무익하게 되고 **선을 행하는 자가 없나
니 단 한 사람도 없도다.**"(롬 3:12)

"하나님께서 깨닫는 자나 하나님을 찾는 자가 있는지 보시려고 하늘에
서부터 사람들의 자녀들을 내려다보셨으되 그들이 모두 물러가 함께
더러운 자가 되고 **선을 행하는 자가 없나니 단 한 사람도 없도다.**"(시
53:2~3)

하나님은 인간을 향해 '의롭고 선을 행하는 사람은 단 한 사람도 없다'
라고 말씀하십니다. 사람들은 이 말씀에 의문을 제기할 것입니다. 동의
하지 않을 것입니다. 왜냐면 자신의 주위를 돌아보고 가끔 TV 뉴스에 보
면 정말 착하고 선한 사람 그리고 의로운 사람을 소개하는 이야기를 듣
곤 합니다. 사람들은 그런 사람들을 보면서 그런 사람이 선하지 않다고

말한다면 정말 말도 안 되는 소리라고 모두 다 한소리로 외칠 것입니다. 사람의 시각으로 보면 이 세상에는 착한 사람도 있고 선한 사람도 있으며 의로운 사람도 있습니다. 가난한 사람을 도와주고 아프고 고통받는 사람을 도와주고 남이 위험할 때 그리고 위급한 상황에 있어 죽음의 문턱에 있을 때 순간 자신의 몸을 던져 남을 구출하여 생명을 살리고 자신은 생명을 잃은 사람을 보고 어찌 의로운 자라 아니할 수가 있으며 이런 사람을 어찌 선하지 않다고 말할 수 있을까요? 만일 이런 사람을 두고 의로운 사람이 아니며 또는 선한 사람이 아니라고 하면 그 누구도 용납하지 않을 것입니다.

그러나 이러한 판단의 기준은 세상의 기준이고 사람들의 판단 기준입니다. 이 세상의 사람들의 기준과 판단에 의하면 이는 너무나 맞는 판단이고 옳은 판단일 것입니다. 이 판단이 틀렸다고 하면 이렇게 말하는 사람이 잘못된 판단이라고 저 또한 판단할 것입니다. 그러나 판단에 앞서 중요한 문제는 판단의 기준과 누가 판단을 하느냐입니다. 이 판단의 기준과 판단자가 누구냐에 따라 달라지기 때문입니다.

하나의 예를 든다면 이 세상의 법정에서도 판사의 생각에 따라 재판의 결과가 달라질 수도 있습니다. 그리고 실제로 많이 실행되고 있습니다. 유죄가 무죄가, 무죄가 유죄가 되고 형량도 판사들에 따라 달라지기도 합니다. 아무리 헌법이 있지만 헌법이 완전 무결하지 않으므로 그 헌법을 해석하여 적용하고 시행하는 데는 판사의 판단이 필요해서 사법부를 두고 판사의 최종적인 판단에 따르는 것입니다. 그런데 판사들의 역량과 지식의 차이로 인한 생각의 차이가 다 동일하지 않기에 모두 동일한 판단을 내릴 수가 없습니다. 이는 판사들의 생각의 기준들이 다르기 때문입니다.

또 하나 예를 든다면 각 국가별로도 판단의 기준이 다릅니다. 한두 가지 예를 든다면 어떤 나라에서는 간통죄(姦通罪)가 적용되지만 어느 나라에서는 죄가 안 됩니다. 또 어떤 나라에서는 사형(死刑)제도가 있어서 사형을 시키지만 어느 나라에서는 사형제도가 없어서 아무리 큰 죄를 지었다 해도 사형을 시킬 수가 없습니다. 이런 이유는 각 나라의 기준과 판단이 다르기 때문입니다.

각 나라에는 각국의 대사관들이 있습니다. 각국의 대사관들은 치외법권(治外法權) 지역입니다. 그래서 대사관들은 상주하고 있는 그 나라의 법을 따르지 않고 또 적용받지도 않습니다. 그래서 혹 어떤 사람이 큰 범죄를 저질러서 도망하다가 그 대사관으로 들어가게 되면 그 범인을 쫓던 경찰이 그 대사관까지 들어가서 그 범인을 잡아 올 수 없습니다. 왜냐면 그 대사관은 치외법권 지역임으로 절대로 들어갈 수 없기 때문입니다.

이처럼 모든 판단의 기준이 다르면 그 결과도 달라지고 또 누가 판단하느냐에 그 결과가 달라집니다. 성경에서 '선한 사람은 단 한 사람도 없다'의 판단은 사람의 판단을 기록한 것이 아닙니다. 세상의 기준에 따라 판단한 것이 아닙니다. 그래서 사람의 판단과 세상의 판단의 기준으로 보면 절대적으로 다르고 동의할 수도 없습니다. 아무리 이해하려고 해도 절대로 이해할 수도 없습니다.

성경에 기록된 말씀은 하나님의 말씀이며 하나님의 판단 기준입니다. 사람을 창조하신 하나님께서 사람을 보는 판단의 기준입니다. 사람은 피조물입니다. 피조물이 피조물을 판단한다는 것은 어찌 보면 모순(矛

인생 보고서

盾)이고 바른 판단이 아닙니다. 바르고 옳은 판단은 사람을 창조하신 분의 판단이 절대적으로 옳고 바른 판단이며 바른 기준입니다.

하나님께서 사람을 '선을 행하는 사람이 단 한 사람도 없다'고 말씀하셨는데 이 하나님의 말씀은 사실이며 진리입니다. 사람들이 믿든지 믿지 않든지 이는 절대적 진리임을 먼저 밝혀 둡니다. 그 이유는 하나님 자신이 곧 진리이기 때문입니다.

"아버지의 진리로 그들을 거룩히 구별하옵소서. 아버지의 말씀은 진리이니이다."(요 17:17)

"또 너희가 진리를 알리니 진리가 너희를 자유롭게 하리라, 하시니."(요 8:32)

"예수님께서 그에게 이르시되, 내가 곧 길이요 진리요 생명이니 나를 통하지 않고는 아무도 아버지께 오지 못하느니라."(요 14:6)

사람들은 사람에 대해서 잘 모릅니다. 그것은 인간은 지식과 지혜가 한계가 있습니다. 그리고 IQ도 그리 높지도 않습니다. 할 수 있는 게 뭐 그리 많지 않습니다. 그런데도 인간은 그런 자신을 잘 모릅니다. 어리석게도 자신이 피조물인 것을 잊고 삽니다. 그래서 스스로 판단을 그르치곤 합니다. 인간은 스스로 대단한 존재로 알고 착각하고 살아갑니다. 별 볼일 없는 존재인데도 별 볼일 있는 자처럼 말입니다. 이것이 인간의 한계입니다.

역사 이래로 지금 현시대가 가장 과학이 발달하고 왕성한 시대입니다. 산업혁명 이후 가장 급변하게 세상이 바뀌고 있고 바뀌어 가고 있습니다. 특히 컴퓨터 공학, 우주공학, 인체공학, 생명공학 등은 눈부시게 발전하였고 발전하고 있습니다. 그런데도 작은 모기나 파리 등 생명이 있는 존재는 만들지 못합니다. 생명이 없는 부분에서는 비약적으로 발전하였고 발전하고 있으나 아주 작은 눈에 보이지 않는 바이러스나 아메바 같은 생명이 있는 생물체는 만들지 못합니다. 생명은 하나님께 속한 것입니다.

> "모든 것이 그분에 의해 만들어졌으니 만들어진 것 중에 그분 없이 만들어진 것은 하나도 없었더라.
> 그분 안에 생명이 있었으며 그 생명은 사람들의 빛이더라."(요 1:3~4)

> "진실로 진실로 내가 너희에게 이르노니, 나를 믿는 자에게는 영존하는 생명이 있느니라."(요 6:47)

생명은 하나님만이 창조하실 수 있습니다. 생명은 하나님께서 하나님만이 주실 수 있습니다. 사람들에게는 영원한 생명이 없습니다. 육체의 생명도 고작 70~80년, 길면 약 100년 정도입니다. 이것도 의학의 힘을 빌리고 잘 관리해야 되는 생명의 연수입니다. 사고나 병이 나면 그 생명도 지키지 못하고 반납해야 합니다. 모든 생명은 하나님의 계획과 하나님의 섭리 안에서 정해지고 관리되고 유지됩니다. 하나님은 생명 그 자체이십니다. 인간에게는 생명이랄 게도 없습니다. 다만 받은 생명대로 살아갈 뿐입니다. 이것이 인간의 한계입니다. 인간은 인간의 한계를 깨달은 것이 매우 중요합니다. 요한복음을 기록한 사도 요한은 성경을 통해서 영원한 생명을 얻어야 한다고 말씀합니다. 그 이유는 인간에게 영원한 생명이 없기 때문입니다.

"예수님께서 그녀에게 이르시되, **나는 부활이요 생명이니 나를 믿는 자는 죽어도 살겠고.**"(요 11:25)

"이것들을 기록함은 예수님께서 하나님의 아들 그리스도이심을 너희가 믿게 하려 함이요, 또 믿고 그분의 이름을 통해 생명을 얻게 하려 함이니라."(요 20:31)

"성경 기록들을 탐구하라. 너희가 그것들 안에서 영원한 생명을 얻는 줄로 생각하거니와 그것들이 바로 나에 대하여 증언하느니라."(요 5:39)

사람들은 오래 살고 싶지만 영원한 생명을 구하고 찾지는 않습니다. 오로지 육체의 생명을 조금 연장하고자 여러모로 많은 애를 쓰고 노력합니다. 시간과 돈도 투자합니다. 시간과 돈을 투자한다고 꼭 생명 연장을 보장받는 것도 아닙니다. 그런데도 그 생각에서 벗어나지 못합니다. 생각의 변화 새로운 생각을 해보려 하지 않습니다. 진짜 영원한 생명을 얻는 길이 있는데도 관심이 없습니다. 사람들은 정말 진짜로 영원한 생명을 준다고 해도 원하지 않습니다. 참으로 아이러니라 아니할 수 없습니다.

"그러나 너희는 생명을 얻기 위해 내게 오기를 원치 아니하는도다."(요 5:40)

"또 그 증거는 이것이니 곧 하나님께서 우리에게 영원한 생명을 주신 것과 이 생명이 그분의 아들 안에 있는 것이니라. **아들이 있는 자에게는 생명이 있고 하나님의 아들이 없는 자에게는 생명이 없느니라.**"(요일 5:11~12)

  원하면 정말 누구든지 영원한 생명을 얻을 수 있습니다. 이것은 사실이며 진리입니다. 하나님의 분명한 약속입니다. 창조주 하나님의 말씀이며 약속입니다. 하나님 아버지께서는 자신의 아들을 믿는 자들에게는 영원한 생명을 주신다고 약속하셨습니다. 많은 것을 요구하지 않으시고 단 하나 자신의 독생자인 예수 그리스도를 믿으라고만 하십니다. 예수 그리스도를 믿기만 하면 됩니다. 그러면 영원한 생명을 주신다고 약속하셨습니다. 그러나 수많은 사람들이 이 약속을 믿으려 하지 않고 믿지 않습니다. 그리고 엉뚱한 데서 고작 생명 연장을 위해 세월을 헛되게 보내고 있습니다. 이것이 인간의 어리석음입니다.

  "하나님께서 세상을 이처럼 사랑하사 자신의 독생자를 주셨으니 이것은 누구든지 그를 믿는 자는 멸망하지 않고 영존하는 생명을 얻게 하려 하심이라."(요 3:16)

  자 그럼 이제 이 장의 주제인 왜 '사람은 단 한 사람도 선을 행하는 사람이 없는가?'에 대해 살펴보겠습니다. 결론부터 말하면 사람들이 행하는 선은 참된 선이 아닙니다. 사람 편에서 보면 물론 선이라 하겠지만 사람의 판단은 사람이 판단하면 이는 바른 판단이 아닙니다. 사람의 판단과 생각이 동물의 판단과 생각이 같을까요? 절대로 같을 수 없습니다.

사람은 사람을 창조한 하나님이 판단해야 바른 판단입니다. 사람은 사람의 마음을 모르지만 하나님은 사람의 마음도 모두 압니다.

> **"마음은 모든 것보다 거짓되고 극도로 사악하니 누가 그것을 알 수 있으리요? 나 주는 마음을 살피며 속 중심을 시험하여 각 사람의 길들과 그 사람의 행위의 열매대로 그 사람에게 주느니라."(렘 17:9~10)**

하나님은 사람에게 선이 없다고 말씀하십니다. 사람에게는 선이 없습니다. 선이 없는데 선을 행하였다거나 선을 행할 수 있다고 말하면 이는 거짓말입니다.

> **"어리석은 자가 마음속으로 이르기를, 하나님은 없다, 하였도다. 그들은 부패하여 가증한 불법을 행하였으니 선을 행하는 자가 하나도 없도다. 하나님께서 깨닫는 자나 하나님을 찾는 자가 있는지 보시려고 하늘에서부터 사람들의 자녀들을 내려다보셨으되 그들이 모두 물러가 함께 더러운 자가 되고 선을 행하는 자가 없나니 단 한 사람도 없도다."(시 53:1~3)**

> **"그분께서 그에게 이르시되, 네가 어찌하여 나를 선하다 하느냐? 한 분 곧 하나님 외에는 선한 이가 없느니라. 다만 네가 생명에 들어가려거든 명령들을 지키라, 하시니."(마 19:17)**

그리고 사람은 모두 죄인이라고 합니다. 모두 죄를 지은 사람들이고 모두 거짓말쟁이고 의로운 자는 단 한 명도 없다고 말씀합니다. (롬 3:4,

3:23, 5:12, 3:10) 사람에게 참된 선이 있다면 어찌 죄를 짓게 되고 거짓말을 하는 거짓말쟁이가 될 수 있을까요? 또한 하나님은 의로운 자가 없다고 하는데 어찌 의로운 사람이 있다고 말할 수 있을까요? 누구의 판단과 생각이 맞을까요? 하나님일까요? 아니면 사람일까요? 그래서 사람들이 행하는 선은 참된 선이 아닙니다. 사람들 보기에는 진짜 선으로 보이고 생각할지 모르지만 하나님께서 보실 때에는 위선에 불과합니다. 참된 선이 아니기에 가짜이며 위선입니다.

옛 속담에 '콩 심는 데 콩 나고 팥 심는 데 팥 난다'라는 말이 있습니다. 땅에 콩을 심었는데 팥이 날 수가 없는 것입니다. 또 팥을 심었는데 콩이 날 수 없습니다. 이처럼 심은 대로 뿌리는 대로 나오는 것입니다. 콜라병에 콜라가 들어 있으면 콜라가 나옵니다. 우유병에 우유가 들어 있으면 우유가 나옵니다. 그런데 콜라병에 우유가 들어 있으면 무엇이 나올까요? 네! 콜라가 나오지 않고 우유가 나옵니다. 반대로 우유병에 콜라가 들어 있으면 이번에는 무엇이 나올까요? 네! 이번에도 우유가 아닌 콜라가 나옵니다. 아마 달리 생각하는 사람은 없을 것입니다. 이처럼 병안에 무엇이 들어 있느냐에 따라 들어 있는 대로 나옵니다. 어떤 병이냐가 중요한 것이 아니며 병에 따라서 병 안의 것이 나오는 것이 아니라 병안에 무엇이 들어 있느냐가 중요하며 병 안에 들어 있는 대로 나옵니다.

이처럼 사람의 안에 무엇이 있느냐에 따라 들어 있는 대로 나오는 것입니다. 선이 들어 있으면 선이 나옵니다. 그러나 사람 안에는 선이 없기에 절대로 선이 나오지 않습니다. 사람에게서 선이 나왔다고 말하면 이는 참된 선이 아니고 그 선은 위선입니다. 왜냐면 선이 없는데 선이 나왔다면 그 선은 선이 아닌 선으로 포장된 가짜 선이며 곧 위선인 것입니다. 마가복음 9장에서는 사람 안에 무엇이 들어 있는지를 말씀해 주고

인생 보고서

있습니다. 사람들은 아마 처음 들은 말씀이며 한 번도 생각지 못한 사실들입니다. 이러한 사실들이 들어 있지 않다면 나올 수 없을 것입니다. 나온다는 것은 들어 있기 때문입니다.

> "그분께서 그들에게 이르시되, 너희도 그렇게 깨닫지 못하느냐? 무엇이든지 밖에서 사람 속으로 들어가는 것이 능히 사람을 더럽게 하지 못하는 줄을 너희가 알지 못하느냐? 그것은 그의 마음속이 아니라 뱃속으로 들어가 모든 음식을 깨끗하게 하고 뒤로 나가느니라, 하시니라. 또 그분께서 이르시되, **사람에게서 나오는 것, 그것이 사람을 더럽게 하느니라.** 속에서 곧 사람들의 마음에서 악한 생각, 간음, 음행, 살인, 도둑질, 탐욕, 사악함, 속임, 색욕, 악한 눈, 신성모독, 교만, 어리석음이 나오는데 **이 모든 악한 것이 속에서 나와 사람을 더럽게 하느니라, 하시니라.**"(막 7:18~23)

사람 안에는 이런 악한 것들이 들어 있습니다. 여기에는 선은 들어 있지 않습니다. 선은 없습니다. 그러기에 사람에게서는 선이 나올 수 없습니다. 사람에게서 나왔다는 선은 모두 가짜 선이며 선이 아닌 것을 선으로 포장하여 나온 위선입니다.

어린이들을 잘 관찰하여 보면 어린아이 속에 무엇이 들어 있는지를 곧 잘 알게 됩니다. 착하고 예쁘고 귀엽고 순하게 보이는 그런 어린아이들 안에 악이 들어 있다고 하면 쉽게 동의하지 않을 것입니다. 이 어린아이들이 유치원에 가기 전부터 엄마 아빠에게 유치원에 들어가서는 선생님들에게 친구들과 싸우지 말라, 말 잘 들어라, 거짓말하지 마라, 욕하지 마라, 인사 잘해라 등등 매일 듣지만 가르친 대로 잘 순종하고 잘하는가요?

네 물론 몇몇은 잘하기도 합니다. 그러나 항상 모두 잘할 수는 없습니다.

실험을 해 보면 금방 알 수 있을 것입니다. 예를 들어 선생님 없이 자기들만 있게 하고 사탕이나 장난감을 부족하게 주고 사이좋게 싸우지 말라고 하면 가르친 대로 잘할까요? 얼마 못 가서 자기가 장난감을 가지려고 하고 사탕도 자신이 먹으려고 서로 뺏으려 싸우고 울고 할 것입니다. 이들에게 나쁜 행동을 하라고 가르쳤나요? 오히려 좋은 바른 교육만을 했는데도 실상의 행동은 반대로 하는 것을 볼 수 있을 것입니다. 이들이 어리지만 이들의 마음 안에는 선한 것이 없고 악한 죄성(罪性) 곧 악이 있기 때문입니다. 아직 어리기에 악이 어린이에게 맞는 악이 나오는 것입니다. 이들이 자라고 성장하면서 악도 점점 나이에 맞게 나오고 죄를 짓는 것입니다. 어느 누가 죄를 지으라고 가르치지 않았지만 죄를 짓게 됩니다. 이는 사람 안에 죄가 있기에 나이에 맞게 죄를 짓는 것입니다. 밭에 씨를 뿌리면 그 씨가 싹을 내는 조건이 주어지면 싹이 납니다. 땅에 씨를 뿌렸어도 싹을 낼 수 있는 조건이 갖추어지지 않으면 싹이 나오질 않습니다. 땅 안에 씨가 싹을 낼 수 있는 조건과 환경이 되어야 합니다.

이처럼 사람도 사람 안에 죄가 있습니다. 죄가 있다고 아무 때나 무작정 나오는 게 아니라 죄를 짓게 하는 조건과 환경이 갖추어졌을 때 죄가 밖으로 나와 죄를 짓게 되는 것입니다. 죄를 짓게 될 때 그것을 죄의 열매라고 합니다.

"이제 내가 원치 아니하는 그것을 내가 행하면 그것을 행하는 자가 더 이상 내가 아니요 내 안에 거하는 죄니라."(롬 7:20)

"우리가 육신 안에 있었을 때에는 율법으로 말미암은 죄들의 활동이 우리 지체 안에서 작용하여 사망에 이르는 열매를 맺게 하였으나."(롬 7:5)

성경에 기록된 하나님의 말씀을 보면 사람 안에 선이 거하지 않고 오히려 죄가 거한다고 말씀해 주고 있습니다. 그래서 사람은 선이 없기에 선을 행할 수 없고 죄가 있기에 죄를 짓는 것입니다. 그래서 사람은 선한 사람이 없습니다. 단 한 사람도 없습니다. 이것이 하나님의 판단이고 최종적인 결정입니다. 그리고 모든 사람은 다 죄인입니다. 태어나면서부터 죄를 가지고 태어납니다. 조상으로부터 물려받은 것입니다. 인류의 조상인 최초의 사람 아담으로부터 전가(轉嫁)받은 것입니다. 이 또한 사람들이 믿든지 믿지 않든지 사실이고 진리입니다.

"그러므로 한 사람으로 말미암아 죄가 세상에 들어오고 죄로 말미암아 사망이 들어왔나니 이와 같이 모든 사람이 죄를 지었으므로 사망이 모든 사람에게 임하였느니라."(롬 5:12)

그래서 모든 사람은 다 죄인이고 의롭지 않습니다. 선한 사람이 하나도 없습니다. 이 세상에서 선한 사람, 의로운 사람이라고 평가받은 사람들은 모두 하나님께서 평가하실 때는 다 가짜라고 평가합니다. 하나님은 사람에게 선이 없다고 이미 판단하셨는데 그런데도 선한 사람이 있다고 말한다면 이는 하나님을 모욕하고 하나님을 거짓말쟁이라고 말하는 것과 같습니다. 하나님의 판단을 그리고 하나님의 말씀을 불신하는 것입니다. 하나님은 사람이 다 거짓말쟁이라고 이미 판단하셨습니다.

(롬 3:4) 하나님이 거짓말쟁이가 아니라 사람이 거짓말쟁이입니다. 다시 한번 사람에 대한 하나님의 평가는 어느 시대에도 '사람은 선하지 않으며 선을 행하는 사람은 단 한 명도 없다'는 것입니다. 이것이 하나님의 기준이며 판단입니다.

> "결코 그럴 수 없느니라. 참으로 하나님은 진실하시되 사람은 다 거짓말쟁이라 할지어다. 이것은 기록된바, 이로써 주께서 주의 말씀하신 것에서 의롭게 되시고 판단 받으실 때에 이기시리이다, 함과 같으니라."(롬 3:4)

제4부

———

인생의 꼬인 팔자(八字)

인생의 팔자(八字)

사람들은 이런 말들을 합니다. '인생은 팔자대로 사는 거야!', '팔자 참 더럽게 꼬였다!', '뭐 팔자 소관(所關)이지!', '타고난 팔자가 그러니 어떡하겠어!', '팔자가 개 팔자야!', '개 팔자가 상팔자야!' 등 팔자타령을 합니다. 뭐 제가 말하려는 팔자하고는 내용 면에서 조금 다르지만 세상 사람들이 사용하고 말하는 팔자에 대해서 충분히 이해가 갑니다. 곰곰이 생각해 보면 일리도 있습니다.

저의 뇌피셜(腦 official)이지만 '사람 인(人)' 자와 '팔(八)' 자는 모양이 비슷합니다. 모두 두 획(劃)으로 이루어진 한자(漢字)입니다. 그리고 두 획이 함께 붙어 있습니다. 이는 어쩌면 사람(人)은 팔자(八字)를 가지고 태어나는 것 같습니다. 인생의 팔자는 어쩌면 태어날 때 이미 정해진 팔자대로 간다고 해도 과언이 아닐 것입니다.

부잣(富者)집에 금수저 팔자로 태어나면 그 인생의 팔자는 쭉 펴졌다고 생각할 것입니다. 그리고 가난한 집에서 흙수저로 태어난 팔자는 그 인생의 팔자는 꼬였다고 말할 것입니다. 인생의 팔자(八字)는 쉽게 누구나 바꿀 수 있는 것은 아닐 것입니다. 흙수저 인생의 팔자가 금수저 인생의 팔자로 바뀌는 것은 쉽지 않을 것입니다. 노력한다고 쉽게 되지 않을 것입니다. 인생에게 팔자가 바뀌는 것은 어떤 기적이 일어나지 않는 한 쉽게 바꾸지 않을 것입니다.

이런 속담이 있습니다. "계천(溪川)에서 용(龍) 난다." 이 말은 어떤 인생의 팔자가 바뀌는 의미로도 사용합니다. 쉽지는 않지만 간혹 계천에서 용 난 것처럼 흙수저로 태어나 성공한 사람도 있습니다. 그러나 대다수는 그렇지 못합니다.

지금 이야기한 팔자는 사람들이 생각하고 말하는 팔자에 대한 정의(定義)일 것입니다. 그러나 제가 말하려는 팔자는 가난한 팔자를 가지고 태어난 인생이 부자가 되고 성공해서 팔자가 바뀌는 그런 팔자를 말하는 것은 아닙니다. 제가 말하는 팔자는 사람의 이런 외형적인 것 즉 부(富), 권력, 명예, 성공, 출세(出世) 등을 말하는 것이 아닙니다.

필자(筆者)는 하나님께서 보시는 인생의 팔자에 대해 말하고자 합니다. 결론부터 말하면 하나님이 보시는 인생의 팔자는 좋은 팔자가 아닙니다. 비뚤어지고 꼬인 팔자입니다. 제구실을 못 하는 쓸모없는 폐기처분 해야 하는 그런 인생이라는 것입니다. 비뚤어지고 꼬인 팔자는 말 그대로 팔자가 비뚤어지고 꼬였기에 팔자가 좋은 팔자가 아니라는 것입니다. 팔자가 곧게 펴져야 좋은 팔자인데 꼬였으니 좋은 팔자라 말할 수 없습니다. 그리고 인생의 꼬인 팔자는 사람의 능력으로는 절대로 펼 수 없습니다. 사람의 능력 밖입니다. 인생의 비뚤어지고 구부러진 팔자 즉 꼬인 팔자는 사람을 창조하고 지으신 하나님만이 펼 수 있습니다.

"구부러진 것도 곧게 할 수 없으며 모자라는 것도 셀 수 없도다."(전 1:15)

"이것은 너희가 흠이 없고 무해한 자 곧 구부러지고 비뚤어진 민족 가

운데서 책망받을 것이 없는 하나님의 아들들이 되게 하려 함이라. 그런 민족 가운데서 너희가 세상에서 빛들로 빛나며."(빌 2:15)

사람들은 인생의 미래나 여러 가지를 알아보기 위해 사주팔자(四柱八字)를 보기도 합니다. 사주팔자는 긍정적인 개념과 부정적인 개념으로 사용합니다. 부정적인 개념으로 사용될 때 '팔자 참 더럽게 꼬였네', '내 팔자가 개 팔자보다 못해!', '팔자 소관(所關)이라 생각하고 살아야지!'라고 말합니다. 인생살이가 쉽지 않고 잘 나가지 않고 잘 안 풀린다는 것을 말할 것입니다.

또 하나의 해석은 긍정적으로 사용하기도 합니다. 긍정적일 때는 '저 사람은 좋은 팔자를 가지고 태어났어!', '저 사람 팔자는 상팔자야!', '팔자가 바뀌었어!'라고 합니다. 이런 사람을 가리켜 '야, 그 사람 팔자 참 좋네!', '팔자 펴졌어!'라고 합니다.

국어사전에서는 팔자(八字)에 대해 다음과 같이 말하고 있습니다.

▶ **팔자¹ (八字) [一짜]**
사람의 한평생의 운수.
· ～가 좋다 · ～로 돌리다 · ～가 기구하다.
♣ 팔자(가) 늘어지다 【관용구】 근심 · 걱정 따위가 없고 사는 것이 편안하다.
♣ 팔자(가) 세다 【관용구】 험악한 운명을 타고나다.
♣ 팔자(를) 고치다 【관용구】 ㉠ 개가(改嫁)하다. ㉡ 갑작스레 부자가 되거나 높은 지위를 얻어 딴사람처럼 됨의 비유.

♣ 팔자에 없다【관용구】분수에 넘쳐 어울리지 않다.

자신의 팔자나 인생의 운명은 자신의 능력이나 노력, 돈으로 자신의 운명을 바꿀 수는 없습니다. 자신의 삶이 조금 변했다고 자신의 팔자나 운명이 바뀐 것은 아닙니다. 자신의 행동이 달라졌다고 자신의 팔자나 운명이 달라진 것이 아닙니다. 자신이 살기 좋아졌다고 팔자나 운명이 바뀐 것이 아닙니다. 이러한 것은 자신이 조금 변화되고 좋아지고 달라졌을 뿐 인생의 근본이 달라지고 인생 자체가 바뀌는 것은 아닙니다. 사람들은 자신의 삶 또는 자신이 조금 바뀌었으면 '그 사람 팔자 좋아졌네' 또 어떤 사람이 로또 복권에 당첨되고 나면 '그 사람 팔자 펴지겠네!' 등 말들은 하지만 그렇다고 그 사람이 팔자가 펴지고 그 인생의 자체가 바뀐 것은 아닙니다. 그 사람의 삶이 조금 변화되고 달라지겠지만 인생의 팔자가 근본적으로 변화된 것은 아닙니다.

성경에서 말씀하는 인생의 팔자나 운명은 사람의 외형적인 변화에 따라 즉 부, 권력, 명예, 성공, 출세 등으로 달라지는 것을 말하는 것이 아닙니다. 성경에서 말하는 팔자나 운명이 바뀌었다는 의미는 하나님을 믿지 않는 사람이 하나님을 믿어 하나님의 자녀로 거듭나고 영원한 사망에 처해진 팔자였는데 영원한 생명을 얻고 복된 인생으로 변화된 것을 말합니다. 죄의 종으로 살다가 죄에서 해방되는 것을 말합니다. 죽음을 두려워함으로 평생토록 속박에 얽매여 살아온 삶에서 벗어나 죽음을 두려워하지 않고 기쁨과 소망의 삶을 사는 것을 말합니다. 쉬운 예를 하나 든다면 더럽고 추한 배추벌레 같은 인생이 예쁜 나비로 다시 태어나 푸른 창공을 훨훨 날아다니는 그런 인생으로 바뀌는 것을 인생의 진정한 팔자가 바뀌었다고 말하는 것입니다.

인생의 운명(運命)과 숙명(宿命)

　인생의 팔자와 운명과 숙명은 한편으론 이미 정해져 있습니다. 그래서 인생이 그 운명대로 가고 숙명대로 사는 것은 너무나 당연합니다. 인생은 자신의 의지(意志)로 태어난 것도 아니고 자신의 의지와 상관없이 남자로 혹은 여자로 태어납니다. 그리고 어쩔 수 없는 숙명적인 삶을 살다가 누구도 거역할 수 없는 피할 수 없는 죽음이란 운명에 이르게 됩니다. 이것이 인생의 팔자이며 운명이며 숙명입니다.

　국어사전에 운명에 대해서 다음과 같이 정의하고 있습니다.

　▶ 운명(運命)
　① 인간을 포함한 모든 것을 지배하는 초인간적인 힘. 또는 그것에 의하여 이미 정하여져 있는 목숨이나 처지. 명운(命運). 숙명(宿命).
　· 피할 수 없는 ～ · ～에 맡기다.
　② 앞으로 닥칠 여러 가지 일이나 사태.
　· 조국의 ～이 걸린 중대사.

　사전에서 정의하고 있는 것처럼 인생의 운명이 바뀌는 것은 세상 속에 있는 재물이나 인간의 어떤 힘이나 노력 등으로 되어지지 않습니다. 큰 재물이나 사람의 능력이 아닌 어떤 새로운 초인간적인 능력이 있어야 하고 그 능력이 자신에게 와야 가능합니다. 그리고 사람이 죽고 사는 문제인 목숨 곧 죽은 목숨이 새 생명으로 바뀌어야 팔자가 바뀌고 운명이 바뀌었다고 말하는 것입니다. 국어사전에 운명은 '인간을 포함한 모든 것을 지배하는 초인간적인 힘. 또는 그것에 의하여 이미 정하여져 있는 목숨이나 처지'라고 되어 있습니다. 그런데 '인간을 포함한 모든 것을 지배하는 초인간적인 힘. 또는 그것에 의하여~'에서 '초인간적인 힘'과 그리고 '그것에 의하여'에서 '초인간적임 힘'과 '그것'은 무엇을 혹은 어떤 존재를 가리킬까요? 인간을 포함한 모든 것을 지배하는 초인(超人)적인 힘은 어디에서 나오는 걸까요? 분명 사람은 아닙니다. 인간을 포함한 모든 것을 지배하는 인간을 초월한 힘이라고 했기에 인간은 절대로 아님을 알 수 있습니다. 사람이 아니라면 과연 누구일까요? 어떤 존재일까요? 미리 결론의 답을 말씀드리면 바로 하늘과 땅(지구)을 창조하시고 모든 만물을 창조하고 만드신 창조주 하나님이십니다. 전지전능하신 창조주 하나님만이 이런 초인적인 능력이 있으며 이렇게 하실 수가 있습니다. 우리 인간도 하나님의 창조물이며 하나님께로 지음받은 존재입니다. 그래서 모든 만물뿐 아니라 사람도 하나님의 섭리 안에 있으며 그의 존재와 미래가 하나님께 결정되어 있습니다. 좋은 쪽이든 나쁜 쪽이든 모두 하나님의 자신과 하나님의 영광을 위해 계획되고 창조되었습니다.

"집마다 지은 자가 있으되 모든 것을 지으신 분은 하나님이시니라."(히 3:4)

"하나님의 영광의 광채시요 그분 자체의 정확한 형상이시며 자신의 권능의 말씀으로 모든 것을 떠받치시는 이 아들께서는 친히 우리의 죄들을 정결하게 하신 후에 높은 곳에 계신 존엄하신 분의 오른편에 앉으셨느니라."(히 1:3)

하나님은 공의로운 하나님으로서 모든 만물을 그리고 모든 사람을 유익하게 하고 복되게 하십니다. 다만 사람만이 악한 존재로 변질되어서 하나님을 오해하고 잘못 알고 있을 뿐입니다.

국어사전에서 두 번째 항을 보면 운명을 '앞으로 닥칠 여러 가지 일이나 사태'라고 말하고 있습니다. 세상은 앞으로 닥칠 여러 가지 일이나 사태가 있습니다. 즉 사람들이 알 수 없지만 많은 일과 사태가 발생합니다. 해마다 큰 홍수와 강력한 태풍이 닥칩니다. 가뭄, 폭설, 지진 그리고 온난화로 인한 기후변화로 크고 작은 많은 재앙이 닥칩니다. 뿐만 아니라 각종 전염병이 사람이나 동물들에게 퍼져 온 세계를 강타하고 있습니다. 그리고 동물에게만 있는 전염병이 사람에게도 전염되어 발병되고 전염되니 정말 심각하다 아니할 수 없습니다. 최근에 세계적으로 퍼지고 있는 '엠폭스(원숭이 두창)'은 대표적인 전염병입니다.

이외에도 여러 가지 예기치 않는 많은 질병들이 사람에게 찾아옵니다. 최근에 사람에게 닥쳐온 큰 질병은 코로나 19(COVID-19)가 2019년에 발생하여 2020년 초에 전 세계적으로 확산되어 세계적 대유행(Pandemic)으로 선포되었고 2024년 조금 잔잔해지고 있지만 언제 없어질지는 아직 잘 모릅니다. 이 질병으로 많은 사상자를 내었고 온 세계가 불안과 공포에 빠지기도 했습니다. 이로 인한 경제적 손실에 큰 타격을 가하기도 했습니다.

이러한 온갖 전염병이나 자연재해 그리고 천재지변이 닥칠 줄은 알지만 어디에서 언제 어떻게 얼마나 무엇이 크게 올 줄은 모릅니다. 화재나 교통사고로도 수많은 사람들이 죽고 고통을 당하고 있습니다. 이러한 재난이나 재앙들이 예견(豫見)할 수 없고 일부는 예견은 되지만 막을 방법은 없습니다. 인간의 지혜를 모아 다만 피해를 최소화할 뿐입니다. 이러한 것들도 인간에게 허락된 어찌 보면 운명이고 숙명이라고 할 수 있습니다. 이러한 재앙들이 인간의 미래에 닥쳐오기 때문입니다. 닥쳐오는 재앙을 막을 방법은 없습니다. 다만 받아들여야 하는 운명이고 숙명일 뿐입니다. 이러한 재앙을 운명과 숙명으로 받아들이는 게 오히려 당연하고 현명하지 않을까 생각합니다. 이러한 운명을 받아들이지 않는다면 인간들은 아마 살아가기 힘들 것입니다. 불안과 공포에 떨지 않고 살아가려면 앞으로 인간에게 닥쳐오는 많은 재앙들을 인정하고 받아들여 지혜롭게 대처하고 피해를 최소한으로 막을 방법을 연구하고 노력해야 할 것입니다. 그런데 이러한 미래에 닥쳐오는 어떤 일이나 사태 즉 사람에게 닥쳐오는 운명을 받아들이지 않고 부정한다면 과연 그 행동과 생각이 지혜로운 것일까요? 만일 그런 사람이 있다면 이는 참으로 어리석고 멍청한 바보라고 할 것입니다. 전혀 도움이 안 될 것입니다.

지금은 통신 매체나 언론 매체가 최고로 발달 되어서 사람과 재산에 피해가 되는 어떤 자연재해나 천재지변으로 닥쳐오는 재앙들이 발생되거나 예상되면 바로 각종 언론방송이나 통신 매체를 통하여 미리 준비하고 예방하라고 예보하고 경고해 줍니다. 이러한 메시지를 받은 사람은 미리 준비하고 예방하여 피해를 최소화하려고 노력합니다. 그러나 이러한 메시지를 무시하고 경고를 받아들이지 않고 외면한다면 예상하지 않는 큰 피해를 입을 수도 있습니다. 이러한 운명을 무시하고 큰소리만 치다가 화를 당하면 자신만 손해입니다. 운명을 겸손히 받아들이고 지혜를 모아 피해를 줄이기 위해 최선을 다하는 사람이 지혜롭고 현명한 사람이 아닐까요? 세상 속에서 계속 일어나고 일어날 여러 가지 재난이나 재앙들이 인생들에게는 찾아오지만 이는 인생들이 거부할 수 있는 운명이 아닙니다. 받아들일 수밖에 없는 운명입니다.

그러나 세상 속에서 자연계에서 맞이하는 운명보다 더욱더 끔찍하고 무서운 인생의 운명이 있습니다. 그것은 바로 '인생의 죽음'입니다. 죽음은 누구나 거부할 수 없는 가장 큰 운명입니다. 그러나 이 죽음보다도 더 오지 말아야 할 또 하나의 운명이 인생들을 기다리고 있습니다. 그것은 바로 죽음 뒤에 '하나님의 심판(재판=판결)'이 있다는 것입니다. 모든 인생은 하나님의 심판을 통하여 그 인생이 살아온 인생을 결산하여 심판하십니다. 그리고 그 심판의 결과로 영원한 지옥인 '불 호수'로 떨어지는 운명이 인생의 죽음 뒤에 놓여 있습니다.

이 운명은 하나님과 주 예수 그리스도를 믿지 않는 모든 사람은 절대로 피해 갈 수 없습니다. 한마디로 인생의 운명입니다.

"한 번 죽는 것은 사람들에게 정해진 것이요 그 뒤에는 심판이 있나니."(히 9:27)

"하나님을 알지 못하는 자들과 우리 주 예수 그리스도의 복음에 순종하지 아니하는 자들에게 타오르는 불로 징벌하실 때에 그리하시리라. 그들은 주의 앞과 그분의 권능의 영광에서 떠나 **영존하는 파멸로 형벌을 받으리로다.**"(살후 1:8~9)

인생의 운명은 인생에게 '숙명(宿命)'을 낳게 됩니다. 인생의 운명과 숙명은 서로 연결되어 있습니다. 서로 떨어질 수 없는 인과응보(因果應報)의 관계이기도 합니다.

이번엔 국어사전에서 숙명에 대해 무엇이라고 말하는지 알아봅니다.

▶ 숙명(宿命)
날 때부터 타고난 운명. 피할 수 없는 운명.
• ~의 대결.
목숨, 운수, 운, 명하다, 명령을 내리다

운명과 숙명은 비슷한 의미입니다. 운명은 '이미 정하여져 있는 목숨이나 처지' 또는 '앞으로 닥칠 여러 가지 일이나 사태'가 운명이라면 숙명은 '날 때부터 타고난 운명. 피할 수 없는 운명'이라고 말합니다. 즉 운명으로 말미암아 피할 수 없는 숙명이 된 것입니다. 인생의 운명과 숙명을 또 다른 말로 '팔자(八字)'라고 말하기도 합니다.

그럼 이제는 인생의 팔자 즉 인생의 운명과 숙명에 대해서 알아보겠습니다. 인생의 운명과 숙명인 인생의 팔자는 한마디로 꼬여 있습니다. 여기서 꼬여 있다는 것은 매우 부정적인 의미입니다. 인생 각자는 태어날 때 운명과 숙명을 가지고 태어나게 됩니다. 태어나는 것은 자신의 원함이나 자신의 의지에 의해서 결정되는 것은 아닙니다.

사람의 시각으로 보는 인생의 팔자는 그 인생이 어디에서 즉 어느 나라에서 태어났느냐에 따라 그 인생의 운명과 숙명인 팔자는 거의 정해져 버립니다. 어떤 인생이 아프리카 아주 못사는 나라에서 태어났다고 하면 그 인생의 팔자는 어떨까요? 물어보나 마나 그 인생의 팔자는 이미 꼬인 팔자이며 꼬인 인생입니다. 그런데 어떤 인생이 선진국인 미국에서 그것도 대기업의 자녀로 태어났다고 하면 그 인생은 이미 금수저로 태어난 것입니다. 그 인생의 팔자는 좋은 팔자 즉 꼬인 팔자가 아니라 곧게 펴진 인생 즉 펴진 탄탄대로인 인생입니다. 물론 인생에서 항상 변수가 있지만 이러한 변수를 생각하지 않는다면 그 인생은 확실히 팔자가 쭉 펴진 팔자임은 분명합니다.

이제는 성경이 말씀하는 인생의 팔자인 운명과 숙명에 대해 알아보겠습니다. 결론부터 말씀드린다면 성경이 말씀하는 인생은 매우 부정적입니다. 그리고 또한 소망이 없습니다. 하나님께서는 인생을 긍정적으로 보고 있지 않다는 것입니다. 성경에서 말씀하는 인생의 운명과 숙명은 매우 비관적이고 절망적입니다. 우리가 이 비관적이고 절망적인 사실만 본다면 인생으로 태어나지 않음이 훨씬 더 나을 것입니다. 차라리 짐승들보다 더 못한 인생입니다. 하나님께서는 성경 전체에서 인간에 대해 부정적인 말씀을 훨씬 많이 기록하고 있습니다. 칭찬보다는 책망을 생명보다는 사망을 축복보다 저주를 많이 하셨습니다. 이런 이유는 인간들이 자초한 것이었습니다. 기쁨보다는 슬픔을 평안보다 두려움을 소망보다 절망을 행복보다 불행을 건강보다 질병을 쉼보다 고통을 받는 것은 다 인간들이 하나님의 말씀들을 믿지 않고, 거역하고, 따르지 않고, 불순종하고, 하나님을 떠나고 버림으로 인하여 기인(基因)된 것입니다.

> "내 백성이 두 가지 악을 행하였으니 곧 그들이 생수의 샘인 나를 버렸고 또 스스로 물 저장고들 즉 물을 가두지 못할 터진 저장고들을 팠느니라."(렘 2:13)

인생의 불행과 고통과 아픔 죽음 등등의 원인은 하나님께서 사람을 창조할 때 주신 것이 아니라 인간의 자유 의지에 따라 인간의 잘못된 선택으로 말미암아 주어진 것들입니다. 그렇기 때문에 인간은 하나님께 '왜 이런 좋지 않은 것들을 주어 비참하게 하십니까?'라고 말할 수 없는 것입니다. 이는 인간 스스로 자신의 자유 의지에 따라 선택하였기 때문입니다. 알면서도 선택한 결과이기에 인간은 하나님 앞에 자업자득(自業自得)이며 유구무언(有口無言)입니다.

각 사람이 자신의 의지와 상관없이 태어나듯이 또한 이러한 불행과 죽음이 각 사람에게 찾아오는 것 또한 자신의 의지와 상관없이 인간의 조상인 최초의 사람 아담과 이브로 말미암아 된 것입니다. 아담과 이브로 말미암아 이러한 것들이 고스란히 전가(轉嫁)되어 오고 있는 것입니다. 이는 하나의 법칙입니다.

이 세상과 우주에는 여러 불변(不變)의 법칙(法則)이 있습니다. 인력(引力)과 중력(重力)이 있습니다. 이 외에도 우리가 살고 있는 지구와 지구와 관계되는 우주에는 여러 법칙들이 있습니다. 이러한 법칙들은 변하지 않습니다. 변하지 않는 법칙들이기에 수천 년이 지나도 변함없이 인간이 존재하고 있는 것입니다. 이 지구와 우주가 질서 있게 움직이고 멸망되지 않는 이유는 이러한 법칙들이 변함없이 존재하고 있기 때문입니다. 많은 법칙들 가운데 어느 하나의 법칙이라도 변하고 붕괴(崩壞)된다면 인간이 살고 있는 지구와 우주는 모두 파괴될 것입니다. 이 모든 것이 지금까지 보존되고 유지되는 것은 오직 하나님의 권능의 말씀에 따라 이러한 법칙들이 변하지 않고 유지되기 때문입니다.

"이 마지막 날들에는 자신의 아들을 통하여 우리에게 말씀하셨으며 그 분을 모든 것의 상속자로 정하시고 또 그분으로 말미암아 세상들을 만 드셨느니라. 하나님의 영광의 광채시요 그분 자체의 정확한 형상이시며 **자신의 권능의 말씀으로 모든 것을 떠받치시는** 이 아들께서는 친히 우 리의 죄들을 정결하게 하신 후에 높은 곳에 계신 존엄하신 분의 오른편 에 앉으셨느니라."(히 1:2~3)

"**또한 그분께서는 모든 것보다 먼저 계시고 모든 것은 그분으로 말미 암아 존재하느니라.**"(골 1:17)

사람들이 싫어하고 원하지 않고 사라졌으면 하는 부정적이고 나쁜 모 든 것들 또한 모두 하나님의 말씀들로 되어진 것입니다. 사람들은 이해 하지 못하지만 하나님은 모든 게 다 필요하고 유용하기에 만들었습니 다. 하나님께서 말씀하시고 약속하신 것들은 변함없이 약속하신 대로 시행되고 있습니다. 하나님의 말씀은 곧 법(法)이고 능력입니다. 하나님 께서 말씀하시면 곧 그대로 이루어지고 그대로 실행됩니다. 어느 그 누 구도 어떤 그 무엇도 막을 수가 없습니다. 하나님의 말씀은 곧 절대절명 (絶對絶命)입니다. 성경 창세기를 보면 하나님께서 말씀하시면 그 말씀 대로 말씀한 순간 다 이루어집니다. 하나님의 말씀은 곧 법이고 권능이 며 또한 바로 하나님이시기 때문입니다.

"**처음에 말씀이 계셨고 말씀이 하나님과 함께 계셨으며 말씀이 하나님 이셨더라. 그분께서 처음에 하나님과 함께 계셨고 모든 것이 그분에 의 해 만들어졌으니 만들어진 것 중에 그분 없이 만들어진 것은 하나도 없**

었더라."(요 1:1~3)

"우리에게는 오직 한 하나님 곧 아버지가 계시나니 모든 것이 그분에게서 났고 우리도 그분 안에 있노라. 또 한 주 예수 그리스도가 계시나니 모든 것이 그분으로 말미암아 존재하고 우리도 그분으로 말미암아 존재하느니라."(고전 8:6)

그럼 이제는 사람들의 운명과 숙명에 대해 성경은 무엇이라고 말씀하셨는지 보겠습니다. 하나님께서 인간을 향한 운명과 숙명은 바로 절망이요 죽음입니다. 인생의 끝인 종착역에는 죽음이 기다리고 있습니다. 이 얼마나 슬프고 고통스럽고 절망적인 말입니까? 인생의 운명과 숙명이 죽음이라니 이 얼마나 비참하고 이 얼마나 슬픈 운명입니까? 그러나 이는 엄연한 현실이며 사실입니다. 그래서 사람들은 죽음을 어쩔 수 없기에 죽음을 운명으로 숙명으로 받아들이고 살아가고 있습니다. 죽음에서 벗어나고 싶지만 인간에겐 그럴 능력이 없기에 숙명으로 여기며 살아가고 있습니다.

인생이 자신의 운명과 숙명을 바르게 알아야 인생의 운명과 숙명을 바꿔 볼 마음을 먹고 생각을 해 볼 수 있을 것입니다. 그러나 모르면 인생의 팔자대로 살다가 팔자대로 가는 것입니다. 그럼 지금부터는 좀 더 구체적으로 인생의 팔자인 운명과 숙명에 대해 무엇이라고 하는지 성경을 통하여 알아보겠습니다.

1) 인생은 출생(出生) 후 반드시 죽습니다

첫 번째 인생의 운명과 숙명은 출생 후 죽음이 있다는 것입니다. 죽음의 원인은 죄이지만 결론은 모든 사람에게 죽음이 임한다고 성경은 증언(證言)하며 단언(斷言)하고 있습니다. 그 이유는 성경 로마서에서 인생은 인류의 최초의 조상인 아담으로 말미암아 세상에 들어온 죄로 인하여 죄인이 되었고 또한 모든 사람이 죄를 지었고 그 지은 죄로 인하여 모든 사람에게 사망 곧 죽음이 임했다고 말씀합니다. 모든 사람이라고 말씀했기에 누구든지 이외는 없습니다. 아무리 선하고 착한 사람이라고 평판을 들은 사람도 이 모든 사람 안에 들어가기 때문에 이외일 수 없습니다.

"그러므로 한 사람으로 말미암아 죄가 세상에 들어오고 죄로 말미암아 사망이 들어왔나니 이와 같이 모든 사람이 죄를 지었으므로 사망이 모든 사람에게 임하였느니라."(롬 5:12)

죄는 곧 사망입니다. 죄가 있는 곳에는 항상 죽음이 따라다닙니다. 죄의 삯은 사망입니다. 죄가 쏘는 것은 사망입니다.

"죄의 삯은 사망이나 하나님의 선물은 예수 그리스도 우리 주를 통해 얻는 영원한 생명이니라."(롬 6:23)

"오 사망아, 너의 쏘는 것이 어디 있느냐? 오 무덤아, 너의 승리가 어디 있느냐?
사망의 쏘는 것은 죄요, 죄의 힘은 율법이니라."(고전 15:55~56)

여기서 말씀하는 사망 곧 죽음은 두 가지의 사망에 대해 말씀하고 있습니다. 첫 번째 사망은 곧 육체(몸)의 죽음을 의미합니다. 사람이 죄 가운데서 출생하지 않고 또한 사람이 인생을 살면서 죄를 한 번도 짓지 않았다면 사망은 없었을 것입니다. 하지만 인생은 그리하지 못했기에 첫 번째 육체의 사망이 찾아왔습니다. 그리고 첫 번째 사망인 육체의 죽음 후 인생의 두 번째 사망이 또 찾아옵니다. 이 사망은 하나님의 심판의 때가 되면 육체가 살아 있을 때 구원받지 못한 사람들이 부활 후 하나님의 심판(재판=판결)을 받아 영원한 불타는 감옥인 지옥보다 더 큰 '불 호수'에 던져지게 되는데 이것을 두 번째 사망 곧 둘째 사망이라고 말씀합니다.

> "또 내가 보매 죽은 자들이 작은 자나 큰 자나 할 것 없이 하나님 앞에 서 있는데 책들이 펴져 있고 또 다른 책이 펴져 있었으니 곧 생명책이라. 죽은 자들이 자기 행위들에 따라 책들에 기록된 것들에 근거하여 심판을 받았더라. 바다가 자기 속에 있던 죽은 자들을 내주고 또 사망과 지옥도 자기 속에 있던 죽은 자들을 넘겨주매 그들이 각각 자기 행위들에 따라 심판을 받았고.
> **사망과 지옥도 불 호수에 던져졌더라. 이것은 둘째 사망이라. 누구든지 생명책에 기록된 것으로 드러나지 않은 자는 불 호수에 던져졌더라."**(계 20:12~15)

> "그러나 두려워하는 자들과 믿지 않는 자들과 가증한 자들과 살인자들과 음행을 일삼는 자들과 마법사들과 우상 숭배자들과 거짓말하는 모든 자들은 **불과 유황으로 타는 호수에서 자기 몫을 받으리니 이것이 둘째 사망이라."**(계 21:8)

인생의 팔자는 태어나면서부터 죄 중에서 죄인으로 출생합니다. 출생부터 팔자가 꼬인 것입니다. 꼬인 팔자를 아무리 곧게 펴 보려고 해도 사람의 능력으로는 불가능합니다. 그래서 인생의 운명 또는 숙명이라고 합니다. 자신이 해결할 수 없는 즉 운명이자 숙명이기에 어느 누구도 꼬인 팔자를 바꾸지 못하고 살아갑니다. 숙명인 것입니다. 모든 사람은 이 운명이자 숙명인 죄인으로 출생하고 죄를 짓게 되고 그 죄의 대가인 사망 곧 죽음으로 값을 지불하는 것입니다.

> "보소서, 내가 불법 가운데서 형성되었으며 내 어머니가 죄 가운데서
> 나를 수태하였나이다."(시 51:5)

> "모든 사람이 죄를 지어 하나님의 영광에 이르지 못하더니."(롬 3:23)

2) 인생의 죽음 뒤에 하나님의 심판(審判)(재판=판결)이 있습니다

두 번째 인생의 운명과 숙명은 죽음 뒤에 하나님의 심판(재판)이 있다는 것입니다. 이 사실을 알고 있는 사람은 많지 않습니다. 혹 알았어도 믿지 않습니다. 인생은 죽으면 모든 것이 끝이 아닙니다. 인생이 죽으면 끝이라고 말하는 사람은 아무런 근거도 없이 하는 말로 무지(無知)한 사람이며 아주 어리석은 사람입니다. 사람은 육체가 죽으면 영과 혼은 새로운 세계로 가게 됩니다. 그리고 심판의 날이 오면 그때 육체가 살아 있을 때 어떻게 살았는가? 무엇을 믿고 누구를 믿고 살았는가?에 대한 심판을 받게 됩니다.

> "한 번 죽는 것은 사람들에게 정해진 것이요 그 뒤에는 심판이 있나

인생 보고서

니."(히 9:27)

"하나님께서 모든 은밀한 일과 더불어 **선한 일이든 악한 일이든 모든 일을 심판하시리라.**"(전 12:14)

어떤 인생이든지 하나님의 심판(재판=판결)을 절대로 피할 수 없습니다. 이 심판은 하나님께서 인생들에게 정해 놓으셨기 때문입니다. 이 심판은 인생의 운명이고 인생이라면 반드시 받아야 하는 숙명입니다. 사람은 하나님의 창조물입니다. 그래서 창조물이 창조주를 이기지 못하기 때문에 피할 길은 전혀 없습니다. 다만 피조물은 창조주의 결정에 따르고 복종할 뿐입니다.

"아니라, 오 사람아, 네가 누구이기에 하나님께 대꾸하느냐? 지어진 것이 자기를 지은 이에게 말하기를, 어찌하여 나를 이렇게 만들었소, 하겠느냐? 토기장이가 같은 덩어리의 진흙으로 한 그릇을 만들어 존귀에 이르게 하고 다른 하나를 만들어 수치에 이르게 할 권한이 없겠느냐?"(롬 9:20)

"참으로 너희가 일들을 뒤집는 것이 토기장이의 진흙같이 여겨지리로다. 지어진 물건이 자기를 지은 자를 가리켜 말하기를, 그가 나를 짓지 아니하였다, 하겠느냐? 또 빚어진 물건이 자기를 빚은 자를 가리켜 말하기를, 그는 지각이 없다, 하겠느냐?"(사 29:16)

3) 구원받지 못한 인생은 모두 지옥(地獄 Hell)행입니다

인생은 태어나서 언젠가는 죽게 됩니다. 이 죽음은 사람이 원하든지 원하지 않든지 필연적으로 찾아오는 운명입니다. 그리고 모든 사람들은 이 죽음을 맞이해야 하는 숙명입니다. 인생에 있어서 죽음은 병으로, 예기치 않는 사고로, 시간의 흐름으로 늙어 죽게 됩니다. 어떠한 사람도 죽음을 막을 수는 없습니다. 피해갈 수도 없습니다. 이러한 죽음이 불청객으로 오지만 사람들은 태연합니다. 마치 자신은 죽지 않을 것처럼 삽니다. 참으로 어리석다 아니할 수 없습니다. 모든 사람들은 오래 살려고 온갖 방법을 찾고 보약도 먹고 운동도 하고 몸에 좋다는 것은 다 하려 합니다. 그렇다고 죽지 않는 것은 아닙니다. 이러한 노력의 결과로 조금은 건강하고 조금은 오래 살 수 있을지는 모르나 결코 죽음을 이길 수는 없습니다. 이 세상에서 그 아무리 권력을 갖고 있고 부를 가지고 있어도 죽음을 권력과 돈으로 또는 인간의 선행으로 맞바꿀 수는 없습니다. 그리고 인생이 죽으면 가는 곳은 정해져 있습니다. 그곳은 바로 지옥입니다. 지옥은 지구 땅속에 있는 불타는 감옥을 말합니다. 사람들이 믿든지 믿지 않든지 이것은 사실이고 또한 진리입니다. 사람들은 지옥을 믿지 않고 지옥을 부인(否認)하지만 그 사람에게 "지옥이나 가 버려!" 하면 몹시 싫어하고 화를 냅니다. 이런 이유는 그 사람도 마음 깊은 곳에서는 지옥을 인정하고 있기 때문일 것입니다.

사람은 영과 혼과 몸으로 창조되고 지음받았습니다. 사람은 영과 혼과 몸으로 구성되어 한 사람을 이룹니다. 이 중에 하나라도 없으면 사람은 존재할 수 없습니다.

"오직 너희가 두려워할 분을 내가 미리 너희에게 알려 주리니 곧 죽인 뒤에 지옥에 던져 넣는 권능이 있으신 그분을 두려워하라. 내가 참으로 너희에게 이르노니, 그분을 두려워하라."(눅 12:5)

"평강의 바로 그 하나님께서 너희를 온전하게 거룩히 구별하시기를 원하노라. 내가 하나님께 기도하여 너희의 온 영과 혼과 몸을 우리 주 예수 그리스도께서 오실 때까지 흠 없이 보존해 주시기를 구하노라."(살전 5:23)

사람들은 몸(육체)에 대해서는 잘 압니다. 왜냐면 육체는 눈으로 볼 수 있기 때문입니다. 그러나 영과 혼은 눈에 보이지 않고 볼 수도 없습니다. 그래서인지 몰라도 사람들은 눈에 보이는 몸은 소중히 생각하고 잘 관리하려고 하며 몸이 원하고 좋아하는 것은 마다하지 않습니다. 어쩌면 과잉보호 과잉대접합니다. 이로 인하여 비만이 되고 각종 질병도 발생하게 됩니다. 아무튼 몸에 대해서는 관심이 많습니다. 하지만 눈으로 직접 볼 수 없는 영과 혼은 소홀히 하는 것을 봅니다. 고작 음악을 듣거나 취미생활, 독서, 마음훈련 등을 합니다. 영과 혼에 대해서는 관심이 별로 없습니다. 그런데 어쩌면 영과 혼이 몸보다 더 중요합니다. 물론 셋 다 중요하지 않은 것이 없고 다 중요하지만 그래도 굳이 중요도를 따지자면 영과 혼이 훨씬 더 중요합니다.

몸은 영과 혼을 담는 그릇입니다. 영과 혼은 그릇 속에 담긴 내용물입니다. 그릇은 무엇을 담기 위해 필요합니다. 또 다른 말로 하면 몸은 영과 혼이 거처하는 집입니다. 집도 중요하지만 집에 거하는 사람이 더 중요하다고 생각하실 것입니다. 그릇은 그 그릇 안에 무엇을 담느냐에 따라 귀한 그릇이 될 수도 있고 천하고 가치 없는 즉 별 볼일 없는 그릇이 될 수도 있습니다. 예를 들어 어떤 그릇에 귀한 음식을 담으면 그 그릇도 귀하게 대접받습니다. 하지만 같은 그릇에 똥을 담는다면 그 그릇은 똥그릇으로 사람들에게 귀한 그릇으로는 대접받지 못할 것입니다.

집도 마찬가지입니다. 어떤 조그만 초가집에 사람들로부터 존경받고 사랑받는 훌륭한 사람이 거처할 수도 있습니다. 그리고 큰 기와집에 못된 도둑들이 살 수도 있습니다. 큰 기와집에 사는 도둑들을 보면서 사람들은 그 집을 향해 손가락질하며 욕할 것입니다. 이는 집이 중요한 것이 아니라 그 집 안에 거처하는 사람들이 더 중요한 것입니다.

이처럼 그릇과 집은 그 안에 있는 영과 혼을 보호하고 영과 혼이 잘 쉬고 평안을 누릴 수 있는 그릇이고 집입니다. 그래서 그릇과 집인 몸도 잘 관리해야 되겠지만 그 안에 있는 존재가 더 중요함으로 몸보다는 영과 혼에 마음을 더 쓰고 관심을 더 가져야 합니다.

사람의 몸은 흙으로 지었다고 성경은 말씀합니다. 그래서 흙집이라고도 말합니다. 어떤 사람이 몸이 건장하고 크면 참 그 사람 '몸집 좋네!' 하고 말합니다. 이 말은 사람의 몸은 곧 집이라는 의미입니다. 흙집이 무너지면 그냥 흙이 됩니다. 사람은 흙으로 지었기에 사람이 죽게 되면 다시 흙으로 돌아갑니다. 그리고 사람의 몸은 사람의 집이기에 사람의 영과 혼이 거하지만 다른 영이 들어와 거할 수도 있습니다. 그 다른 영은 곧 마귀(魔鬼 devil)입니다. (개역 성경에는 '귀신'으로 번역했지만 이는 오역이며 귀신은 없고 귀신의 존재는 '마귀'이며 마귀가 바른 번역입니다.)

"부정한 영이 사람에게서 나와 마른 곳으로 다니며 쉴 곳을 구하나 전혀 찾지 못하고 이에 이르되, 내가 내 집 곧 내가 나온 곳으로 돌아가리라, 하고는 가서 보니 그 집이 비고 청소되고 꾸며져 있으므로 이에 가

서 자기보다 더 사악한 다른 영 일곱을 데리고 들어가 거기 거하매 그
사람의 나중 형편이 처음보다 더 나쁘게 되니라. 이 사악한 세대도 참으
로 그와 같이 되리라, 하시니라."(마 12:43)

**"예수님께서 마귀를 꾸짖으시니 그가 그에게서 떠나가고 아이가 바로
그 시각부터 나으니라."(마 17:18)**

그리고 사람은 하나님의 형상을 따라 하나님의 생명의 숨을 흙으로 만
든 몸(Body)의 코에 불어넣으셨다고 말씀합니다. 여기서 하나님의 생명
의 숨은 곧 사람의 영(靈 spirit)이 되었고 그 후 사람은 살아 있는 혼(魂
Soul)이 되었다고 창세기 2장 7절에서 말씀하고 있습니다. 사람의 몸은
죽지만 사람의 영과 혼은 죽지 않습니다. 몸은 죽어도 이 영과 혼은 불멸
입니다. 사람의 몸이 죽으면 영과 혼은 그 흙집에서 살 수 없기에 나옵니
다. 흙집에서 나온 영과 혼은 각각 또 다른 거처로 돌아갑니다. 영은 하
나님께로 돌아가고 자아(自我)인 혼은 각각 가는 곳이 다릅니다. 몸이 살
아 있을 때 주 예수 그리스도를 믿고 구원받은 사람은 그 혼이 하나님께
로 곧 하늘로 갑니다. 그러나 몸이 살아 있을 때 주 예수 그리스도를 믿
지 않아 구원받지 못한 사람의 혼은 지옥으로 가게 됩니다.

"주 하나님께서 땅의 흙으로 사람을 지으시고 생명의 숨을 그의 콧구멍
에 불어넣으시니 사람이 살아 있는 혼이 되니라."(창 2:7)

"모두가 한 곳으로 가나니 모두가 흙에서 나와 모두가 다시 흙으로 돌
아가거니와."(전 3:20)

"그때에 흙은 전에 있던 대로 땅으로 돌아가며 **영은 그것을 주신 하나님께로 돌아가리로다.**"(전 12:7)

"**그가 지옥에서 고통 중에 눈을 들어** 멀리 아브라함과 그의 품에 있는 나사로를 보고. 소리를 지르며 이르되, 아버지 아브라함이여, 내게 긍휼을 베푸사 나사로를 보내어 그가 그의 손가락 끝에 물을 찍어 내 혀를 서늘하게 하도록 하소서. **내가 이 불꽃 가운데서 고통을 받나이다,** 하거늘."(눅 16:23~24)

"오직 너희가 두려워할 분을 내가 미리 너희에게 알려 주리니 곧 **죽인 뒤에 지옥에 던져 넣는 권능이 있으신 그분을 두려워하라.** 내가 참으로 너희에게 이르노니, 그분을 두려워하라."(눅 12:5)

⑤

언제까지 팔자(八字)타령만 하고 있으렵니까?

여러분! 꼬인 팔자라고 타고난 운명이라고 어쩔 수 없는 숙명이라고 타령만 하고 있을 것입니까? 우리 속담에 이런 말이 있습니다. "쥐구멍에도 볕들 날이 있다.", "하늘이 무너져도 솟아날 구멍이 있다." 이 얼마나 희망적인 말입니까? 얼마나 소망이 되고 위안이 되는 말입니까? 인생살이에서 이런 속담은 인생이 힘들고 어렵고 절망적일 때 힘을 주고 희망을 주고 소망을 줍니다. 인생에서 누구에게나 힘들고 어렵고 고통이 찾아오곤 합니다. 이것이 인생의 삶이 인생의 맛이 아닐까요? 인생의 어려움은 누구에게나 찾아오고 누구나 다 겪는 것들입니다.

하나님께는 인생에게 어려움과 고통만 주신 게 아닙니다. 인생에게 꼬인 팔자대로 살다가 팔자대로 가거라 하시지 않았습니다. 만일 그렇다면 필자(筆者)는 굳이 이 글을 쓰고 있지 않을 것입니다. 그렇지 않기에 즉 꼬인 팔자를 펼 수 있게 하나님은 방법과 길을 마련해 두셨습니다. 인생이 아무리 꼬인 팔자이지만 이를 바꿀 수 있는 해결책을 준비해 두셨다는 것입니다. 그리고 인생들을 향하여 와서 팔자를 펴고 운명과 숙명을 바꾸라고 하나님은 부르고 계십니다. 하나님께서는 인생의 구부러진 팔자를 곧게 하시겠다고 말씀하십니다. 인생의 운명을 고쳐주시겠다고 하십니다. 이러는데도 가만히 앉아서 자신의 팔자를 탓하며 운명을 탓하고 있을 것입니까? 만일 이런 사람이 있다면 어리석고 미련한 사람이 아닌가요? 지혜롭고 현명한 사람이라면 빨리 일어나 인생을 향한 하나님의 긍휼과 은혜와 사랑에 응답하는 자가 되어야 할 것입니다. 누구에게나 인생의 팔자와 운명을 바꿀 수 있는 기회가 은혜로 공짜로 선물로 주어질 때 거부한다면 그때는 영원히 기회가 오지 않을 것입니다.

> "또 내가 눈먼 자들을 그들이 알지 못하던 길로 데려가고 그들이 알지 못하던 길들로 그들을 인도하며 또 **어둠이 그들 앞에서 빛이 되게 하고 구부러진 것들을 곧게 하리라.** 내가 이런 일들을 그들에게 행하여 그들을 버리지 아니하리라."(사 42:16)

> "**오 목마른 모든 자들아, 너희는 물로 나아오라. 돈 없는 자도 오라.** 너희는 와서 사 먹되 참으로 와서 **돈도 내지 말고 값도 치르지 말며** 포도즙과 젖을 사라. 너희가 어찌하여 빵이 아닌 것을 위해 돈을 허비하느냐? 또 배부르게 하지 못할 것을 위해 수고하느냐? 내 말에 부지런히 귀를 기울일지어다. 그리하면 너희가 좋은 것을 먹으며 너희 혼이 기름진 것으로 인하여 기뻐하리라."(사 55:1)

> "부르심을 받은 자들에게는 유대인에게나 그리스인에게나 **그리스도는 하나님의 권능이시요 하나님의 지혜이시니라.**"(고전 1:24)

> "**구원을 가져다주시는 하나님의 은혜가 모든 사람에게 나타나.**"(딛 2:11)

이 얼마나 소망을 주는 하나님의 말씀입니까? 인생의 성공은 실패의 어머니란 말도 있습니다. 실패 없이는 성공도 없다는 말일 것입니다. 어떤 철학자가 이런 말을 하였습니다. "눈물 젖은 빵을 먹어 보지 않는 자는 인생을 논하지 말라." 인생이 힘들고 어렵고 고통의 삶과 눈물의 시간을 보내 보면서 인생의 기쁨과 희열을 맛보고 행복도 느끼며 인생이 의미도 알 수 있다는 것일 것입니다.

물론 이러한 경험 없이도 지식을 통하여 어느 정도는 알 수 있겠지만 인생의 불행을 경험하면서 참된 행복을 아는 것이 그만큼 크게 와닿고 진정으로 느낄 수 있으며 이론이 아닌 체험을 통해서 실제로 더 뼈저리게 알게 될 것입니다. 그래서 인생에게 있어서 부정적이고 어둡고 좋지 않은 것들이 즉 절망적인 것들이 결국은 오히려 전화위복(轉禍爲福)이 될 수도 있습니다. 그래서 고사성어(故事成語)에도 이런 말이 있습니다. "인간만사(人間萬事) 새옹지마(塞翁之馬)" 인생의 미래는 알 수 없다는 의미입니다. 인생의 길흉화복(吉凶禍福)을 예측할 수 없다는 것입니다. 요즘 신조어인데 이런 말도 있습니다. "불행 끝 행복 시작" 모두 인생의 미래를 위한 말들입니다. 인생의 팔자가 바뀌고 운명이 바뀐다면 이 얼마나 놀라운 일입니까?

하나님께서 정말 인생들에게 저주를 퍼붓고 모두 죽이기로 작정하셨다면 인생들의 삶 가운데 많은 것들을 허락하지 않으셨을 것입니다. 하나님은 한순간에 그리고 한 번에 다 죽일 수도 있기 때문입니다. 하나님은 인생의 여정에 많은 크고 작은 장애물들을 놓으시고 그것들을 통하여 인생들이 마음에서 하나님을 찾고 부르고 돌이키기를 원하셨습니다. 그리고 지금도 인내하시며 당신께 인생들이 나오길 기다리고 계십니다. 이것이 하나님의 마음입니다.

"주께서는 자신의 약속에 대해 어떤 사람들이 더디다고 생각하는 것 같이 더디지 아니하시며 오직 우리를 향하여 오래 참으사 **아무도 멸망하지 않고 모두 회개에 이르기를 원하시느니라.**"(벧후 3:9)

"그분은 모든 사람이 구원을 받고 진리를 아는 데 이르기를 원하시느니라."(딤전 2:4)

이런 말이 있습니다. "입에 쓴 것은 몸에 약이 되느니라." 무엇이든 입에 쓴 것은 사람들이 잘 먹지 않으려 하고 싫어합니다. 입에 쓰기 때문에 먼저 입이 거부합니다. 그러나 입이 싫은 것을 참고 먹게 되면 결국 몸에는 도움과 유익이 됩니다.

인생도 이와 마찬가지라 생각합니다. 인생의 여정에서 때로는 고통이 있고 힘이 들고 때론 절망감이 찾아오고 때론 자신도 모르게 눈물이 나고 억울한 일도 생기고 자기와 그리고 남과 싸우기도 하고 별별 어려움과 불행도 찾아옵니다. 또 사업을 하다가 빚쟁이가 되고, 한때 행복하게 살던 부부가 이혼을 하고, 어쩌다가 사기를 당해 많은 돈을 잃고, 교통사고를 당하여 장애를 입거나 가족을 잃고, 화재가 발생하여 집을 잃고, 큰 태풍과 큰비로 인한 큰 피해를 입거나 정말 인생 앞에 다양한 슬픔과 고통과 절망의 장애물들이 있을 것입니다.

이러한 것들 또한 하나님께서 준비하신 장애물들이라 생각합니다. 하나님은 이러한 장애물들을 통하여 사람의 마음을 낮추고 하나님을 기억하고 찾을 수 있도록 하시는 하나님의 선한 역사이기도 합니다. 물론 인생들은 그렇게 생각하지 않겠지만 이는 사실입니다. 인생들에게 이런 고난과 고통을 주는 이런 장애물들을 통해 인생의 팔자와 운명이 바뀌도록 하나님께서 일하시는 것입니다. 그래서 인생 앞에 놓인 장애물들은 긍정적으로 보면 자신의 인생에 있어서 팔자를 바꾸는 기회가 될 수 있으며 아주 값진 보배가 될 수도 있습니다.

인생의 과정에 있는 이러한 장애물들은 인생을 배우게 하며 인생의 지혜를 가져다줍니다. 인생에 있어서 역경이 없다면 마치 온실 안에 있는 화초와 같을 것입니다. 온실 안에 있는 화초는 비바람이 부는 야생에 나오면 견디지 못하고 쉽게 죽을 수 있습니다. 이는 어려운 환경을 겪어 보지 않았기에 어려운 환경이 오면 적응하지 못하기 때문입니다.

인생도 이와 똑같습니다. 어려움과 아픔과 고통을 겪어 보지 못한 사람은 인생을 논할 수 있는 자격이 될 수 없습니다. 하나님은 인생에 있어서 이러한 장애물들이 인생을 위해 필요하기에 인생의 여정(旅程) 가운데 각 사람에게 맞게 크고 작은 여러 것들을 준비하시고 허락하셨습니다. 그래서 인생은 이러한 것들을 통하여 여러 가지들을 경험하면서 인내하고 참으며 이겨 내며 교훈을 얻고 많은 것을 배웁니다. 이 배움의 목적이 인생 그 자신이 어떠한 사람인지를 바르게 알고 또 바르게 깨닫게 하기 위함입니다. 결국은 인생을 복되게 하기 위함입니다. 인생을 유익하게 하며 인생을 사랑하기 때문입니다. 결국 하나님의 선하심을 통하여 인생에게 선을 베풀며 인생들에게 많은 것들을 선물로 주기 위함입니다. 하나님께서 인생의 여정 안에 여러 장매물들을 두어 인생의 쓴맛을 보게 하고 실패를 겪게 하고 아픔과 고통을 겪으며 그 외 많은 것들을 통하여 결국 인생들에게 복이 되기 위함입니다.

인생들이 인생의 여정 가운데 돌부리를 세워둠으로써 넘어지기도 하지만 이러한 것들을 통하여 하나님을 찾고 부르고 하나님께 돌아오기 위함의 목적이라고 말씀드렸습니다. 많은 인생들이 하나님의 목적에 반응하여 하나님께 나아오는 자들은 하나님의 목적을 이룬 것이 됩니다. 이들은 축복을 받습니다. 그러나 하나님의 목적에 부합되지 않고 돌아오지 않는 자들에게는 하나님의 저주와 심판이 기다리고 있습니다.

"주께서 하나님을 따르는 자들은 시험들에서 건질 줄 아시고 또 불의한 자들은 심판의 날까지 예비해 두사 벌할 줄 아시되."(벧후 2:9)

"내 아들 솔로몬아, 너는 네 아버지의 하나님을 알고 완전한 마음과 자원하는 생각으로 그분을 섬길지어다. 주께서 마음을 다 살피시고 생각으로 상상하는 바를 다 아시나니 네가 만일 그분을 찾으면 만날 것이로되 네가 만일 그분을 버리면 그분께서 너를 영원히 버리시리라."(대상 28:9)

자신의 꼬인 팔자를 곧게 펴려면 하나님의 부르심에 응답해야 합니다. 자신을 창조하고 지으신 창조주 하나님을 알아야 합니다. 그분의 명령들에 귀를 기울여야 합니다. 그래야만이 자신의 꼬인 팔자를 펼 수 있고 자신의 운명과 숙명을 바꿀 수 있습니다. 이 세상에서 조금 성공했다고 돈을 많이 벌었다고 명예를 얻었다고 권력을 손에 쥐고 있다고 해서 자신의 팔자가 펴진 것은 아닙니다.

다시 한번 말씀드리지만 자신의 운명이 바뀌고 숙명이 바뀌려면 근본적으로 꼬인 팔자가 펴지려면 이 세상에서 그 무엇을 얻어 해결되는 것이 아니라 자신을 창조하고 지으신 즉 자신의 참된 주인이신 하나님을 알고 만나야 합니다. 자신의 창조주이며 자신의 주인이며 자신의 진정한 구원자인 하나님 아버지와 주 예수 그리스도를 알지 못하고 믿지 못하면 모든 게 허사입니다. 한마디로 인생 꽝!입니다. 이 세상에서 설령 모든 것들을 얻었고 누린다 해도 고작 몇십 년입니다. 몇십 년 후면 아무 것도 남아 있지 않습니다. 가져갈 수도 없습니다. 알아주지도 않습니다. 설령 후세들이 알아준들 자신에게 어떤 유익이 되나요? 아무 유익도 없습니다.

만일 인생의 장사를 한다면 남는 장사를 해야 되지 않겠습니까? 손해 보는 인생의 장사를 하시렵니까? 한 번뿐인 인생, 하나뿐인 자신(自身)을 당신은 어떻게 인생을 살고 어떤 인생으로 남고 싶습니까? 영원한 생명을 얻어 영원한 인생을 사시렵니까? 아니면 들의 풀처럼 잠깐 살다가 시들어 영원한 멸망으로 가는 인생으로 남고 싶습니까? 선택은 바로 자기 자신입니다. 지금까지도 자신의 인생을 자신의 자유 의지로 선택하여 살아왔지 않았습니까? 이처럼 자신의 인생의 운명도 자신의 자유의지의 선택과 결정에 따라 바뀌어질 수도 있고 아니면 자신의 출생 시 정해진 운명대로 살아갈 수도 있습니다.

독자님께서는 어떤 선택을 하시렵니까? 저는 정말 지혜롭게 현명한 판단을 하시어 이 기회를 통하여 자신의 꼬인 팔자를 펴 보시기를 소망합니다. 자신의 운명을 바꾸어 보시길 권해 드립니다. 숙명이라 생각하고 지금까지 걸어온 그 길을 더 이상 걸어가시지 말고 회개(悔改)하여 생각을 바꾸고 마음을 바꾸면 운명도 숙명도 바뀝니다. 팔자가 바뀝니다.

집에서 키우는 자신의 짐승 즉 동물(소, 말, 개, 고양이 등등)들도 자신들의 주인을 잘 압니다. 하물며 만물의 영장이라고 말하는 사람들이 자신을 창조한 창조주 즉 자신의 주인을 알지도 못하고 찾지도 않고 혹 알고도 믿으려 하지도 않고 참주인이 아닌 가짜 주인에게 가서 자신의 주인이라고 믿고 섬기고 진짜 주인의 말을 듣지 않으려 한다면 어찌 될까요? 답은 간단합니다. 자신이 키우고 있는 애완동물들이 자신의 말을 듣지도 않고 따르지도 않고 오히려 자신에게 짖어 대고 물려고 하고 타인을 자신의 주인처럼 잘 따르고 한다고 했을 때를 생각해 보면 됩니다.

오늘날 셀 수도 없는 수많은 사람들이 자신의 진정한 주인을 모르고 살아갑니다. 알려고 하지 않습니다. 자신의 참주인이 아닌 가짜 주인에게 속아 살아가고 있습니다. 가짜 주인을 참주인으로 알고 그 가짜 주인을 섬기고 그 주인의 말을 듣고 따르고 행합니다. 그러나 자신의 운명을 바꾸고 꼬인 팔자를 펴기 위해서는 참주인을 알고 그 주인을 섬기고 사랑해야 합니다. 그래야만이 자신의 운명과 숙명을 바꿀 수 있습니다. 꼬인 인생의 팔자를 곧게 펴서 인생다운 인생으로 거듭나 영원한 생명을 얻고 영원한 삶을 누릴 수 있습니다.

언제까지 팔자타령만 하고 맞지 않는 변명만 하고 있으렵니까? 이제 자신의 생각을 바꾸고 일어나 하나님의 명령과 말씀에 순종하여 자신의 운명을 바꾸시기 바랍니다. 이것만이 살길이요 생명을 얻는 길입니다. 이렇게 행하는 자만이 진정 지혜롭고 현명한 자입니다.

인생 보고서

6

인생의 꼬인 팔자(八字) 풀려면(?)

　인생의 꼬인 팔자를 풀 수 있습니다. 그리고 인생의 운명과 숙명은 바꿀 수가 있습니다. 그 해결책이 성경에 기록되어 있습니다. 인생의 꼬인 팔자와 운명을 바꾸고 해결하실 분은 오직 하나님 아버지와 구원자이신 주 예수 그리스도입니다. 인생이 비록 구부러지고 비뚤어진 팔자로 태어나지만 하나님을 알고 주 예수 그리스도를 알게 되면 이 구부러지고 비뚤어지고 꼬인 인생의 팔자가 곧게 펴지고 인생의 운명이 바뀌어 새롭게 거듭난 새로운 창조물이 되어 하나님의 자녀로 입양됩니다. 세상의 빛들로 변하게 됩니다. 저주받은 인생의 운명과 숙명이 복(福)으로 바뀌게 됩니다.

　"그런즉 누구든지 그리스도 안에 있으면 그는 새로운 창조물이라. 옛 것들은 지나갔으니, 보라, 모든 것이 새롭게 되었도다."(고후 5:17)

　"자신의 크게 기뻐하시는 뜻에 따라 우리를 예정하사 예수 그리스도를 통해 자신의 아이로 입양하심으로써"(엡 1:5)

　"이것은 너희가 흠이 없고 무해한 자 곧 구부러지고 비뚤어진 민족 가운데서 책망 받을 것이 없는 하나님의 아들들이 되게 하려 함이라. 그런 민족 가운데서 너희가 세상에서 빛들로 빛나며."(빌 2:15)

성경은 여러 곳에서 "하나님을 알라."고 말씀하셨습니다. 하나님과 주 예수 그리스도를 알게 될 때 그 인생은 영생을 얻게 되어 인생의 팔자가 펴지게 되며 인생의 운명과 숙명 또한 바뀌게 됩니다.

"그런즉 너는 주 네 하나님 그분이 하나님이시요, 신실한 하나님이신 줄 알라. 그분께서는 자신을 사랑하고 자신의 명령을 지키는 자들에게는 천대까지 언약을 지키시며 긍휼을 베푸시되."(신 7:9)

"영생은 이것이니 곧 그들이 유일하신 참 하나님인 아버지와 아버지께 서 보내신 자 예수 그리스도를 아는 것이니이다."(요 17:3)

1) 인생에 대해 알아야 합니다

인생살이에 있어서 가장 중요한 것은 먼저 자신을 아는 것입니다. 독자님은 자신에 대해 얼마나 알고 있습니까? 하나님에 대해 얼마나 알고 있습니까? 주 예수 그리스도에 대해 얼마나 알고 있습니까? 진실로 영생을 얻고 싶은 자입니까? 정말로 지옥의 형벌을 피하고 싶은 자입니까? 저는 제1부~제4부에서 인생에 대해 성경은 무엇이라고 하는지에 대해 말씀드렸습니다. 말씀드린 대로 인정하고 믿으면 인생을 제대로 아는 것입니다.

인생은 엄마 배 속에서부터 음성을 듣고 배우며 알아간다고 합니다. 엄마에게서 태어나 자라면서 사물을 보고 알아 갑니다. 이름이 무엇인지, 어디에 사용하는지, 왜 있는지 등은 모르지만 일단은 보는 것으로 알아 갑니다. 그리고 말을 배우면 쉴새 없이 물어보며 알아 갑니다. 걷는 것도 터득합니다. 유치원에 가고 초등학교에 가고 점점 고학년에 다니면서 많은 것들을 배우고 알아 갑니다. 학교를 졸업하고 사회에 나와서도 끊임없이 배우고 알아 갑니다. 배우고 알아가는 데는 끝이 없습니다. 인생의 여정이 끝이 나야 아는 것도 비로소 끝이 납니다. 세상의 지식을 배우고 알아가는 데 있어서 바른 지식을 배우고 바르게 알아야 합니다. 잘못된 지식을 배우고 잘못 알게 되어 잘못 행하면 나쁜 길로 갈 수도 있고 인생을 망칠 수도 있습니다. 그래서 많이 배우고 아는 것도 중요하지만 바르게 배우고 바르게 아는 게 매우 더 중요합니다. "맹모삼천지교(孟母三遷之敎)"란 말을 통하여 어떤 환경에서 어떤 배움과 어떻게 가르치고 알려 주어야 하는지 오늘날에도 교훈을 보여 주고 있습니다.

인생들은 본능적으로 오래 살고 싶어 하고 영원히 죽지 않고 살고 싶어 합니다. 그래서 과학이라는 학문을 발전시켜 많은 연구를 하고 방법을 찾고 있습니다. 그러나 아무리 과학이 발전하고 방법을 강구해도 사람은 영원히 살 수 없습니다. 인생들에게서 아무리 영생을 얻고자 하여 찾고 또 찾고 해도 답은 없습니다. 이것은 하나님의 정하심 때문입니다. 그러나 하나님은 인생들에게 영생을 줄 수 있습니다. 이미 다 완벽하게 준비해 두셨습니다. 그런데도 인생들은 하나님께서 마련해 두신 영생을 하나님의 방법을 따라 얻으려 하지 않고 자신들의 생각과 방법을 따라 구하려 합니다. 이것이 인생의 최고의 교만이며 불순종(不順從)입니다.

자신들의 힘으로 무엇인가 이루어 보려고 하는 이 마음은 하나님을 믿지 못하고 자신을 믿는 데서 나온 악한 생각입니다. 하나님에 대한 불신입니다. 하나님께서는 이미 영생을 다 마련해 놓고 와서 공짜로 받아 영생을 누리라고 말씀합니다. 그런데 인생들은 말씀을 듣지 않습니다. 인생들이 영생을 누리고는 싶은데 하나님께서 주신다는 것은 받으려 하지 않고 자신들 스스로 해결하여 얻으려 합니다. 참으로 어리석다 아니할 수 없습니다.

"성경 기록들을 탐구하라. 너희가 그것들 안에서 영원한 생명을 얻는 줄로 생각하거니와 그것들이 바로 나에 대하여 증언하느니라."(요 5:39)

"그분은 모든 사람이 구원을 받고 진리를 아는 데 이르기를 원하시느니라."(딤전 2:4)

"나를 보내신 분의 뜻은 이것이니 곧 아들을 보고 그를 믿는 모든 자가 영존하는 생명을 얻는 것이니라. 마지막 날에 내가 그를 일으키리라, 하시니라."(요 6:40)

말씀처럼 성경은 사람들에게 영원한 생명을 얻게 해 줍니다. 예수 그리스도를 믿으면 누구나 영생을 얻는다고 말씀하고 있지 않나요? 이 길이 어렵고 힘들고 불가능한 것을 요구하나요? 쉽지 않나요? 하나님 아버지의 뜻과 예수 그리스도를 알고 믿으려면 성경을 읽고 알아야 합니다. 그 이유는 성경에 하나님 아버지와 예수 그리스도에 대해 기록되어 있습니다. 이 성경책을 통해서 하나님을 알고 믿으면 영생을 얻을 수 있습

인생 보고서

니다. 이는 거짓말이 아닙니다. 사실이고 진리입니다. 성경은 하나님 아버지와 주 예수 그리스도에 대해서만 기록된 책이 아니라 인생이 어떤 사람인지 그리고 만물의 시작과 끝 그 모든 것이 기록되어 있습니다. 인생에 대한 모든 해답들이 기록된 책입니다. 그래서 성경은 세상의 유일한 책이며 책 중의 책이라고도 합니다. 하나님 아버지와 주 예수 그리스도께서는 모든 인생들에게 알아야 할 것들을 성경에 기록하여 주셨습니다. 많은 것들이 기록되어 있지만 인생에게 있어서 가장 중요한 알아야 할 몇 가지를 추려 제시합니다.

하늘과 땅(지구) 그리고 눈에 보이는 것과 보이지 않는 온 우주와 만물을 모두 하나님께서 창조하고 만드셨다는 것을 알아야 합니다. 그리고 모든 인생은 자신과 모든 인간을 창조한 창조주 하나님에 대해서 알아야 합니다. 모든 인생은 인생을 지으신 하나님께서 각자 심판(재판=판결)하신다는 사실을 알아야 합니다. 모든 인생은 몸이 죽게 되면 천국과 지옥 둘 중 하나로 가게 된다는 사실을 알아야 합니다. 모든 인생은 온 인류의 구원자이신 주 예수 그리스도를 알아야 합니다.

이러한 내용을 바르게 알려면 오직 성경뿐입니다. 성경은 이렇게 제시한 내용의 해답이 모두 기록되어 있습니다. 자신이 관심을 가지고 알려고 하면 그리 어렵지는 않습니다. 사람들이 이러한 내용들에 대해 모르는 것은 첫째 알려고 하지 않기 때문입니다. 둘째 원하지 않기 때문입니다. 셋째는 자기 지식 속에 하나님 두기를 싫어하기 때문입니다.

"그러나 너희는 생명을 얻기 위해 내게 오기를 원치 아니하는도다."(요 5:40)

"또한 그들이 자기 지식 속에 하나님 두기를 싫어하매 하나님께서도 그들을 버림받은 생각에 내주사 합당하지 못한 일들을 행하게 하셨으니."(롬 1:28)

자신의 인생이 어떠한지 자신의 인생이 앞으로 어떻게 되는지 자신이 죽으면 어떻게 되는지 분명히 아는 사람이라면 자신의 미래를 준비하고 대비할 것입니다. 자신의 미래가 어떻게 되는지를 모르는 사람은 자신의 미래에 반드시 있을 심판에 따른 재앙과 저주에 대해 관심이 없고 또한 이에 대한 준비와 대비를 하지 않을 것입니다. 성경은 인생이 복을 얻고 영원한 생명을 얻고 하나님의 심판을 면하려면 반드시 자신을 알아야 한다고 말씀합니다. 인생의 복은 자신을 아는 것에서부터 출발합니다.

2) 하나님을 두려워해야 합니다

요즘 많은 어린이들이 부모님을 두려워하지 않습니다. 부모님의 권위가 세워져 있지 않고 땅바닥에 떨어져 있습니다. 부모님뿐만이 아니라 학교 선생님들도 마찬가지입니다. 교권이 실추되고 선생님에 대한 존경심은 잃어버린 지 오래되었습니다. 어린 자녀들이 부모님의 말을 잘 듣지 않습니다. 집에서만 아니라 공공장소에서도 자기 마음대로 행합니다. 주변 사람들이 눈살을 찌푸려도 아랑곳지 않습니다. 주위 눈들 때문에 부모님이 말을 해도 전혀 듣지 않습니다. 아버지의 권위도 무기력할 뿐입니다. 아이들이 이렇게 부모님의 말을 듣지 않는 이유는 아버지를 두려워하지 않기 때문입니다. 아이들이 아버지를 두려워한다면 아버지의 말을 들을 것입니다. 그러나 아버지가 전혀 두렵지 않기 때문에 아버지의 말을 우습게 여기기 때문입니다. 참으로 안타깝지만 오늘날의 현실입니다. 모든 어린이들이 다 그렇다는 것은 아닙니다.

가끔 TV에서 나온 뉴스입니다. 학생이 선생님 말을 듣지도 않고 오히려 선생님을 놀리고 많은 학생들이 있는 상태에서 선생님을 폭행하는 뉴스를 본 적이 있습니다. 필자(筆者)가 초등학교에 다니는 때만 해도 선생님의 그림자도 밟으면 안 된다는 말을 들은 적이 있었습니다. 그만큼 스승님을 존경하라는 말씀일 것입니다. 그리고 자신의 자녀가 선생님에게 맞기라도 하면 부모님은 오히려 기뻐하고 잘했다고 여겼습니다. 왜냐면 그만큼 자신의 자녀의 교육을 위해 선생님께서 자신을 대신해 교육한다고 생각했기 때문입니다.

그러나 요즘 부모들은 전에 부모들과는 많이 다름을 보게 됩니다. 자신의 자녀가 선생님에게 맞고 오면 자신의 자녀를 탓하는 것이 아니라 바로 선생님에게 전화하거나 찾아가서 왜 자신의 자녀를 때렸냐고 항의합니다. 자신도 때리지 않는데 왜 귀한 내 자식을 때렸냐고 난리입니다. 물론 모든 부모님들이 다 그렇다는 것은 아닙니다. 일부일 것이라 생각합니다. 그러나 이는 사실입니다. 그래서 뉴스에 나오고 있지 않겠습니까? 세상은 갈수록 부모님이나 스승에 대한에 대에 존경하는 마음도 없고 두려워하는 마음도 없다는 것입니다. 그런데 어찌 바르게 인격 수양이 되고 바른 배움을 가질 수 있겠습니까?

요즘은 부모님의 권위도 선생님에 대한 권위도 다 무너지고 바닥입니다. 이분들에 대한 인격적인 존경도 두려움도 전혀 없습니다. 그러하니 참교육이 이루어지지 못하고 있습니다. 사랑이란 명분으로 체벌할 수 없다 하여 회초리를 들지 못하게 합니다. 회초리를 들지 못하면 어린이를 올바르게 훈육하지 못하고 아이를 바르게 지도하거나 교육을 할 수 없습니다. 체벌은 사람들의 생각에 따라 양분화되어 있습니다. 진정 무엇이 옳고 바른지 분별과 판단을 하지 못하고 자신들의 생각을 따라 판단하고 결정합니다. 시대가 변함으로 교육현장도 참 많이 변했음을 봅니다.

어린 자녀에 대한 교육방법에 대해 성경은 다름과 같이 기록한 말씀이 있습니다. 어떤 사람들은 동의하지 않을 수도 있겠지만 이 말씀은 사람을 창조하고 지으신 하나님께서 기록한 말씀입니다. 사람을 누구보다도 잘 아시는 하나님께서 기록한 말씀이기에 필자(筆者)는 이 말씀이 옳고 진리임을 믿습니다. 그러나 이 현시대에 성경 말씀과 같이 회초리로 징계하고 교육을 한다면 바로 경찰에 신고할 것입니다.

"아이의 마음에는 어리석음이 매여 있거니와 바로잡는 회초리가 그것을 몰아내어 그에게서 멀리 떠나게 하리라."(잠 22:15)

"회초리를 아끼는 자는 자기 아들을 미워하거니와 그를 사랑하는 자는 어릴 때에 그를 징계하느니라."(잠 13:24)

"아이를 바로잡는 것을 금하지 말라. 네가 그를 회초리로 때릴지라도 그가 죽지 아니하리라. 너는 그를 회초리로 때려서 그의 혼을 지옥에서 건질지니라."(잠 23:13~14)

그리고 성경은 부모를 공경해야 한다고 가르치며 말씀하고 있습니다. 부모를 공경할 경우 생명의 날들을 길게 하신다고 말씀하셨습니다.

인생 보고서

"네 아버지와 어머니를 공경하라. 그리하면 주 네 하나님이 네게 주는 땅에서 네 날들이 길리라."(출 20:12)

"자녀들아, 주 안에서 너희 부모에게 순종하라. 이것이 옳으니라. 네 아버지와 어머니를 공경하라. (그것은 약속 있는 첫째 명령이니) 이것은 네가 잘되고 땅에서 장수하게 하려 함이라."(엡 6:1~3)

그리고 신약성경에서 예수님도 사람들이 부모를 공경하지 않는 것을 두고 엄하게 책망하셨습니다.

"그분께서 그들에게 대답하여 이르시되, 너희는 또한 어찌하여 너희 전통으로 하나님의 명령을 범하느냐? 하나님께서 명령하여 이르시되, 네 아버지와 어머니를 공경하라, 하시고 또, 아버지나 어머니를 저주하는 자는 반드시 죽일지니라, 하셨거늘."(마 15:3~4)

사도 바울은 골로새 교회에 보낸 편지에 부모에게 순종하라 이것은 주를 매우 기쁘게 한다고 말씀합니다.

"자녀들아, 모든 일에서 너희 부모에게 순종하라. 이것이 주를 매우 기쁘게 하느니라."(골 3:20)

부모님에 대해 어떻게 대할지 어린아이에 대해 어떻게 가르치고 교육할지에 대해 성경은 수천 년 전부터 답을 제시해 주었습니다. 성경의 가르침은 진리이기에 오랜 시간이 지나도 변하지 않습니다. 성경의 말씀대로 따르면 전혀 문제가 발생하지 않습니다. 그러나 성경의 가르침을 따르지 않고 인간의 생각들을 따라 행합니다. 각각 생각이 시대에 따라 변하고 각 나라와 민족들의 문화와 관습에 따라 다르게 변합니다. 그러하니 오늘날과 같은 많은 문제들이 발생합니다.

이 모든 근본적인 원인은 하나님을 두려워하지 않고 하나님의 말씀을 듣지 않기 때문입니다. 두려워하지 않기에 말씀을 듣지도 않고 말씀을 무시합니다. 그래서 결국은 부모님도 두려워하지 않고 부모님의 말씀도 듣지 않고 무시합니다. 부모님을 존경하거나 공경하지 않고 두려워하지 않는 자는 부모님께 대들며 언성을 높이고 폭언을 하며 나아가 자신을 낳아 준 부모를 멸시하며 우습게 여깁니다. 때론 폭력도 행사합니다. 정말 사람이 해서는 안 되는 일들을 서슴지 않고 행사합니다. 정말이지 패륜아(悖倫兒)라고 하지 않을 수 없습니다.

세상은 갈수록 악한 세상이 되어갑니다. 마지막 시대 끝을 향해 가고 있습니다. 성경은 마지막 시대에 일어나는 사건들을 예언해 주고 있습니다. 사람들이 자기를 사랑하며 부모에게 불순종하며 감사하지도 않는다고 말씀합니다. 시간이 갈수록 사람들은 더 많이 이 말씀대로 행할 것입니다.

"또한 이것을 알라. 즉 마지막 날들에 위험한 때가 이르리라. **사람들이 자기를 사랑하며** 탐욕을 부리며 자랑하며 교만하며 신성모독하며 **부모에게 불순종하며 감사하지 아니하며** 거룩하지 아니하며."(딤후 3:1~2)

지금 시대에는 (王政) (法) 대부분 많은 사람들이 자신을 높이고 자신을 사랑하며 자신이 왕 같은 마음으로 살아갑니다. 각자가 왕이니 절제도 못 하고 사나우며 높은 마음을 품으며 하나님 사랑하기보다 쾌락을 더 사랑하고 자랑한다고 말씀합니다. 성경은 주를 두려워하며 참으로 주를 두려워하라고 경고하고 있습니다.

"주를 두려워하는 것이 지식의 시작이거늘 어리석은 자들은 지혜와 훈계를 멸시하느니라."(잠 1:7)

"오직 너희가 두려워할 분을 내가 미리 너희에게 알려 주리니 곧 죽인 뒤에 지옥에 던져 넣는 권능이 있으신 그분을 두려워하라. 내가 참으로 너희에게 이르노니, **그분을 두려워하라.**"(눅 12:5)

"주를 두려워하는 것은 생명 샘이라 사망의 올무들에서 벗어나게 하느니라."(잠 14:27)

3) 창조주(創造主)를 기억(記憶)하고 그분의 명령(命令)들을 지키는 것입니다

성경은 인생들에게 재난의 날들이 오기 전에 심판의 날이 오기 전에 '네 창조자를 기억하라'고 말씀하셨습니다. 이 말씀을 보다 쉽게 설명하면 인생의 종착역이 이르기 전에 즉 죽기 전에 자신의 창조자인 창조주 하나님을 기억하라는 것입니다. 자신의 창조자가 분명히 있건만 자신의 주인이 있건만 자신의 창조자도 자신의 참된 주인도 모르고 산다는 것입니다. 자신의 인생은 자신의 주인에게 달려 있는데 자신의 주인을 찾지도 않고 기억하지도 않는다는 것입니다.

> **"이제 젊은 시절에 네 창조주를 기억하라. 곧 재난의 날들이 이르기 전에 혹은 네가 말하기를, 내가 이 해들을 기뻐하지 아니하노라, 하는 그런 해들이 가까이 이르기 전에 해와 빛과 달과 별들이 어두워지기 전에 혹은 비가 온 뒤에 구름들이 되돌아오기 전에 기억하라."**(전 12:1~2)

> **"오 청년이여, 네 젊은 때를 기뻐하라. 네 젊은 시절에 네 마음이 너를 기쁘게 하고 네 마음이 원하는 길로 걸으며 네 눈이 보는 대로 걸으라. 그러나 이 모든 일들로 인하여 하나님께서 너를 심판으로 데려가실 줄 너는 알라."**(전 11:9)

이 세상에서 잠시 인생을 살고 나면 누구나 죽게 됩니다. 즉 왔던 대로 돌아가야 합니다. 그래서 사람이 죽으면 '돌아가셨다'라고 말합니다. 또는 '별세하셨다' 합니다. 이는 '왔던 데로 돌아간다' '별다른 세상으로 가셨다'는 것을 의미합니다.

이 책을 읽고 있는 독자님께서는 자신이 어느 날 죽으면 돌아갈 곳이 어디인지 아십니까? 아니면 아무것도 모른 채 막연히 죽음만을 기다리고 계십니까? '막연히 좋은 곳으로 가겠지?', '하늘나라로 가겠지?'라고 생각하고 있지는 않습니까? 죽기 전에 한 번쯤 생각해 봐야 하지 않겠습니까? 현명하고 지혜로운 사람이라면 죽음이라 종착역에 이르기 전에 자신이 돌아갈 곳을 생각해 보고 준비하는 사람일 것입니다.

인생 보고서

전 어렸을 때 친구들과 해가 지는 줄을 모르고 참 재미있게 놀았습니다. 해가 지고 어둑하면 친구들 모두 각자 집으로 돌아갔습니다. 집에는 엄마가 맛있는 음식을 해 놓고 아빠와 함께 나를 기다리고 있었습니다. 내가 돌아간 나의 집은 따스하고 아늑하고 맛있는 음식이 준비되어 있고 부모님의 사랑이 있는 그런 집이었습니다. 그런데 내가 만일 친구들과 정신없이 놀다가 해가 져서 집으로 돌아가야 하는 돌아갈 집이 없다면 이 얼마나 비참하겠습니까? 친구들은 다 자신의 집을 향해 돌아가는데 저만 돌아갈 곳이 없다면 이 얼마나 불행하고 슬픈 일이겠습니까?

우리의 인생이 마치 이와 같습니다. 인생을 정신없이 바삐 살다가 죽음의 문턱에 와서 보니 돌아갈 집이 없다면 이 얼마나 황당하겠습니까? 인생을 바쁘게 살다 보니 내 자신이 누구인지? 어떤 사람인지? 죽음 후 어떻게 되는지? 전혀 생각해 보지도 않고 살다가 막상 인생의 종착역에 가까이 이르면 많은 생각이 들 것입니다. 여러 생각이 안 든다면 이는 인생이라고 말할 수 있을까요? 정상적인 인생이라면 종착역이 아닌 종착역에 이르기 전에 인생의 여정 속에서 한 번쯤은 반드시 생각해 봐야 할 것입니다.

자신은 누구인지? 자신은 어떤 사람인지? 사람이 죽으면 어떻게 되는지? 어디로 가는지? 죽으면 인생이 완전히 무(無)로 끝나는지? 끝이 아니라면 어떻게 되는지? 하나님은 계시는지? 천국과 지옥은 정말 있는지? 있다면 어디에 있는지? 나는 천국과 지옥 중 어디로 가게 되는지? 죽고 나면 하나님 앞에서 심판을 받는다고 하는데 정말 사실인지? 심판을 받는다면 나는 심판의 결과가 어떻게 나올 것인지? 짐승들도 자신을 거둬주는 주인을 안다고 하는데 나의 주인은 누구인지?를 알고 답을 반드시 찾아야 할 것입니다.

모든 인생은 다 자신의 주인이 있습니다. 자신이 자신의 주인을 잊어버리고 모르고 정신없이 살았기 때문이지 인생의 주인이 없는 것은 아닙니다. 이번 기회를 통하여 자신의 주인을 찾지 못하고 만나지 못한 분께서는 자신을 창조하고 지으신 자신의 참주인을 만나야 합니다. 그리고 꼭 인생의 여정 속에서 한 번쯤 멈추어 서서 자신의 주인을 찾고 자신의 참주인인 창조주를 기억해야 합니다. 그래야만이 자신의 주인이 있는 곳으로 가서 평안히 안식을 누릴 수 있습니다. 이렇게 될 때 인생의 팔자가 바뀌는 것입니다. 인생의 운명과 숙명이 바뀌는 것입니다. 여러분의 구부러지고 꼬인 팔자와 저주받은 인생의 운명과 숙명을 바꾸어 보지 않으렵니까?

4) 모든 인생은 회개(悔改)해야 합니다

지금은 보통 모든 차에 내비게이션이 있고 스마트폰에도 내비게이션 어플이 있기에 어디를 가든지 크게 걱정이 안 됩니다. 하지만 내비게이션이 없을 때에는 가 보지 않는 목적지를 찾아갈 때는 참 힘들 것입니다. 길눈이 밝은 사람은 조금 쉽겠지만 길눈이 어두운 사람은 여간 고생을 하지 않을 수 없습니다. 필자(筆者)는 내비게이션이 없을 때 오로지 지도와 도로 표지만을 의지하여 가야 했습니다. 그래서 밤에는 더욱더 힘들고 잘못 갈 때가 한두 번이 아니었습니다. 아마 다른 분들도 이런 경험이 있었을 줄로 압니다.

그런데 예를 들어 어느 날 어떤 목적지를 향하여 가고 있었다고 생각해 봅시다. 처음에는 맞게 가고 있었지만 가다가 보니 길을 잘못 가고 있는 것을 발견하였습니다. 이때 어떻게 해야 할까요? 방법은 두 가지입니다. 한 방법은 가던 그 길로 계속 가는 것입니다. 그리고 또 하나의 방법은 그 길에서 돌이켜 즉 유턴하여 다시 바른길로 목적지를 향해 가는 방법입니다. 현명한 사람이라면 후자의 방법을 따를 것입니다. 바로 유턴하여 안전하고 확실한 길로 가야 할 것입니다. 이 결정은 현명한 결정입니다. 잘못된 길로 가는 것을 알고도 돌이키지 않고 계속 가는 사람은 미련하고 어리석다 아니할 수 없을 것입니다.

잘못된 길로 가고 있다는 것을 깨닫고 돌이켜(유턴하여) 바른길로 목적지를 향해 가는 것, 이것이 곧 회개입니다. 만일 잘못된 길인지 모르고 가거나 알면서도 회개하지(유턴하지) 않고 계속 그 길을 간다면 고스란히 그 피해는 당사자의 몫입니다.

하나님께서는 인생들에게 회개하라고 말씀하십니다. 인생도 이와 같습니다. 인생들이 자신이 죽고 나면 어디로 가는지 알지 못합니다. 인생들의 죽음의 종착역이 어디인지 모릅니다. 무엇이 기다리고 있는지 잘 모릅니다. 그래서 이들은 회개하려(돌이키려=유턴 U-turn) 하지 않습니다. 인생의 끝에 엄청난 무서운 재앙이 기다리고 있습니다. 그러나 이들은 모르기 때문에 태연합니다. 무지하기 때문입니다. 그렇다고 그들이 이 큰 재앙을 피해 갈 순 없습니다. 그들이 믿지 않는다고 없는 것이 아닙니다. 인생이 회개하지 않는다면 죽음 뒤에 무섭고 두려운 재앙인 영원한 형벌이 있다는 사실을 정확히 안다면 회개하지 않을 수 없을 것입니다. 계속 그 길로 간다면 그 인생이 참으로 불행하고 저주받는다는 사실을 분명히 안다면 돌이키지(회개=유턴 U-turn) 않을 수 없을 것입니다. 회개는 하나님의 명령입니다. 하나님의 명령은 어렵지 않습니다. 할 수 없는 명령이 아닙니다. 행하고자 하는 마음만 있으면 누구나 행할 수 있는 명령들입니다.

"하나님께서 이같이 무지하던 때를 눈감아 주셨으나 이제는 **모든 곳에서 모든 사람에게 회개하라고 명령하시나니** 이는 그분께서 한 날을 정하사 그날에 자신이 정하신 그 사람을 통하여 세상을 의로 심판하실 터이기 때문이라."(행 17:30~31)

"주께서는 자신의 약속에 대해 어떤 사람들이 더디다고 생각하는 것 같이 더디지 아니하시며 **오직 우리를 향하여 오래 참으사 아무도 멸망하지 않고 모두 회개에 이르기를 원하시느니라.**"(벧후 3:9)

"예수님께서 그것을 들으시고 그들에게 이르시되, 온전한 자들에게는 의사가 필요 없으나 병든 자들에게는 필요하니 **나는 의로운 자들을 부르러 오지 아니하고 죄인들을 불러 회개하게 하려고 왔노라, 하시니라.**"(막 2:17)

"이르시되, 때가 찼고 하나님의 왕국이 가까이 왔으니 너희는 **회개하고 복음을 믿으라,** 하시더라."(막 1:15)

그러나 사람들은 회개하지 않으려 합니다. 자신의 생각을 믿고 자신의 생각을 따라 살려고 합니다. 하나님의 명령을 하찮게 여깁니다. 무시하며 우습게 여깁니다. 하나님의 말씀을 믿지 않습니다. 자신의 생각을 하나님의 말씀보다 더 우위에 둡니다. 그 인생은 자신의 결정에 대한 책임도 분명히 지게 될 것입니다. 그때 가서 아무리 후회해도 그때는 소용이 없습니다. 절대로 돌이킬 수 없습니다. 자신을 원망해도 아무리 후회해도 소용이 없습니다. 이미 떠난 기차입니다. 그래서 인생들에게 회개가 주어질 때 회개해야 합니다. 회개하면 용서받게 됩니다. 아무리 잘못을 범하고 큰 죄를 지었을지라도 회개하면 용서받게 됩니다. 그 어떤 큰 죄를 지었을지라도 마음으로 회개하면 하나님의 긍휼과 은혜를 입을 수 있게 됩니다. 마음을 돌이키고 하나님께 나아가면 죽음을 면하고 생명을 얻게 됩니다. 성경에는 악한 죄를 범하고 악한 사람일지라도 하나님 앞에 자신의 잘못을 인정하고 회개하면 저주와 심판을 피하고 생명을 얻게 됩니다. 회개하면 복을 받게 됩니다. 하나님의 엄청난 선물은 받게 됩니다. 회개를 하고 복을 받은 것인지 아니면 회개하지 않고 저주를 받을 것인지는 오로지 자기 자신의 선택에 달려 있습니다.

"사악한 자는 자기 길을 버리고 불의한 자는 자기 생각을 버리고 주께로 돌아오라. 그리하면 그분께서 그를 긍휼히 여기시리라. 우리 하나님께로 돌아오라. 그분께서 풍성하게 용서하시리라."(사 55:7)

"내가 이 날 하늘과 땅을 불러 너희에게 증거로 삼노라. 내가 **생명과 사망과 또 복과 저주**를 너희 앞에 두었나니 그러므로 너와 네 씨가 살기 위하여 생명을 택하라."(신 30:19)

5) 모든 인생은 구원(救援)자인 주 예수 그리스도를 믿어야 합니다

이 책을 읽는 독자께서는 주 예수 그리스도에 대해 얼마나 알고 있습니까? 사람이 누구를 믿어야 하는데 그 사람을 모르고는 믿을 수 없습니다. 믿기 이전에 그 사람에 대해서 먼저 바르게 알아야 합니다. 바르게 알아야 바르게 판단하고 그 사람을 믿을 수 있는지 판단할 수가 있습니다. 그 사람에 대한 그릇된 지식은 그 사람을 판단하는데 그릇 판단할 수 있습니다. 그래서 바르게 알아야 그 사람을 바르게 판단할 수 있습니다.

성경은 주 예수 그리스도를 믿으라고 합니다. 믿으면 구원받는다고 말씀합니다. 그렇다고 우리가 주 예수 그리스도를 모르는데 믿을 수는 없습니다. 어느 누가 믿으라고 강요하면 마음에 믿음 없이 입으로는 믿는다고 말 수는 있습니다. 그러나 이는 바르게 믿는 것이 아닙니다. 바르게 믿으려면 선행조건(先行條件)이 바르게 아는 것입니다. 그래야만이 바르게 믿을 수 있습니다. 이는 사람뿐만이 아닙니다. 세상살이와 세상의 이치(理致)가 그렇습니다. 전기를 잘 모르는 사람은 전기가 오는 전선을 물 묻은 손으로만 만지다가 생명을 잃을 수도 있습니다. 독버섯을 잘 모르고 버섯이 좋다기에 무조건 먹었다가는 죽을 수도 있습니다. 이처럼 모르고 무조건 만지거나 먹으면 위험하듯이 주 예수님도 모르고 무조건 믿는다고 믿는 것이 아닙니다. 잘못 믿으면 오히려 믿지 아니함보다 못합니다. 그런데 오늘날 이런 사람들이 참으로 많습니다. 성경을 덮어놓고 믿습니다. 어쩌면 이것이 믿음이 좋은 줄로 착각합니다. 그러나 이것은 참믿음이 아니라 맹신(盲信)입니다.

성경은 분명히 알고 믿으라고 말씀합니다. 바르게 아는 데는 객관적이고 사실에 바탕을 둔 지식이어야 합니다. 사실에 바탕을 둔 것이 아닌 주관적인 생각이나 상상 그리고 거짓이 사실로 둔갑한 지식이라면 그것은 바르게 아는 것이 아닙니다. 그리고 진실과 거짓이 섞인 것도 바르게 아는 것이 아닙니다. 바르게 아는 것은 모든 게 사실이며 진리이어야 합니다. 그러기에 주 예수 그리스도를 바르게 알려면 오직 성경에 기록된

인생 보고서

하나님의 말씀으로만 바르게 알 수 있습니다. 예수님은 자신이 길이요 진리요 생명이라고 말씀하셨습니다. 그러기에 진리인 하나님의 말씀을 통하여 예수 그리스도를 알아야 합니다.

"**성경 기록들을 탐구하라. 너희가 그것들 안에서 영원한 생명을 얻는 줄로 생각하거니와 그것들이 바로 나에 대하여 증언하느니라.**"(요 5:39)

"그분께서 세상에 계셨으며 세상이 그분에 의해 만들어졌으되 세상이 그분을 알지 못하였고. 그분께서 자기 백성에게 오시매 그분의 백성이 그분을 받아들이지 아니하였으나. 그분을 받아들인 자 곧 그분의 이름을 믿는 자들에게는 다 하나님의 아들이 되는 권능을 그분께서 주셨으니."(요 1:10~12)

"아들을 믿는 자에게는 영존하는 생명이 있고 아들을 믿지 않는 자는 생명을 보지 못하며 도리어 하나님의 진노가 그 위에 머물러 있느니라."(요 3:36)

주 예수 그리스도를 믿는다는 것은 곧 주 예수 그리스도에 대해 바르게 아는 것입니다. 성경은 주 예수 그리스도에 대해 분명하게 누구나 잘 알 수 있도록 기록하였습니다. 낮은 마음으로 주 예수 그리스도를 꼭 찾고 싶어 하면 반드시 찾고 만날 수 있도록 하셨습니다. 찾고 못 찾고, 만나고 못 만나고 하는 것은 그 사람의 마음 상태에 달려 있습니다.

"나를 사랑하는 자들을 내가 사랑하나니 일찍 나를 찾는 자들이 나를 만

나리라."(잠 8:17)

"그러나 만일 네가 거기서 주 네 하나님을 찾으면 곧 네 마음을 다하고 혼을 다하여 그분을 찾으면 만나리라."(신 4:29)

청춘남녀가 처음 만나 서로 이야기를 나누면서 서로를 알아가게 됩니다. 시간이 지나면서 점점 마음에 있는 진심도 이야기합니다. 서로를 처음보다는 더 많이 알게 됩니다. 그러다가 서로를 어느 정도 알게 되어 마음에 맞으면 결혼을 하자고 합니다. 결혼을 하자는 것은 어느 정도 서로를 알았기 때문에 서로 자신들을 맡겨도 된다는 신뢰가 동반되기 때문입니다. 청춘 남녀가 처음 만나 결혼을 하자고 하지 않을 것입니다. 이는 서로를 모르기 때문입니다. 서로 사귀다가 알게 되고 믿음이 갈 때 서로 청혼하고 결혼하게 될 것입니다.

이처럼 주 예수 그리스도도 처음부터 바로 믿을 수는 없습니다. 이분이 어떤 분이신지 알아야 합니다. 누구인지 알아야 합니다. 왜 이 땅에 오셨고 왜 십자가에 못 박히시고 피 흘려 죽으셨는지를 바르게 알아야 합니다. 이분이 나와 어떤 관계인지 나를 위해 무슨 일을 하셨는지를 알아야 합니다. 내가 왜 이분을 믿어야 하는지를 알아야 합니다. 믿지 않으면 왜 안 되는지를 알아야 합니다. 주 예수 그리스도께서 왜 죽으시고 장사되고 삼 일 만에 부활하셨는지를 그 의미를 정확히 이해하고 알아야 합니다. 그리고 주 예수님이 승천하시고 다시 오시겠다고 하셨는지 그 이유와 목적을 알아야 합니다.

"영생은 이것이니 곧 그들이 유일하신 참 하나님인 아버지와 아버지께

서 보내신 자 예수 그리스도를 아는 것이니이다."(요 17:3)

주 예수 그리스도를 바르게 아는 것은 내가 예수 그리스도를 위해 얼마나 많은 일을 행했느냐를 아는 것이 아니라 주 예수님이 나를 위해 어떤 일들을 하셨는지를 바르게 아는 것이 주 예수 그리스도를 바르게 알고 믿는 것입니다. 예수 그리스도를 믿는 것이 하나님의 일입니다. 예수 그리스도를 믿는 가장 큰 목적은 영원한 사망과 멸망 곧 지옥의 형벌로부터 구원받는 것이며 영원한 생명을 얻는 것입니다.

"예수님께서 그들에게 대답하여 이르시되, 너희가 하나님께서 보내신 이를 믿는 것 이것이 곧 하나님의 일이니라, 하시니라."(요 6:29)

"이것들을 기록함은 예수님께서 하나님의 아들 그리스도이심을 너희가 믿게 하려 함이요, 또 믿고 그분의 이름을 통해 생명을 얻게 하려 함이니라."(요 20:31)

사람이 자기 자신을 바르게 알고 나면 즉 자신이 얼마나 더럽고 악한 죄인인지를 안다면 자신을 신뢰하지 않을 것입니다. 자신의 모든 죄들을 용서받고 씻음받고자 할 것입니다. 자신이 어디로 가는지 분명히 안다면 구원받고 싶고 생명을 구할 것입니다. 예수 그리스도는 구원자이며 곧 복음입니다. 예수 그리스도는 인생들에게 복을 주시려고 이 땅에 오셨습니다. 보이지 않고 사람의 눈으로 볼 수 없는 하나님께서 사람의 눈으로 보고 믿을 수 있도록 사람의 몸으로 나타나신 것입니다. 예수 그리스도는 말씀이신 하나님이십니다.

"처음에 말씀이 계셨고 말씀이 하나님과 함께 계셨으며 말씀이 하나님 이셨더라."(요 1:1)

"**말씀이 육신이 되어 우리 가운데 거하시매** (우리가 그분의 영광을 보니 아버지의 독생하신 분의 영광이요) 은혜와 진리가 충만하더라."(요 1:14)

예수 그리스도를 마음에 받아들인 자 곧 그분을 믿는 자에게는 하나님의 아들이 되는 권능을 주시며 하나님에게서 태어난 아들로 인정하신다는 것입니다. 이 얼마나 놀라운 큰 복입니까?

"**그분을 받아들인 자 곧 그분의 이름을 믿는 자들에게는 다 하나님의 아들이 되는 권능을 그분께서 주셨으니 이들은 혈통으로나 육신의 뜻으로나 사람의 뜻으로 나지 아니하고 오직 하나님에게서 태어난 자들 이니라.**"(요 1:12~13)

하나님 아버지께서는 당신의 독생자인 곧 예수 그리스도를 믿으라고 합니다. 믿으면 누구에게나 멸망하지 않고 영존하는 생명을 주신다고 말씀합니다. 사람이 무슨 수로 영원한 생명을 얻을 수 있을까요? 완전 불가능합니다. 그러나 하나님은 가능하십니다. 예수 그리스도를 믿기만 하면 이러한 복을 받게 됩니다. 그래서 모든 사람들에게 복이신 예수 그리스도를 배격하지 말고 받아들이고 믿으라고 말씀합니다. 예수 그리스도는 복의 근원입니다.

"예수님께서 그들을 보시며 그들에게 이르시되, 사람들에게는 이것이

인생 보고서

불가능하나 하나님께는 모든 것이 가능하니라, 하시니라.”(마 19:26)

“하나님께서 세상을 이처럼 사랑하사 자신의 독생자를 주셨으니 이것은 누구든지 그를 믿는 자는 멸망하지 않고 영존하는 생명을 얻게 하려 하심이라.”(요 3:16)

“또 내게 이르시되, 다 이루어졌도다. 나는 알파와 오메가요 시작과 끝이라. 내가 목마른 자에게 생명수의 샘에서 값없이 주리라. 성령과 신부가 말씀하시기를, 오라, 하시는도다. 듣는 자도, 오라, 할 것이요, 목마른 자도 올 것이요, 또 누구든지 원하는 자는 값없이 생명수를 취하라, 하시더라.”(계 21:6∼17)

보이는 것이나 보이지 않는 모든 것을 창조하시고 만드신 그분을 알고 믿는다면 그분께 받지 못할 그 무엇이 있겠습니까? 인생들이 받지 못함은 그분을 받아들이지 않고 믿지 않기 때문입니다. 인생들이 생각으로는 복을 받기를 다 원하나 예수 그리스도를 통해서 복받기는 싫어하며 원하지 않습니다. 진짜 복을 줄 수 있는 주 예수님께 나아가지 않고 복을 줄 수 없는 다른 곳에서 복받기를 원하니 복을 받지 못합니다. 참으로 아이러니하죠? 죽음과 생명 저주와 복은 모두 자신의 선택과 결정에 달려 있습니다. 이 또한 하나님께서 사람을 사랑하고 존중하여 주신 자유의지(自由意志)입니다.

“이는 그분에 의해 모든 것이 창조되었기 때문이라. 하늘에 있는 것들과 땅에 있는 것들, 보이는 것들과 보이지 아니하는 것들 곧 왕좌들이나 통

치들이나 정사들이나 권능들이나 모든 것이 그분에 의해 창조되고 그분을 위하여 창조되었노라."(골 1:16)

"그러나 너희는 생명을 얻기 위해 내게 오기를 원치 아니하는도다."(요 5:40)

"아들을 믿는 자에게는 영존하는 생명이 있고 아들을 믿지 않는 자는 생명을 보지 못하며 도리어 하나님의 진노가 그 위에 머물러 있느니라."(요 3:36)

6) 인생은 자신의 본분(本分)을 알아야 합니다

인생의 본분(本分)이 무엇일까요? 인생이 마땅히 해야 할 도리(道理)가 아닌가요? 인생의 도리를 아는 것이 인생의 본분을 아는 것입니다. 인생의 본분은 '인생이 마땅히 행하여야 할 바른길'이라고 국어사전에서 가르쳐 주고 있습니다. 우리나라에는 국민들이 지켜야 할 의무(義務)가 있습니다. 교육의 의무, 국방의 의무, 납세의 의무가 있습니다. 이는 국민의 3대 의무라고 합니다. 의무는 사람이 마땅히 지키고 행하여야 할 일입니다.

"우리가 전체 일의 결론을 들을지니 하나님을 두려워하고 그분의 명령들을 지킬지어다. 이것이 사람의 온전한 의무이니라."(전 12:13) 〈개역성경 : 사람의 본분이니라〉

그럼 인생의 의무는 무엇일까요? 인생의 의무는 하나님의 시각으로 자신을 분명히 알고 주 예수 그리스도를 바르게 아는 것이 인생의 의무입니다. 인생의 의무를 이행하지 않고 저버리는 자는 반드시 그에 상응하는 대가를 받게 됩니다. 그 대가는 영원한 멸망입니다. 영원한 저주입니다.

인생의 본분, 인생의 도리, 인생의 바른길을 다시 한번 상기시키자면 첫째는 자신이 어떤 사람인지 성경을 통하여 하나님께서 말씀하시고 판단하시는 인생을 바르게 아는 것입니다. 그리고 둘째는 하나님을 두려워해야 한다는 것입니다. 셋째는 자신을 창조하고 지으신 하나님을 기억하고 그분의 명령들을 지켜야 한다는 것입니다. 우리가 부모님을 생각하고 기억할 때 부모님에 대한 여러 가지 생각들과 마음이 올라옵니다. 이와 마찬가지로 모든 인생들이 자신을 창조하고 지으신 창조주 하나님을 기억해야 인생의 본분을 알고 깨닫는 것입니다. 그런 후 인생의 온전한 의무를 행하는 것입니다.

그리고 우리 인생을 창조한 하나님께서는 인생들에게 복을 주기 위해서 명령들을 주셨습니다. 인생들이 복을 받기 위해서는 그분의 명령들을 지키는 것입니다. 그분의 명령들은 그리 힘들지 않고 어렵지 않습니다. 알면 누구나 행할 수 있는 명령들입니다. 이러한 명령들은 곧 지키는 자들에게 큰 선물이 됩니다. 자신을 낳아 준 부모님의 말씀을 잘 듣고 순종하는 자가 효자이고 부모님을 존경하고 신뢰하고 두려워하는 자일 것입니다. 이처럼 하나님의 명령들에 순종하는 자가 하나님을 두려워하고 하나님을 기쁘시게 할 것입니다. 그래서 인생의 본분을 알고 하나님의 명령에 순종하면 그 인생은 복을 받게 됩니다. 복을 받을 수밖에 없습니다. 넷째는 회개해야 합니다. 자신을 바로 알고 자신이 걸어가고 있는 인생길에서 돌아서 하나님께서 제시한 그길로 가야 합니다. 그 길이 살

길이며 생명의 길입니다. 자신이 걸어왔고 계속 걸어가는 그 길은 사망의 길입니다. 자신이 걸어가고 있는 그 길이 사망의 길임을 알게 되었다면 계속 그 길로 걸어가지는 않을 것입니다. 정상적이고 분별 있고 이성적인 사람이라면 그 길에서 돌이켜 생명의 길로 걸어갈 것입니다. 이런 인생이 현명하고 지혜로운 사람이 아닐까요?

다섯째는 주 예수 그리스도를 믿어야 합니다. 이는 모든 생명의 근원이요 복의 근원이기 때문입니다. 주 예수님은 죄로 인해 하나님과 원수 관계에 놓여 있던 인생들을 화해시키고 화목하게 하기 위해서 자신이 십자가에 못 박히시고 피 흘려 죽으셨습니다. 자신의 몸을 죄의 헌물로 드리심으로 하나님과 인간 사이에 죄의 장벽이 허물어졌고 원수인 관계가 화해가 되었습니다.

"이제는 그분께서 죽음을 통해 자기 육체의 몸으로 화해를 이루사 너희를 그분의 눈앞에서 거룩하고 흠 없고 책망할 것이 없는 자로 드리려 하셨으니."(골 1:22)

"그분은 우리의 죄들로 인한 화해 헌물이시니 우리의 죄들뿐 아니요 온 세상의 죄들로 인한 화해 헌물이시니라."(요일 2:2)

"그분께서 정하신 때에 증언을 받기 위해 모든 사람을 위한 대속물로 자신을 주셨느니라."(딤전 2:6)

그러하기 때문에 이제 인생들은 예수님께서 인생들을 위해서 다 이루신 사역을 사실로 믿고 주 예수 그리스도를 믿으면 하나님과 화목이 되어 화평을 누릴 수 있습니다. 그래서 예수 그리스도는 하나님과 인간 사이의 중보자입니다. 우리 인생들을 위해 자신을 대속물로 하나님께 드린 고귀한 희생을 믿지 않고 받아들이지 않는다면 주 예수님도 어쩔 방법이 없습니다. 믿지 않는 그 인생은 그만한 대가를 치러야 합니다. 이건 오로지 자신이 선택한 결과입니다. 그러하기 때문에 누구도 원망할 수도 없습니다.

> "누가 정죄하리요? 죽으신 분은 그리스도시요, 참으로 다시 일어나신 분도 그리스도시니 그분께서는 하나님의 오른편에 계시며 또한 우리를 위해 중보하시느니라."(롬 8:34)

> "그분의 십자가의 피를 통해 화평을 이루사 그분으로 말미암아 모든 것들이 즉 내가 말하노니 그분으로 말미암아 땅에 있는 것들이나 하늘에 있는 것들이 자신과 화해하게 하셨느니라."(롬 8:34)

> "그러므로 우리가 믿음으로 의롭게 되어 우리 주 예수 그리스도를 통해 하나님과의 화평을 누리는도다."(롬 5:1)

사람으로 태어났으면 사람의 본분을 마땅히 알고 그에 다른 본분을 마땅히 지키고 행하여야 합니다. 그래야만이 정상적인 바른 사람입니다. 사람의 본분을 따라 행하지 않고 사람으로서 행해서는 안 될 행동을 하는 사람들을 가리켜 "짐승 같은 놈!"이라고 말합니다. 자식이 늙은 부모를 학대하고 죽인 사람을 천륜을 저버린 자입니다. 또 부모가 힘으로 대항할 수 없는 어린 자식을 학대하고 죽인 사람을 사람들은 "짐승보다 못한 놈!"이라고 말합니다.

　요즘 시대에는 이런 "짐승 같은 놈!"이나 "짐승보다 못한 놈!"의 사람들이 늘어나고 있습니다. 정말 사람이 사람을 죽이는 것을 파리 목숨처럼 가볍게 생각하고 죽입니다. 사람을 죽이고도 양심에 가책도 받지 않고 잘못을 느끼지 못합니다. 참으로 무섭고 악한 시대입니다. 이러한 모든 것이 인생의 본분을 잃고 살아가기 때문입니다. 인생이 어떤 존재인지 전혀 모르기 때문입니다. 하나님께서 인생에 대해 말씀하시는 즉 자신이 얼마나 악하고 더럽고 추하고 형편없는 존재인지를 안다면 그리고 하나님을 안다면 인생의 본분을 깨닫고 인생다운 사람다운 삶을 살아갈 것입니다. 진정 사람다운 삶을 살아갈 때 그 사람은 복을 얻게 될 것입니다. 영원한 생명을 얻을 것입니다. 그리고 참으로 인생다운 인생을 살아갈 것입니다. 하나님과 주 예수 그리스도와 함께 영원히 사랑하며 행복하게 살 것입니다. 이것이 하나님께서 인생을 창조한 목적입니다.

제5부

인생의 팔자와 운명을 바꾸려면?

[죽음의 종착역에 이르기 전에]

어떤 사람이 역사에 대해 알고 싶고 공부하고 싶다면 역사가 기록된 책을 보고 공부하면 됩니다. 수학 공부를 하고 배우고 싶다면 수학책을, 영어를 공부하고 배우고 싶다면 영어책을, 음악과 미술을 공부하고 배우고 싶다면 각각 관련된 책을 통해서 또는 관련된 전공(專攻)자를 통해서 알고 배울 수 있습니다. 이처럼 자신이 어떤 부분에 바르게 알고 싶고 바르게 배우고 싶으면 그 관련 책을 보고 관련된 학교나 관련된 전공자를 찾아가 알고 배워야 바르게 알고 바르게 배울 수 있습니다. 그러나 관련되지 않는 책이나 관련된 학교가 아니거나 관련된 전공자가 아니라면 거기서는 바르게 알 수 없고 바르게 배울 수 없습니다.

또 하나의 예를 든다면 배가 아프면 내과를 찾아가고 코나 귀가 이상이 있으면 이비인후과로 이가 좋지 않으면 치과로 가야 합니다. 그런데 아픈 증상과 상관없이 다른 과로 가면 바른 진료나 치료를 받을 수 없습니다.

이와 같이 인생의 팔자나 운명을 바꾸려면 인생의 팔자와 운명을 바꿀 수 있는 능력자나 책을 통해서만 가능할 것입니다. 아무리 감명(感銘)과 감동(感動)을 주는 책이라도 인생의 팔자와 운명을 바꾸어 줄 수 있는 능력과 믿을 수 있는 바른 내용이 기록되어 있지 않다면 그 책은 아무 소용이 없을 것입니다.

우리는 앞에서 인생의 참모습에 대해 그리고 인생이 미래에 대해 간략히 살펴보았습니다. 인생의 팔자와 운명에 대해서도 성경을 통하여 알아보았습니다. 인생의 의문을 풀고 인생의 해답을 찾기 위해서는 오직 성경을 통해서만 가능합니다. 인생의 팔자와 운명도 바꾸려면 이 또한 성경을 통해서만 바꿀 수 있습니다. 성경은 사람의 모든 것을 충분히 바꾸고 남음이 있습니다. 성경은 사람들을 놀라게 변화시키는 능력의 책이고 성경은 사람들은 놀랍게 바꾸는 기적의 책이기 때문입니다.

성경을 통해서 여러분의 인생을 여러분의 꼬인 팔자와 운명과 미래를 바꾸어 보시기 바랍니다. 이 성경책에 기록된 하나님의 말씀을 통해서 하늘의 별들처럼 셀 수 없는 수많은 사람들이 변화되고 기적을 맛본 사람들이 있습니다. 그들은 모두 팔자와 운명을 바꾼 증인들입니다. 그들 중에 필자(筆者)도 한 명의 증인입니다.

인생은 태어날 때부터 팔자가 꼬였고 저주받은 운명이지만 하나님께서 이런 인생들에게 꼬인 팔자를 펼 수 있게 저주받은 인생의 운명을 축복받을 수 있도록 길을 마련해 주셨습니다. 그러기에 인생이 팔자와 운명 타령만 하고 있어야 하는 것이 아니라 하나님께서 마련해 놓은 그 길로 나아가 복을 받고 자신의 팔자와 운명을 바꾸어야 하지 않겠습니까?

인생의 팔자와 운명 바꾸려면 성경에 기록된 하나님의 말씀이 무엇이라고 그리고 어떻게 하라고 말씀하는가?에 귀를 기울이고 마음을 열고 그 말씀을 마음에 믿음으로 받아들이면 됩니다. 다음 8가지 항목은 인생의 팔자와 운명을 바꾸어 주는 직접적인 그리고 핵심적인 내용들입니다. 이 8가지 항목에 관련된 말씀들을 이해하고, 사실로 인정하고, 마음으로 믿고, 받아들인다면 여러분의 팔자와 인생은 분명히 바뀔 것을 자신 있게 확신합니다.

성경(聖經)에 기록된 말씀들(Words)은 하나님의 말씀이고 사실(事實)이고 진리(眞理)임을 믿어야 합니다

▶ 성경에 기록된 하나님의 말씀들은 모두 사실이며 진리입니다. 하나님의 말씀은 믿는다는 것은 믿음의 기초(基礎)를 놓는 것입니다. 신앙의 기초를 놓는 것입니다.

성경은 하나님께서 인생들에게 보낸 메시지(message)이며 너무나 중요한 편지입니다.

"바울은 로마에서 하나님께 사랑을 받고 성도로 부르심을 받은 모든 사람에게 편지하노니 하나님 우리 아버지와 주 예수 그리스도로부터 은혜와 평강이 너희에게 있을지어다."(롬 1:7)

인생들이 하나님을 볼 수 없고 알 수 없기에 하나님은 성경을 통하여 즉 성경에 기록된 말씀들(Words)을 통하여 과연 하나님이 실제로 존재하는 분이신지, 어떤 분이신지 알려 주고 그리고 인생들이 어떤 사람들인지, 왜 하나님을 알고 믿어야 하는지, 믿지 않으면 어떻게 되는지에 대해 분명하게 알려 주고 밝혀 주는 책 중의 책이며 유일한 책입니다.

성경은 살아 계신 하나님의 말씀이고 기록된 말씀들이 사실이고 진리임을 나타내고 밝혀 주는 증거(證據)는 차고도 넘칩니다. 단지 인생들이 관심이 없고, 알려고 하지 않고, 알아도 믿으려 하지 않기 때문이지 자신의 생각을 내려놓고, 알려는 마음으로 긍정적으로 객관적으로 이해하고, 분별하고, 판단해 본다면 누구나 부정(否定)할 수 없는 사실이고 진리임을 깨닫게 되리라 생각합니다.

> **"전도자는 애를 써서 받아들일 만한 말씀들을 찾았는데 여기 기록된 것은 올바른 것이요 곧 진리의 말씀들이로다."(전 12:10)**

하나님은 인간 스스로 절대로 알 수 없기에 하나님은 자신과 자신의 계획을 알리기 위해서 인간들이 사용하는 언어와 문자 즉 단어를 통하여 당신의 메시지를 알리고 싶었습니다. 그래서 세상의 여러 민족 가운데 한 민족을 대표로 선택하여 인간이 사용하는 언어로 말씀하심으로 당신을 인간에게 알려 주시고 때론 인간의 모습으로 현현(顯現)하여 말씀하시고 성령(聖靈)님을 통하여 당신의 계획을 알려 주고 당신의 뜻과 계획을 말씀을 통하여 모든 세대의 인간이 쉽게 알도록 당신의 거룩한 말씀들(Holy Words)을 기록한 책이 곧 성경책(The Book)이며 한 권의 책으로 만든 책이 곧 성경(Bible)입니다.

인간은 하나님의 말씀을 듣지 못하면 예전이나 지금이나 하나님을 정확히 알 수 없습니다. 그리고 하나님의 뜻과 계획도 전혀 알 수 없습니다. 성경이 기록되기 전에는 하나님께서 직접 인간에게 말씀하셨으나 성경이 기록되고 완성된 후로는 성경에 기록된 말씀을 통하여 당신의 모든 것을 알게 하시며 인간의 그 모든 것도 알 수 있도록 하셨습니다. 그러기에 어떤 인생도 성경을 보고 읽고 한다면 자신이 궁금해하는 그 모든 것을 알 수 있습니다. 바로 자신이 궁금해하는 모든 의문과 질문에 대한 해답을 얻을 수 있습니다. 백문불여일견(百聞不如一見)입니다.

"그분은 모든 사람이 구원을 받고 진리를 아는 데 이르기를 원하시느니라."(딤전 2:4)

성경이 하나님의 말씀이고 사실이며 진리임을 말씀드리기 위해 몇 가지만 제시하겠습니다. 아무리 많은 증거를 제시하여도 부정적인 생각을 가지고 믿으려 하지 않으면 아무런 소용이 없을 것입니다. 하지만 긍정적인 사고로 객관적으로 판단하고 알려고 한다면 많은 증거를 제시하지 않아도 믿기에 충분하리라 생각합니다. 중요한 것은 바른 분별과 판단 그리고 믿음입니다. 첫째, 성경은 지금으로부터 약 BC 1,500년 전부터 기록하여 약 AD 100년까지 기록하여 완성된 책입니다. 약 1,600년이란 장기간에 의해 약 40명의 다양한 사람들에 의해 기록되었습니다. 기록한 기자(記者)는 참으로 다양했습니다. 신분의 낮고 높음에 관계없이 하나님에 의해 택함받는 자들에 의해서 기록된 것입니다. 그리고 이들은 태어난 곳도 사는 곳도 사는 시대도 사는 나라도 각각 달랐습니다. 구약성경을 기록한 기자들은 서로 일면식도 없는 수백 년 또는 천 년 이상의 시간적 차이가 있는데 어떻게 한 사람이 기록한 것처럼 주제와 내용들이 통일성(統一性)과 일관성(一貫性)이 있게 기록했을까요? 또 수십 권의 책이 어떻게 한 권의 성경책으로 나올 수가 있을까요? 이는 하나님이 관여하지 않으시고 모으지 않았다면 이루어질 수 없는 참으로 놀라운 기적(奇蹟) 같은 일입니다.

214

"너희는 주의 책에서 찾아 읽어 보라. 이것들 가운데 하나도 빠진 것이 없고 자기 짝이 없는 것이 없으리니 이는 내 입이 그것을 명령하였고 그의 영이 그것들을 모았기 때문이라."(사 34:16)

이뿐 아니라 지금까지 수천 년이 지났는데 현재까지도 보존되고 지켜져서 지금 우리들이 보고 읽고 있을까요? 이는 하나님께서 보존하고 지키신다는 약속 때문입니다. 하나님은 거짓말할 수 없는 분이시기 때문에 당신의 약속대로 하시기에 가능한 일입니다.

"주의 말씀들은 순수한 말씀들이니 흙 도가니에서 정제하여 일곱 번 순수하게 만든 은 같도다. 오 주여, 주께서 그것들을 지키시며 주께서 그것들을 이 세대로부터 영원히 보존하시리이다."(시 12:6)

"하늘과 땅은 없어지겠으나 내 말들은 없어지지 아니하리라."(마 24:35)

"오직 주의 말씀은 영원토록 지속되나니 복음으로 너희에게 선포된 말씀이 곧 이 말씀이니라."(벧전 1:25)

둘째, 성경은 많은 예언들이 기록된 책입니다. 이 많은 예언들은 크게 나누어 이루어진 예언이 있고 앞으로 이루어질 예언이 있습니다. 오늘을 기점으로 이루어진 예언은 역사적으로 증명되었습니다. 성경은 인류의 역사책이기도 합니다. 그래서 성경에 기록된 역사와 세상의 역사를 비교해 보면 누구나 쉽게 알 수 있습니다. 수십, 수백, 수천 년 전에 예언한 것들이 다 이루어졌습니다. 이를 처음 듣는 사람들은 믿지 않을 수도 있겠지만 객관적인 사실입니다. 성경에 기록된 많은 인명, 지명이 지금도 그대로 현존하고 각 나라의 흥망성쇠(興亡盛衰)도 기록된 대로 되었습니다. 그리고 아직 이루어지지 않는 예언들은 하나님의 시간표에 따라서 반드시 이루어질 것입니다. 장담하는 그 이유는 과거의 예언이 다 이루어졌기에 미래에 있을 예언도 이루어질 것이라고 믿기 때문입니다. 과거에 예언이 하나라도 맞지 않고 이루어지지 않았다면 미래에 있을 예언도 의심하겠지만 다 이루어졌기에 전혀 의심할 필요가 없습니다.

수많은 것 중에서 예수 그리스도의 탄생(誕生) 예언과 성취에 대해 살펴보겠습니다. 참고로 '이사야서'가 기록된 시기는 BC 약 700년입니다. 그리고 예수님 탄생은 BC 약 1년(학자들에 따라 약간의 차이가 있음)으로 예수 그리스도의 탄생 예언은 시간적으로 볼 때 약 700년 전에 예언되고 그 예언이 약 700년 후에 이루어졌습니다. 그리고 이 예언이 이루어지면서 동시에 예수 그리스도에 대한 여러 가지 예언이 함께 이루어졌습니다. 과학자들은 이렇게 말합니다. 이렇게 예언이 동시에 이루어질 확률은 하늘의 별의 숫자나 바다의 모래 숫자를 세는 것보다 더 어렵다는 것입니다.

〈예수 그리스도의 탄생 – 구약의 예언〉

"그러므로 주께서 친히 한 표적을 너희에게 주시리라. 보라, 처녀가 수태하여 아들을 낳고 그의 이름을 임마누엘이라 하리라."(사 7:14)

"이는 한 아이가 우리에게 태어났고 한 아들을 우리에게 주셨는데 그의 어깨에는 정권이 놓이고 그의 이름은 놀라우신 이, 조언자, 강하신 하나

님, 영존하는 아버지, 평화의 통치자라 할 것이기 때문이라."(사 9:6)

"그러나 너 베들레헴 에브라다야, 네가 유다의 수천 중에서 작을지라도 이스라엘에서 치리자가 될 자가 네게서 내게로 나아오리라. 그의 나아감은 옛적부터 있었으며 영원부터 있었느니라."(미 5:2)

〈구약의 예언 성취〉
"야곱은 마리아의 남편 요셉을 낳았는데 마리아에게서 그리스도라 하는 예수님이 태어나시니라.
이제 예수 그리스도의 태어나심은 이러하니라. 그분의 어머니 마리아가 요셉과 정혼하였을 때에 그들이 함께하기 전에 그녀가 성령님으로 말미암아 아이를 밴 것이 드러나매."(마 1:16, 18)

"이제 이 모든 일이 일어난 것은 주에 관하여 대언(예언)자를 통해 말씀하신 것을 성취하려 하심이라. 이르시되, 보라, **처녀가 아이를 배어 아들을 낳을 것이요, 그들이 그의 이름을 임마누엘이라 하리라**, 하셨으니 이것을 번역하면 우리와 함께 계시는 하나님이라는 뜻이라."(마 1:22~23)

"이날 다윗의 도시에 너희를 위해 구원자 곧 그리스도 주께서 태어나셨느니라. 이것이 너희에게 표적이 되리니 곧 너희가 포대기에 싸여 구유에 누인 아기를 보리라, 하매."(눅 2:11~12)

셋째, 성경은 다른 책들이나 경전과는 다르게 거짓이 없이 기록되었고 하나님께서 내가 직접 모든 것을 창조하고 만드셨다고 말씀하고 있습니다.

"처음에 말씀이 계셨고 말씀이 하나님과 함께 계셨으며 말씀이 하나님이셨더라. 그분께서 처음에 하나님과 함께 계셨고 모든 것이 그분에 의해 만들어졌으니 만들어진 것 중에 그분 없이 만들어진 것은 하나도 없었더라."(요 1:1~3)

"우리에게는 오직 한 하나님 곧 아버지가 계시나니 모든 것이 그분에게서 났고 우리도 그분 안에 있노라. 또 한 주 예수 그리스도가 계시나니 모든 것이 그분으로 말미암아 존재하고 우리도 그분으로 말미암아 존재하느니라."(고전 8:6)

그리고 성경의 첫 번째 책인 창세기 1장을 보면 엿새 동안에 모든 것을 창조하고 만드시고 여섯째 마지막 날에 사람도 창조하시고 또 사람도 어떻게 창조하고 만들었는지를 분명하게 밝혀 주고 있습니다. 이런 책이 세상에 있을까요? 성경과 같은 책은 세상에는 없습니다. 오직 성경만이 유일합니다. 성경은 세상에 어떤 경전도 어떤 책에서도 절대로 기록되지 않는 내용들이 기록된 책(the Book)입니다. 거룩한 하나님의 말씀이 기록된 책(Holy Bible)입니다.

누구나 성경을 알고자 하는 마음으로 바르게 대한다면 어느 누구도 성경에 기록된 글들이 하나님의 말씀들이고 그 말씀들이 사실이며 진리임을 부인하지 못할 것입니다. 성경은 살아 있는 능력의 말씀이 기록된 책입니다.

인생 보고서

"하나님의 말씀은 살아 있고 권능이 있으며 양날 달린 어떤 검보다도 예리하여 혼과 영과 및 관절과 골수를 찔러 둘로 나누기까지 하고 또 마음의 생각과 의도를 분별하는 분이시니."(히 4:12)

누구나 이 책을 통하여 바르게 알고 믿으면 말씀대로 누구에게나 영원한 생명을 주시고 혼의 구원을 주어 영원한 멸망의 형벌을 면하게 하며 영원히 인생의 주인이자 창조주인 하나님과 주 예수 그리스도와 영원히 함께할 수 있을 것입니다. 이렇게 되는 유일한 조건은 주 예수 그리스도를 알고 마음으로 믿으면 됩니다.

"성경 기록들을 탐구하라. 너희가 그것들 안에서 영원한 생명을 얻는 줄로 생각하거니와 그것들이 바로 나에 대하여 증언하느니라."(요 5:39)

"또 어린아이 때부터 네가 거룩한 성경 기록들을 알았나니 그것들은 능히 너를 지혜롭게 하여 그리스도 예수님 안에 있는 믿음을 통해 구원에 이르게 하느니라.
모든 성경 기록은 하나님의 영감으로 주신 것으로 교리와 책망과 바로잡음과 의로 교육하기에 유익하니 이것은 하나님의 사람이 완전하게 되어 모든 선한 일에 철저히 갖추어지게 하려 함이라."(딤후 3:15~17)

②

회개(悔改)하고 복음(複音)을 믿어야 합니다

▶ 모든 인생은 회개(悔改 repent)하고 복음(福音 gospel)을 믿어야 합니다. 이는 하나님 아버지와 주 예수님의 명령입니다.

모든 인생은 하나님의 뜻과 반하는 길을 걸어가고 있습니다. 그 길은 사망의 길입니다. 그러기에 그 길에서 돌이키고 복음을 믿으라고 하십니다. 그래야 그 인생이 복된 인생이 되는 것입니다.

"어떤 길은 사람이 보기에 옳으나 그것의 끝은 사망의 길들이니라."(잠 14:12)

"이제 요한이 감옥에 갇힌 뒤에 예수님께서 갈릴리에 오셔서 하나님의 왕국의 복음을 선포하여 이르시되, 때가 찼고 하나님의 왕국이 가까이 왔으니 너희는 회개하고 복음을 믿으라, 하시더라."(막 1:14~15)

※ 복음(福音)을 믿기 전에 먼저 회개(悔改)해야 합니다.

성경에서 말씀하는 회개란 자신이 누구인지 정확히 아는 데에서부터 회개는 시작됩니다. 자신이 보는 자신이 아니라 성경 말씀을 통해서 본 자신을 정확히 분명하게 알아야 합니다. 위의 글에서 인생들이 어떤 자이며 어떤 모습인지 살펴보았습니다. 살펴본 바와 같이 인생은 더럽고 추하고 악한 죄인으로 마땅히 멸망 받아 지옥에 던져져야 할 인생인 것입니다. 나의 인생 전체가 저주받아야 할 인생이고 심판을 받아 영원히 불타는 그 불 속에 던져져야 할 그런 인생입니다. 믿든지 믿지 않든지 이는 분명한 사실입니다. 안 믿는다고 사실이 변하지 않습니다. 하나님께서 모든 인생들을 지옥에 보내도 할 말이 없는 그런 자임을 분명히 알아야 합니다. 정말 자신이 이러한 인생임을 분명히 깨닫고 하나님 앞에 고백(告白)하며 인정해야 합니다. "하나님 나는 당신 앞에 정말 악하고 더러운 죄인(罪人)입니다. 저는 지옥에 던져져도 할 말 없는 합당한 자입니다. 저를 구원하여 주십시오!" 그리고 자신의 생각과 마음이 근본적으로 잘못되었고, 비뚤어진 길을 걸어가고 있고, 또 내가 걸어가고 있는 그 길이 멸망의 길이기에 그것을 깨닫고 자기 생각을 버리고, 그 길에서 돌이켜 하나님께서 말씀하시는 그 말씀을 믿고 하나님께서 명령하시는 말씀을 따라 걸어가는 것을 성경은 회개라고 말씀합니다.

"사악한 자는 자기 길을 버리고 불의한 자는 자기 생각을 버리고 주께로 돌아오라. 그리하면 그분께서 그를 긍휼히 여기시리라. 우리 하나님께로 돌아오라. 그분께서 풍성하게 용서하시리라. 내 생각은 너희 생각과 다르며 내 길은 너희 길과 다르니라. 주가 말하노라."(사 55:7~8)

예수님은 이 땅에 오셨을 때 죄인들인 인생들을 회개시키려 오셨다고 말씀합니다.

"예수님께서 그것을 들으시고 그들에게 이르시되, 온전한 자들에게는 의사가 필요 없으나 병든 자들에게는 필요하니 나는 의로운 자들을 부르러 오지 아니하고 죄인들을 불러 회개하게 하려고 왔노라, 하시니라."(막 2:17)

하나님께서도 인생들이 멸망 받지 않고 회개에 이르기를 원하신다고 말씀하셨습니다.

"주께서는 자신의 약속에 대해 어떤 사람들이 더디다고 생각하는 것 같이 더디지 아니하시며 오직 우리를 향하여 오래 참으사 아무도 멸망하지 않고 모두 회개에 이르기를 원하시느니라."(벧후 3:9)

사도 바울은 사도행전에서 모든 곳에서 모든 사람에게 회개하라고 하나님께서 명령하셨다고 말씀을 전하고 있습니다.

"하나님께서 이같이 무지하던 때를 눈감아 주셨으나 이제는 모든 곳에서 모든 사람에게 회개하라고 명령하시나니."(행 17:30)

인생이 회개하지 않으면 어느 누구도 하나님의 심판을 피할 수 없습니다. 인생이라면 하나님의 명령을 거부하면 반드시 하나님의 진노인 엄청난 대가를 치를 것입니다. 그 대가는 영원한 지옥이며 영원히 불타는 불 호수입니다.

"만일 네 손이 너를 실족하게 하거든 그것을 찍어 내버리라. 불구가 되

어 생명에 들어가는 것이 두 손을 가지고 **지옥에 곧 결코 꺼지지 않을 불 속에 들어가는 것보다 네게 더 나으니. 거기서는 그들의 벌레도 죽지 않고 불도 꺼지지 아니하느니라.**"(막 9:43~44)

"사망과 지옥도 불 호수에 던져졌더라. 이것은 둘째 사망이라. **누구든지 생명책에 기록된 것으로 드러나지 않은 자는 불 호수에 던져졌더라.**"(계 20:14~15)

인생이 구원받기 위해서 하는 이 회개는 일생에 단 한 번 하는 것입니다. 이 회개는 죄인이 죄에서 구원받기 위해서 하는 회개입니다. 이 회개 없이는 구원받을 수 없기 때문입니다. 그 이유는 자신이 더럽고 악한 죄인임을 모르고 마음과 생각에서 돌이킴이 없으면 복음을 들어도 믿을 수가 없기 때문입니다. 믿어지지 않기 때문입니다. 자신이 누구인지 어디로 가는지 왜 믿어야 하는지를 모르는 상태에서 복음은 믿어지지 않습니다. 자신을 알고 자신이 어디로 가는지 어떤 형벌이 기다리고 있는지를 알아야 그곳에 가지 않으려고 할 것입니다. 자신과 자신이 어떻게 되는지를 분명히 알아야 그 형벌의 장소에 가지 않으려고 할 것입니다. 바르게 알면 절대로 가지 않을 것입니다. 사람들이 모르기 때문에 그 길을 향해 걸어가고 있으면서도 자신이 걸어가고 있는 그 길이 어떤 길인지 모르기에 회개하지 않고 그냥 걸어가고 있는 것입니다.

사람들은 여름에 날벌레들을 잡기 위해 밤에 전기로 빛을 발하는 "자외선 벌레 포충기"를 설치합니다. 캄캄한 밤에 벌레 포충기의 빛을 밝히면 빛을 따라 엄청난 날벌레들이 모여들고 전기에 감전되어 죽습니다.

앞서 날아간 날벌레가 죽은 줄 아는지 모르는지 계속 다가와 죽고 또 죽고 계속해서 죽어 갑니다. 사람 편에서 날벌레를 보면 미련하고 어리석기 짝이 없지만 그 날벌레들은 자신이 보는 그 빛을 따라가면 죽는다는 사실을 모릅니다. 그러니 그 빛을 찾아가 죽게 됩니다. 만일 사람처럼 거기 가면 죽는다는 사실을 인지(認知)한다면 가지 않을 것입니다. 그러나 그 날벌레들은 모르기 때문에 본능(本能)을 좇아가 죽게 됩니다.

이처럼 인생도 자신이 걸어가는 길이 영원한 사망의 길임을 안다면 절대로 그 길을 걸어가지 않을 것입니다. 돈을 주고 유혹해도 가지 않을 것입니다. 이와 같이 회개는 자신이 누구인지 어떤 사람인지 내가 걸어가고 있는 길이 어떤 길인지를 아는 데서 시작됩니다. 모르면 절대로 회개하지 않습니다.

우리는 1부~4부에서 인생에 대해서 알아보았습니다. 하나님께서 말씀하시는 인생에 대해 알게 될 때 회개하지 말라고 해도 회개할 것입니다. 만일 자신의 인생에 대해서 알면서도 회개하지 않는다면 이는 정상적인 사람이라 말할 수 없을 것입니다. 이는 짐승이나 사람이나 죽음을 두려워하기 때문입니다. 짐승이나 사람도 죽기 싫어함은 본능입니다. 그런데 이 본능을 어기고 죽음을 두려워하지 않고 죽으려고 죽음을 향해 나아간다는 것은 비정상적인 사람일 것입니다.

인생은 죽은 뒤에 반드시 하나님의 심판이 있다고 말씀합니다. 인생 각자 자신들이 살아온 삶을 정산(精算)하여 하나님 앞에서 재판을 받는 것입니다.

"한 번 죽는 것은 사람들에게 정해진 것이요 그 뒤에는 심판이 있나

인생 보고서

니."(히 9:27)

"또 내가 보매 죽은 자들이 작은 자나 큰 자나 할 것 없이 하나님 앞에
서 있는데 책들이 펴져 있고 또 다른 책이 펴져 있었으니 곧 생명책이
라. **죽은 자들이 자기 행위들에 따라 책들에 기록된 것들에 근거하여
심판을 받았더라**."(계 20:12)

"나를 거절하고 내 말들을 받아들이지 아니하는 자에게는 심판하는
이가 있으니 곧 내가 한 말 바로 그 말이 마지막 날에 그를 **심판하리
라**."(요 12:48)

　모든 인생은 자신이 태어나서 죽을 때까지 어떻게 살았느냐 하나님의
명령을 지키고 따랐는지 아니면 지키지 않고, 따르지 않고, 어떻게 행하
였는지 자기 행위들에 따라 책들에 기록된 것들에 근거하여 심판(재판)
을 받게 됩니다. 하나님을 모르고 주 예수 그리스도의 복음에 순종하지
않는 자들 또한 심판을 받아 타오르는 불로 징벌하는데 곧 영존하는 파
멸의 형벌을 받게 됩니다.

"**하나님을 알지 못하는 자들과 우리 주 예수 그리스도의 복음에 순종하
지 아니하는 자들에게 타오르는 불로 징벌**하실 때에 그리하시리라. 그
들은 주의 앞과 그분의 권능의 영광에서 떠나 **영존하는 파멸로 형벌을
받으리로다**."(살후 1:8∼19)

　인생이 이러한 무서운 미래가 준비되어 있는데 인생의 목숨이 살아 있

을 때 이 문제를 해결하고 죽음을 맞이해야 하지 않겠습니까? 영원한 꺼지지 않는 불 속에서 아무 고통 없이 살 자신과 능력이 있다면 괜찮겠지만 그렇지 못하다면 미리미리 준비해야 되지 않을까요? 이보다 더 시급하고 중요한 일이 있을까요?

만일 어떤 사람에게 자녀 중에 암이나 어떤 죽을병에 걸려 죽음을 향해 가는데 병원에 가 보려고 하지도 않고 느긋이 뭐 어떻게 되겠지 하는 사람이 있을까요? 아마 이런 분은 한 명도 없을 것입니다. 만일 이런 분이 있다면 이런 사람이 정상적인 사람이며 진짜 부모가 맞을까요? 혹 어린 자녀에게 이런 일이 생긴다면 모든 수단과 방법을 가리지 않고 그 병을 낫게 하여 생명을 구하려 할 것입니다. 그런데 자신의 인생의 죽음이 예측할 수 없는 기로(岐路)에 놓여 있는데 어찌 태연히 느긋이 여유롭게 보낼 수 있을까요? 이렇게 보내는 이유가 있다면 이는 이 사실을 믿지 않기 때문입니다. 사실로 인정하지 않고 받아들이지 않기 때문입니다.

이 글을 읽고 있는 독자님께서는 인생의 문제를 미루지 마시고 지금 바로 깨닫고 인정하고 믿어 회개하시고 시급히 인생의 문제를 해결 받으시기를 바랍니다. 누구를 위하여 인생을 사십니까? 누가 당신의 인생을 대신해 줄 수 있습니까? 자신의 인생은 자신이 해결해야 합니다. 그 누구도 대신 해결해 드릴 수가 없습니다. 정말 기회를 놓쳐 영원한 멸망의 장소인 지옥과 불 호수의 불타는 곳으로 당신이 떨어지길 바라지 않기에 속히 회개하고 복음을 믿으시기 바랍니다. 이것만이 영원한 생명을 얻는 길입니다. 회개하고 복음을 믿는 길만이 지옥 불 속과 불 호수에 던져지지 않는 유일한 길입니다.

인생 보고서

※ 회개(悔改) 후 복음(福音)을 믿어야 합니다.

복음이란 무엇일까요? 복된 소리, 복된 소식이란 뜻입니다. 인생에게 가장 복된 소식은 무엇일까요? 로또 당첨 소식입니까? 고시 합격의 소식입니까? 결혼 소식입니까? 대기업 합격 소식입니까? 직장 승진의 소식입니까? 자녀 출생의 소식입니까? 이런 소식도 복된 소식임은 분명합니다. 큰 기쁨이 아닐 수 없습니다. 그러나 이러한 소식은 그리 오래가지 못합니다. 그리고 분명 좋은 소식이지만 끝까지 지속되는 보장은 없습니다. 또 결말이 또 어떻게 바뀔지 누구도 모릅니다. 인생의 삶은 항상 변합니다. 인생에 있어서 좋은 소식도 때론 나쁜 소식으로 바뀔 수 있으며 나쁜 소식도 때론 좋은 소식으로 바뀌는 전화위복(轉禍爲福)이 되기도 합니다. 그래서 인생은 '새옹지마(塞翁之馬)'라고 하기도 하기 때문입니다. 또 인생은 '호사다마(好事多魔)'라고 하기에 마냥 좋아하고 기뻐할 수도 없고 마냥 슬퍼할 필요도 없습니다.

그럼 인생살이에서 일어나는 좋은 소식 좋은 사건들이 복된 소식 즉 복음이 아니라면 어떤 좋은 소식이 복된 소식일까요? 세상에서 얻어지는 복된 소식들은 일시적입니다. 영원하지 못합니다. 인생이 나이를 먹게 됨에 따라 그 모든 것도 빛을 잃게 됩니다. 능력을 잃게 됩니다. 진짜 복된 소식은 땅에서 찾으면 땅에는 없습니다. 설령 사람이 생각하기에 큰 복이고 복된 소식이라 생각할 수도 있지만 세상에서 얻어지는 복은 변하고 마치 풀이 시들고 꽃이 지듯 그렇게 될 것입니다. 그래서 진짜 복된 소식은 세상이 아닌 하늘로부터 하나님께로 오는 것이어야 합니다. 하늘에서 하나님께로부터 오는 것을 받아야 진짜 복음이며 진짜 복된 소식입니다. 변하지 않고 시들지 않고 썩지 않고 영원한 복이 진짜 복된 소식이 될 것입니다.

인생이 정말 복된 인생이 되려면 하늘로부터 주어지는 곧 하나님께로부터 주어진 것들을 받아야 합니다. 그래야만이 진짜 제대로 된 복을 받는 것이고 복된 소식이 될 수 있습니다. 하늘로부터 오는 복된 소식의 복을 받는다면 이 복은 결코 세상에서는 절대로 얻을 수 없는 인생의 최고의 복이 될 것입니다.

> "나팔 소리가 나매 죽은 자들이 썩지 아니할 것으로 일어나고 우리가 변화되리니 이 썩을 것이 반드시 썩지 아니함을 입고 이 죽을 것이 반드시 죽지 아니함을 입으리로다."(고전 15:52)

> "썩지 않고 더럽지 않으며 사라지지 아니하고 너희를 위해 하늘에 마련된 상속 유업을 받게 하셨나니."(벧전 1:4)

하나님은 인생들에게 많은 복을 주고 싶어 합니다. 그런데 인생들은 받기를 싫어하고 거부합니다. 왜일까요? 첫째는 하나님을 잘 모르고 믿지 않기 때문입니다. 둘째는 각 인생이 찾지 않는 즉 자신이 원하지 않는 복이라 생각하기 때문입니다. 대부분의 사람들은 육체에 관한 복을 찾고 원하고 있기 때문입니다. 셋째는 자신이 복을 받기 위해서는 무엇인가 대가를 지불해야 된다고 생각하기 때문입니다. 즉 하나님은 공짜로 은혜로 주고 싶은데 사람들은 공짜로 받기를 싫어합니다. 선물에 대한 값을 지불하려고 하기 때문입니다.

참고로 하나님께서 인생들에게 주는 선물들은 모두 공짜입니다. 몇 가지만 살펴보아도 금방 알 수 있습니다. 공기, 햇빛, 바람, 비, 눈 등 모두 공짜로 주는 선물입니다. 하나님께서 공짜로 주신 것들이 없다면 인

인생 보고서

생들은 살아갈 수 없습니다. 그런데도 인생들은 깨닫지 못합니다. 이미 공짜로 주신 것을 혜택을 누리면서 또 다른 더 좋은 것을 주려고 하는데 받지 않으려 합니다. 참으로 아이러니한 인생이 아닐 수 없습니다. 그럼 하나님께서 인생들에게 또 다른 선물을 주시려는 가장 큰 선물은 무엇일까요? 인생은 누구나 건강하게 오래 살고 싶어 하고 안 죽고 싶어 합니다. 이것은 어쩌면 인간의 가장 큰 욕망이자 본능일 것입니다. 그러나 아무리 원해도 인간에겐 능력이 없기에 인간의 바람과 상관없이 죽게 됩니다.

어쩔 도리가 없습니다. 짧은 인생을 살면서 조금이라도 더 살아 보려고 운동도 하고 보약도 먹고 몸에 좋다면 가리지 않고 찾아 먹습니다. 또 어디가 아프면 병원에 가고 치료받고 약도 먹어 가면서 나으려고 애씁니다. 이런 모든 행위가 자신이 인식하고 있든지 인식하지 못하고 있든지 관계없이 막연히 죽음을 두려워하기 때문입니다. 어떤 사람들은 "난 죽음이 두렵지 않아!" 하고 장담을 하고 큰소리치지만 다 허풍(虛風)과 허세(虛勢)와 거짓말에 불과합니다. 살아 있는 모든 존재들은 말하지 못해도 죽음을 싫어하고 두려워하지 죽기를 바라지 않습니다. 자신의 앞에 죽음의 그림자가 드리우면 두려움과 공포를 느낄 것입니다.

"또 죽음을 두려워하여 평생토록 속박에 얽매인 자들을 건져 내려 하심이라."

모든 창조물들은 하나님의 말씀에 순종하며 거역하지 않습니다. 오직 인간만이 불신하고 거역합니다. 창세기 1장에서 하나님께서 말씀하심으로 말씀대로 모든 것들을 창조되고 만들어졌습니다. 그 모든 것이 하나님의 말씀대로 순응했고 거역하지 않았기에 하나님은 기뻐하셨습니다. 예수님이 이 땅에 오셔서 사역(使役)을 하실 때 바람과 바다를 꾸짖으시니 바람과 바다도 순종하여 고요하게 되었습니다.

> "**하나님께서 이르시되**, 땅은 살아 있는 창조물을 그것의 종류대로 내되 가축과 기는 것과 땅의 짐승을 그것의 종류대로 내라, **하시니 그대로 되니라.**"(창 1:24)

> "그분께서 그들에게 이르시되, 오 믿음이 적은 자들아, 너희가 어찌하여 무서워하느냐? 하시고 곧 일어나사 **바람과 바다를 꾸짖으시니 매우 고요하게 되거늘** 그 사람들이 놀라며 이르되, **이분이 어떤 분이시기에 심지어 바람과 바다도 그분께 순종하는가!** 하더라."(마 8:26~27)

그래서 모든 창조물들도 자신을 창조한 창조주 하나님께서 다시 오셔서 자신들을 썩어짐과 고통의 속박에서 벗어나게 해 주실 것을 학수고대(鶴首苦待)하고 있습니다.

> "창조물이 간절히 기대하며 기다리는 바는 하나님의 아들들이 나타나는 것이니라. 창조물이 헛된 것에 복종하게 된 것은 자진해서 된 것이 아니요, 소망 중에 그것을 복종하게 하신 분으로 인한 것이니 이는 창조물 자신도 썩음의 속박에서 해방되어 하나님의 자녀들의 영광스런 자유에 이를 것이기 때문이라. 또 전체 창조물이 지금까지 함께 신음하며 고통 중에 산고를 치르는 줄을 우리가 아나니."(롬 8:19~22)

이처럼 하나님의 모든 창조물들도 썩음에서 해방되고 고통 없이 살고 싶어 합니다. 우리 인생들도 이들과 다를 게 없습니다. 인생들도 썩음과 고통에서 벗어나고 싶고 죽음에서 해방되어 영원히 죽지 않고 살고 싶어 합니다. 이걸 원하지 않는 인생은 단 한 명도 없을 것입니다. 살아 있지 않은 존재라면 모를까 살아 있는 존재인 인생은 한결같이 오래 살고 싶고 더 나아가 죽지 않는 길이 있다면 영원히 살 수 있는 길이 있다면 무엇이든 하려고 할 것입니다. 어떤 대가를 지불하거나 돈으로 값을 지불하고 얻는다면 누구든지 사려고 할 것입니다. 만일 선착순으로 뽑는다거나 기간을 정해 놓고 판다고 한다면 정말 난리 날 것입니다. 무법천지가 될 것입니다. 그래서 인간의 속성을 아시므로 하나님께서는 값없이 공짜로 선물로 주신다고 합니다. 그러니 인생들이 시큰둥합니다. 별로 관심이 없습니다. 속된 말로 "너나 가지세요." 합니다. 참으로 우습지 않나요? 참으로 아이러니하지 않은가요?

하나님께서는 인생들이 살아가는 데 없어서는 안 될 많은 것들을 은혜로 대가 없이 공짜로 주셔서 누리고 살아가고 있지만 그것을 잘 알지 못합니다. 인생은 한편으로 공짜를 좋아하지만 또 한편으론 공짜를 싫어합니다. 많은 인생들이 세상에서 주는 공짜는 좋아하지만 하나님께서 주시는 것은 싫어합니다. 이런 마음은 바로 죄로부터 형성된 마음입니다. 이는 정상적인 바른 마음이 아닙니다. 그러기에 하나님은 은혜로 선물로 공짜로 주시겠다고 하시는데 인간들은 이를 싫어하고 거절하고 받지 않으려 합니다. 인생들은 영원히 죽지 않고 살고는 싶어 하지만 하나님께서 공짜로 영원히 죽지 않고 즉 영생(永生)을 누릴 수 있는 길을 마련해 놓고 누구든지 믿으면 공짜로, 선물로, 은혜로 주시겠다고 하는데 인생들은 싫어합니다. 믿으려 하지 않습니다. 받으려 하지 않습니다. 하나님을 불신하는 가운데 자신의 생각이 맞고 옳다고 여기기에 계속 생명이 없는 영원한 사망의 길을 걸어가고 있는 것입니다.

> "어떤 길은 사람이 보기에 옳으나 그것의 끝은 사망의 길들이니라."(잠 16:25)

> "내가 이 날 하늘과 땅을 불러 너희에게 증거로 삼노라. 내가 생명과 사망과 또 복과 저주를 너희 앞에 두었나니 그러므로 너와 네 씨가 살기 위하여 생명을 택하라."(신 30:19)

> "너는 또 이 백성에게 이르기를, 주가 이같이 말하노라. 보라, 내가 너희 앞에 생명의 길과 사망의 길을 두었노라."(렘 21:8)

복음에 대한 결론입니다.

인생들에게 참된 복음 즉 가장 큰 복된 소식은 영원히 죽지 않고 사는 것 아니겠습니까? 이 영생은 세상에 그 누구도 그리고 그 무엇을 주고도 얻을 수 없습니다. 이 영원한 생명은 하나님만이 주실 수 있습니다. 하나님은 이 영생을 값을 받지 않고 은혜로 공짜로 모든 인생들에게 주시겠다고 말씀하십니다. 단 믿음만을 요구하십니다. 주 예수 그리스도를 믿으면 이 영생을 주신다고 하십니다. 어려운가요? 믿는 게 어려운가요? 믿음이란 어려울 수도 있고 쉽기도 합니다. 믿지 않으려 하면 믿음은 어렵습니다. 하지만 믿으려 하면 믿음은 쉽습니다.

믿음이 얼마나 쉬운지 설명해 보겠습니다. 대부분 자동차를 타고 다닙니다. 이는 자동차를 믿기에 자신을 자동차에 몸을 맞기도 타고 다닙니다. 그런데 자동차를 못 믿으면 몸을 맡길 수 없습니다. 혹시 내가 타는 자동차가 브레이크가 작동하지 않는다고 의심하거나 믿으면 자동차를 탈 수 있을까요? 자동차를 타고 가다가 사고 날 거라고 의심하거나 사고 날 거라 믿으면 자동차를 운전하고 갈 수 있을까요?

그리고 자신이 거주하는 아파트 엘리베이터를 타고 오르락내리락합니다. 그 이유는 엘리베이터가 안전하다고 믿기 때문입니다. 만일 엘리베이터가 안전하지 않다고 믿는다면 절대로 이용할 수 없을 것입니다. 이처럼 믿음은 단순합니다. 인생을 살아가면서 자신이 인지하든 인지하지 못하든 다 믿음을 가지고 있기에 안전하게 자동차를 타고 다니고 엘리베이터도 이용하게 됩니다.

이처럼 믿음은 대상(對象)을 신뢰(信賴)하는 것입니다. 신뢰하지 못하면 믿음은 가질 수 없습니다. 하지만 대상을 신뢰하면 믿음은 자연스러운 것입니다. 이는 마치 부모와 자식 간의 신뢰입니다. 부모와 자식 간에 특별한 믿음이 필요한 것은 아닙니다. 자연스럽게 서로를 신뢰하기에 서로를 믿습니다. 부모가 자식을 믿어야지 하고 노력하는 것이 아닙니다. 또는 자식이 부모님을 믿어야지 하고 애써야 하는 것이 아닙니다. 어린 아기 때부터 자연스럽게 신뢰가 쌓였기에 믿는 것은 너무나 자연스럽고 믿는 것이 절대로 어렵지 않습니다. 오히려 의심하고 믿지 않으려 하는 것이 훨씬 더 어렵습니다. 믿지 않으려 해도 오히려 믿어지게 됩니다. 의심과 불신보다 훨씬 믿음이 더 쉽습니다. 믿지 않으려 하면 오히려 고통일 것입니다. 인생들이 하나님 아버지와 예수 그리스도를 믿는 것은 결코 어려운 일이 아닙니다. 믿기 어려운 이유는 그분들에 대해서 모르기 때문입니다. 알려고 하지 않았기 때문입니다. 모르니까 당연히 어렵습니다. 모르고 믿으려면 고통이 되고 힘들고 또 믿어지지 않습니다. 하지만 바르게 알아간다면 신뢰가 쌓이고 그러다 보면 믿음은 저절로 오게 됩니다.

> "그런즉 이와 같이 믿음은 들음에서 오며 들음은 하나님의 말씀에서 오느니라."(롬 10:17)

믿는 것은 믿으려 하는 대상이 믿을 만해야 믿을 수가 있습니다. 세상을 살아가면서 대상이 안전하지 않으면 믿을 수 없어 이용할 수 없는 것처럼 하나님과 주 예수 그리스도를 믿고 싶은데 그분들이 믿을 만한 대상 못 되면 아무리 믿으려 해도 믿어지지 않을 것입니다. 우리는 믿음의 대상이 안전하고 믿을 만해야 믿을 수 있습니다. 믿음의 대상이 정말 믿을만하면 믿음은 결코 어렵지 않으며 오히려 쉽습니다. 그래서 우리가 믿기 전에 먼저 대상이 믿을 만한지를 알아야 합니다. 그 믿음의 대상을 모르면 믿기는 참으로 어려울 것입니다.

그러므로 우리는 먼저 믿음의 대상이 어떤 분이시고 정말 믿을 수 있는 분인지를 알아야 합니다. 그러면 믿기는 참 쉽습니다. 복음은 곧 예수 그리스도입니다. 우리의 믿음의 대상은 하나님이시며 곧 주 예수 그리스도입니다. 이 믿음의 대상이 되는 주 예수 그리스도를 알면 자연스럽게 믿어지게 될 것입니다. 설령 믿지 말라고 해도 믿게 될 것입니다. 우리가 나의 부모님을 믿으려고 해서 믿게 되었습니까? 안 믿어져서 힘쓰고 노력해서 믿게 되었습니까? 믿으려고 하지 않았는데도 그냥 믿어지고 믿은 것이 아닙니까? 하나님과 주 예수님의 관계도 마찬가지입니다.

"우리의 **믿음의 창시자요 또 완성자이신 예수님**을 바라보자. 그분께서는 자기 앞에 놓인 기쁨으로 인해 십자가를 견디사 그 수치를 멸시하시더니 이제 하나님의 왕좌 오른편에 앉으셨느니라."(히 12:2)

그럼 인생들에게 복음인 주 예수 그리스도에 대해 간략히 소개합니다. 하나님은 하늘과 땅(지구)을 창조하셨고 눈에 보이는 것과 보이지 않는 그 모든 것들을 창조하고 만드시고 지으셨습니다. 사람도 창조하시고 지으셨습니다.

"집마다 지은 자가 있으되 **모든 것을 지으신 분은 하나님이시니라.**"(히 3:3)

"이는 **그분에 의해 모든 것이 창조되었기 때문이라.** 하늘에 있는 것들과 땅에 있는 것들, 보이는 것들과 보이지 아니하는 것들 곧 왕좌들이나 통치들이나 정사들이나 권능들이나 **모든 것이 그분에 의해 창조되고 그분을 위하여 창조되었노라.**"(골 1:16)

그리고 하나님은 전지전능한 분이십니다. 그러니 믿을 만한 분 아니십니까? 말씀이신 하나님은 인생들을 위해서 이 땅에 사람의 몸을 입고 사람의 모습으로 오셨습니다. 그분이 곧 예수님입니다.

"처음에 말씀이 계셨고 말씀이 하나님과 함께 계셨으며 **말씀이 하나님이셨더라.** 그분께서 처음에 하나님과 함께 계셨고 모든 것이 그분에 의해 만들어졌으니 만들어진 것 중에 그분 없이 만들어진 것은 하나도 없

었더라."(요 1:1~3)

"말씀이 육신이 되어 우리 가운데 거하시매 (우리가 그분의 영광을 보니 아버지의 독생하신 분의 영광이요) 은혜와 진리가 충만하더라."(요 1:14)

예수님은 세상 죄와 온 인류가 지은 죄들을 위해서 오셨습니다. 세상 죄를 제거하고 인간들이 지은 죄들을 용서하고 씻어 주시기 위해 오셨습니다.

"다음 날 요한이 예수님께서 자기에게 오시는 것을 보고 이르되, 세상 죄를 제거하시는 하나님의 어린양을 보라."(요 1:29)

"그녀가 아들을 낳으리니 너는 그의 이름을 예수라 하라. 이는 그가 자기 백성을 그들의 죄들에서 구원할 것이기 때문이라, 하니라."(마 1:21)

죄를 지은 죄인은 누구든지 지옥으로 가야 하는데 예수님께서 대신 인간의 죄의 대가(삯=값)을 십자가에서 치러 주심으로 영원히 불타는 꺼지지 않는 지옥의 형벌로부터 구원해 주셨습니다. 구원은 예수님께서 나에게 행하신 일들을 사실로 여기고 마음으로 믿는 것입니다. 그러면 그 믿음대로 역사하고 능력으로 이루어지는 것입니다. 성경은 거짓말을 기록한 책이 아닙니다. 성경은 사실이며 진리입니다. 하나님의 참되고 거룩한 말씀입니다. 그래서 전적으로 믿을만하고 믿는데 부족함이 전혀 없습니다.

"그분을 받아들인 자 곧 그분의 이름을 믿는 자들에게는 다 하나님의 아들이 되는 권능을 그분께서 주셨으니."(요 1:12)

"하나님께서 세상을 이처럼 사랑하사 자신의 독생자를 주셨으니 이것은 누구든지 그를 믿는 자는 멸망하지 않고 영존하는 생명을 얻게 하려 하심이라."(요 3:16)

성경은 예수님께서 십자가의 죽으심과 피 흘리심을 통하여 우리의 모든 죄들을 용서하시고 우리를 지옥으로 끌고 가는 죄들을 깨끗이 씻었다고 말씀하고 있습니다.

"그분 안에서 우리가 그분의 피를 통해 구속 곧 죄들의 용서를 받았도다."(골 1:14)

"또 신실한 증인이시요 죽은 자들 중에서 처음 나신 분이시며 땅의 왕들의 통치자이신 예수 그리스도로부터 은혜와 평강이 너희에게 있을지어다. 우리를 사랑하사 자신의 피로 우리의 죄들로부터 우리를 씻으시고."(계 1:5)

예수 그리스도의 죽음을 통해 믿는 자를 사망에서 생명으로 건져 주셨고 옮겨 주셨습니다.

"진실로 진실로 내가 너희에게 이르노니, 내 말을 듣고 또 나를 보내신 분을 믿는 자에게는 영존하는 생명이 있고 또 그는 정죄에 이르지 아니

하리니 사망에서 생명으로 옮겨졌느니라."(요 5:24)

"그분께서 우리를 어둠의 권능에서 건져 내사 자신의 사랑하시는 아들
의 왕국으로 옮기셨으니."(골 1:13)

　예수님께서 나를 위해 행하신 이러한 사실을 누구나 믿으면 믿는 그
사람은 구원을 받으며 영원한 생명을 얻게 됩니다. 이것은 하나님의 약
속입니다. 하나님은 거짓말을 하지 않습니다. 아니 하지 못합니다. 이는
하나님의 성품 중 하나입니다.

"결코 그럴 수 없느니라. **참으로 하나님은 진실하시되 사람은 다 거
짓말쟁이라** 할지어다. 이것은 기록된바, 이로써 주께서 주의 말씀하
신 것에서 의롭게 되시고 판단 받으실 때에 이기시리이다, 함과 같으니
라."(롬 3:4)

"이것은 우리 앞에 놓인 소망을 붙잡으려고 피난처로 도피한 우리가 **하
나님께서 거짓말하실 수 없는** 이 두 가지 불변하는 것으로 말미암아
확고한 안위를 얻게 하려 하심이라."(히 6:18)

　주 예수님께서 나를 위하여 나에게 행하신 일들이 곧 복음입니다. 복
된 소식입니다. 주 예수님은 복의 근원(根源)입니다. 주 예수님은 복음
그 자체(自體)입니다. 내가 지은 죄들로 인하여 영원한 지옥의 형벌을 받
아야 할 내가 주 예수님께서 나를 위해 이루신 사역으로 말미암아 내가
지옥의 영원한 고통 속에서 나를 건져내셨다는 사실이 복음 곧 복된 소

식 기쁜 소식이 아니고 무엇입니까? 이보다 더 복된 소식이 또 있을까요? 영원한 생명을 얻고 지옥의 형벌을 면한 이것보다 더 큰 복은 인생에 있어서 없을 것입니다. 그 어떤 복보다도 더 크고 위대한 무엇과도 비교할 수 없는 가장 큰 복일 것입니다.

"회개하고 복음을 믿으라."고 말씀하신 대로 하면 이 복을 얻게 됩니다. 회개도 복음도 믿음도 모두 결코 어려운 것이 아닙니다. 알고 보면 정말 쉽습니다. 사람들이 사탄 마귀에게 속아서 알려고 하지 않고 믿으려고 하지 않기에 어렵게만 느껴지고 믿지 않습니다. 그러나 이 책을 읽다 보면 자연스럽게 회개가 되어지고 복음이 믿어지며 영원한 생명을 얻게 될 것입니다. 이 책이 여러분 인생의 나침판과 지도가 되어서 여러분을 생명의 길로 천국으로 인도할 것입니다.

③

구원(救援)의 복음(福音)을 들어야 합니다

▶ 지옥(地獄)의 형벌(刑罰)에서 구원받고 영원한 생명을 얻으려면 구원의 복음을 듣고 믿어야 합니다.

사람이라면 누구든지 구원의 복음을 듣고 구원받아야 합니다. 구원의 복음은 곧 주 예수 그리스도입니다. 주 예수 그리스도는 구원자이기 때문입니다.

"이 복음은 그분께서 자신의 대언자들을 통하여 거룩한 성경 기록들에 미리 약속하신 것으로 자신의 아들 예수 그리스도 우리 주에 관한 것이라. 그분께서는 육체로는 다윗의 씨에서 나셨고."(롬 1:2∼3)

"아버지께서 아들을 세상의 구원자로 보내신 것을 우리가 보았고 증언하노니."(요일 4:14)

"오직 주의 말씀은 영원토록 지속되나니 복음으로 너희에게 선포된 말씀이 곧 이 말씀이니라."(벧전 1:25)

인생이 구원을 받으려면 구원의 복음에 대해 알아야 믿을 수 있지 않겠습니까? 복음은 곧 주 예수 그리스도입니다. 복음은 주 예수 그리스도께서 우리 인생을 위해 행하신 일들입니다. 주 예수 그리스도께서 행하신 일들이 성경에 기록되어 있습니다. 그래서 주 예수 그리스도를 믿는다는 것은 성경에 기록된 말씀을 알고 믿는 것입니다. 특히 복음에 관련된 말씀을 사실로 인정하고 마음에 믿는 것입니다. 주 예수 그리스도를 모르면서 막연히 주 예수 그리스도를 바르게 믿을 수는 없습니다. 그런데 요즘 많은 사람들이 주 예수 그리스도에 대해서 모르면서 주 예수 그리스도를 믿는다고 하는 사람들이 참으로 많습니다. 입으로 주님의 이름을 부르며 믿는다고 합니다. 믿기에 부르지 어찌 믿지 않으면서 부를 수 있느냐고 반문합니다. 그러나 주 예수 그리스도를 부른다고 주 예수님을 믿는 것은 아닙니다. 바르게 알지 못하고 바르게 믿을 수는 없습니다.

주 예수 그리스도께서 인생들을 위해 행하신 사실들이 성경에 기록되어 있는데 이를 모르고는 바르게 믿을 수는 없습니다. 믿는다는 것은 성경에 기록된 말씀을 사실로 인정하고 마음에 믿어야 바르게 믿는 것입니다. 오늘날 가짜 그리스도인이 많습니다. 이들은 성경에 자신을 위해 예수 그리스도께서 행하신 기록된 말씀은 모르며 입으로만 주님의 이름을 부르며 믿는다고 하는 사람들입니다. 자신은 분명히 주 예수 그리스도를 믿기에 입으로 주님을 부른다고 합니다. 그러나 그것은 믿음에 대한 바른 근거가 없는 자기 착각일 수 있고 맹목적인 믿음이기도 합니다.

"내게, 주여, 주여, 하는 자가 다 하늘의 왕국에 들어가지 아니하고 오직 하늘에 계신 내 아버지의 뜻을 행하는 자라야 들어가리라. 그날에 많은

사람들이 내게 이르기를, 주여, 주여, 우리가 주의 이름으로 대언하지 아니하였나이까? 주의 이름으로 마귀들을 내쫓지 아니하였나이까? 주의 이름으로 많은 놀라운 일을 행하지 아니하였나이까? 하리니 그때에 내가 그들에게 밝히 말하되, 내가 너희를 결코 알지 못하였노라. 불법을 행하는 자들아, 너희는 내게서 떠나라, 하리라."(마 7:21~23)

"내가 그들에 대해 증언하노니 그들이 하나님께 대한 열심은 있으나 지식에 따른 것이 아니니라."(롬 10:2)

믿음은 반드시 성경에 기록된 하나님의 말씀에 따른 근거이어야 합니다. 그리고 자신의 믿음을 성경에 기록된 말씀을 통하여 입증할 수 있어야 합니다. 자신의 감정이나 자신의 선한 행위로 자신의 믿음을 입증하려면 안 됩니다. 믿음은 반드시 성경에 기록된 말씀 위에 세워져야 합니다. 그래야만이 자신의 믿음이 흔들리지 않고 하나님께로부터 인정받을 수 있습니다.

복음은 복음을 믿는 인생들에게 참된 기쁨과 소망을 가져다줍니다. 생명과 죽지 아니함을 가져다줍니다.

"이제 우리의 구원자 예수 그리스도의 나타나심으로 분명히 드러났으니 그분께서는 사망을 폐하시고 복음을 통해 생명과 죽지 아니함을 밝히 드러내셨느니라."(딤후 1:10)

그러나 하나님과 주 예수 그리스도의 복음을 믿지 않는 자들에게는 타오르는 불로 징벌하며 영존하는 파멸의 형벌을 받을 것입니다.

인생 보고서

"하나님을 알지 못하는 자들과 우리 주 예수 그리스도의 복음에 순종하지 아니하는 자들에게 타오르는 불로 징벌하실 때에 그리하시리라. 그들은 주의 앞과 그분의 권능의 영광에서 떠나 영존하는 파멸로 형벌을 받으리로다."(살후 1:8~9)

복음은 절망적이고 비참하고 목마른 인생들에게 참으로 복음은 생수와 같습니다. 그런데 인생은 생수(生水)의 근원이신 하나님을 버렸고 생수(생명수 生命水)이신 주 예수님을 믿지 않기 때문에 복을 얻지 못하고 도리어 하나님의 진노와 정죄를 받게 됩니다.

"내 백성이 두 가지 악을 행하였으니 곧 그들이 생수의 샘인 나를 버렸고 또 스스로 물 저장고들 즉 물을 가두지 못할 터진 저장고들을 팠느니라."(렘 2:13)

"오 주여, 이스라엘의 소망이시여, 주를 버리는 자들은 다 부끄러움을 당하며 나를 떠나는 자들은 땅에 기록되리니 이는 그들이 생수의 근원이신 주를 버렸기 때문이니이다."(렘 17:13)

"그를 믿는 자는 정죄를 받지 아니하거니와 믿지 않는 자는 하나님의 독생자의 이름을 믿지 아니하였으므로 이미 정죄를 받았느니라. 정죄는 이것이니 곧 빛이 세상에 왔으되 사람들이 자기 행위가 악하므로 빛보다 어둠을 더 사랑한 것이니라. 이는 악을 행하는 자마다 자기 행위를 책망 받을까 염려하여 빛을 미워하고 또 빛으로 나아오지 아니하기 때문이라."(요 3:18~20)

하나님은 오래 참으시면서 회개하고 오라고 지금도 여전히 부르고 계십니다. 누구든지 원하는 자는 생명수를 값없이 취하라고 하십니다.

"주께서는 자신의 약속에 대해 어떤 사람들이 더디다고 생각하는 것 같이 더디지 아니하시며 오직 우리를 향하여 오래 참으사 아무도 멸망하지 않고 모두 회개에 이르기를 원하시느니라."(벧후 3:9)

"성령과 신부가 말씀하시기를, 오라, 하시는도다. 듣는 자도, 오라, 할 것이요, 목마른 자도 올 것이요, 또 누구든지 원하는 자는 값없이 생명수를 취하라, 하시더라."(계 22:17)

※ 죄(罪)에서 구원(救援)하는 하나님의 은혜(恩惠)의 복음(福音)

이 현시대 사람을 죄에서 구원하는 즉 죄의 형벌에서 구원하는 복음은 바로 '하나님의 은혜의 복음(the gospel of the grace of God)'입니다.

사도 바울은 신실한 하나님의 종이었습니다. 신약성경 복음서를 제외한 대부분 서신서의 책들을 기록한 그리스도의 종입니다. 그 누구보다도 모범적으로 하나님의 말씀에 순종하며 희생적으로 그리스도인의 삶을 살았으며 주님이 걸어가신 그 길을 걸어가신 분입니다. 사도 바울은 주 예수님께 받은 사역 곧 "하나님의 은혜(恩惠)의 복음"을 증언하는 데 자신의 생명도 아끼지 아니하며 온갖 고난과 핍박을 받아가면서 복음을 전하였습니다.

지금 이 시대 우리의 혼(魂 Soul)을 죄(罪)로부터 지옥(地獄)의 형벌(刑罰)로부터 구원하는 복음은 바로 "하나님의 은혜의 복음"입니다. 이 복음을 믿어야 주 예수 그리스도를 바르게 믿는 것입니다. 영원한 생명을 얻고 천국을 갈 수 있습니다. 사도 바울은 이 하나님의 은혜의 복음을 증언하는 일을 죽을 때까지 전하였습니다.

> "이 일들 중 어떤 것도 결코 나를 움직이지 못하며 또한 내가 나의 생명도 내게 귀한 것으로 여기지 아니하노니 이것은 내가 나의 달려갈 길과 **주 예수님께 받은 사역 곧 하나님의 은혜의 복음을 증언하는 일을** 기쁨으로 끝마치고자 함이라."(행 20:24)

우리는 이 복음을 통하여 죄(Sin)와 죄들(Sins)에서 구원(救援)받고 구속(救贖)받았으며 해방(解放)되고 자유(自由)를 얻었으며, 영원한 저주(咀呪)의 심판(審判)을 면하게 되었으며, 영원한 지옥의 고통으로부터 벗어났으며, 어둠의 권능에서 건져내어 하나님의 아들의 왕국(王國)으로 옮겨지게 되었습니다.

> "긍휼이 풍성하신 하나님께서 친히 우리를 사랑할 때 보여 주신 자신의 크신 사랑으로 인하여 심지어 우리가 죄들 가운데서 죽었을 때에 우리를 그리스도와 함께 살리셨고 (너희가 은혜로 구원을 받았느니라.) 또 함께 일으키사 그리스도 예수님 안에서 우리를 하늘의 처소들에 함께 앉히셨으니."(엡 2:4)

> "진실로 진실로 내가 너희에게 이르노니, 내 말을 듣고 또 나를 보내신 분을 믿는 자에게는 영존하는 생명이 있고 또 그는 정죄에 이르지 아니하리니 사망에서 생명으로 옮겨졌느니라."(요 5:24)

"그분께서 우리를 어둠의 권능에서 건져 내사 자신의 사랑하시는 아들의 왕국으로 옮기셨으니."(골 1:13)

또한 예수님께서 흘린 보혈의 피로 우리(나)의 모든 죄들이 용서되었고 양심까지도 깨끗이 씻음을 받았습니다. 영원한 생명을 얻었습니다.

"그분 안에서 우리가 그분의 피를 통해 구속 곧 죄들의 용서를 받았도다."(골 1:14)

"또 신실한 증인이시요 죽은 자들 중에서 처음 나신 분이시며 땅의 왕들의 통치자이신 예수 그리스도로부터 은혜와 평강이 너희에게 있을지어다. 우리를 사랑하사 자신의 피로 우리의 죄들로부터 우리를 씻으시고."(계 1:5)

"아들을 믿는 자에게는 영존하는 생명이 있고 아들을 믿지 않는 자는 생명을 보지 못하며 도리어 하나님의 진노가 그 위에 머물러 있느니라."(요 3:36)

위의 글에서 간략히 보았지만 주 예수님께서 우리를 위하여 행하신 일들은 참으로 놀랍습니다. 그러나 성경을 보지 않고 성경에서 확인하지 않는다면 바르게 알 수 없으며 바르게 믿을 수 없습니다. 성경은 믿음의 기초입니다. 신앙의 기초입니다.

반석(盤石)이신 예수 그리스도는 자신이 행하시고 이루신 일들을 많은 사람들 앞에서 분명하게 보여 주셨습니다. 그리고 자신이 행하시고 이루신 일들을 모든 사람들이 읽고 알 수 있고 믿을 수 있도록 말씀으로 기록하고 지금까지도 지키고 보전하여 읽고 믿도록 하여 주셨습니다. 만일 성경책이 없다면 2천 년 전에 예수님께서 행하시고 이루신 일들을 우리는 지금 볼 수 없고 알 수 없고 믿을 수 없습니다. 그러나 성경에 기록된 말씀을 통하여 생생하게 느낄 수 있고 알 수 있으며 믿을 수 있습니다. 이는 하나님의 은혜로 주어진 성경이 있기 때문입니다. 이러함에도 오늘날 많은 사람들이 성경을 잘 보지도 않고 잘 읽지도 않습니다. 그냥 성경책을 들고 예배당에 왔다 갔다 하지 성경을 펴서 자신의 목사가 가르치는 것과 비교해 보지도 않고 무조건 믿고 따릅니다. 그러나 이런 마음과 행동은 경계해야 합니다. 갈수록 세상은 거짓이 난무(亂舞)하며 거짓 목자와 교사들이 넘치는 시대입니다. 그래서 사도들도 이를 경계하며 정신 차려 속지 말라고 경고합니다.

"많은 거짓 대언자가 일어나 많은 사람을 속이며."(마 24:11)

"그러나 백성 가운데 거짓 대언자들이 있었던 것 같이 너희 가운데도 거짓 교사들이 있으리니 그들은 정죄 받을 이단 교리들을 몰래 들여와 심지어 자기들을 사신 주를 부인하기까지 하고 자기들 위에 신속한 파멸을 가져오리라."(벧후 2:1)

"정신을 차리라. 깨어 있으라. 너희 대적 마귀가 울부짖는 사자같이 두루 다니며 삼킬 자를 찾나니."(벧전 5:8)

성경 안에는 여러 복음이 있습니다. 물론 성경의 모든 말씀들이 복음이 될 수도 있습니다. 그리고 복음도 시대마다 복음의 내용이 다릅니다. 그래서 바르게 말씀을 이해하고 해석하려면 말씀을 바르게 나누어 보아야 합니다.

> "너는 진리의 말씀을 바르게 나누어 네 자신을 하나님께 인정받은 자로, 부끄러울 것이 없는 일꾼으로 나타내도록 연구하라."(딤후 2:15)

그러나 지금 살펴보고 있는 복음은 이 현시대 사람의 혼(魂 Soul)을 구원(救援)하는 복음(福音)에 대한 것입니다. 이 복음은 바로 위에서도 말씀드렸지만 은혜 시대 또는 교회 시대에 전해지는 "하나님의 은혜의 복음(the gospel of the grace of God)"입니다. 복음의 제목처럼 은혜의 복음입니다. 공짜로 선물로 주는 복음입니다. 이 복음을 믿기만 하는 은혜로 주어지는 하나님의 선물(膳物)입니다.

> "너희가 믿음을 통해 은혜로 구원을 받았나니 그것은 너희 자신에게서 난 것이 아니요 하나님의 선물이니라. 행위에서 난 것이 아니니 이것은 아무도 자랑하지 못하게 하려 함이라."(엡 2:8~9)

※ 이 시대 믿고 구원받는 하나님의 은혜(恩惠)의 복음

이 시대 모든 사람이 듣고 믿어 구원받는 복음은 하나님의 은혜의 복음입니다. 이 복음은 위에서 간략히 설명드렸습니다. 이 복음은 이스라엘 백성들이 하늘의 왕국 복음을 받아들이지 않음으로 인하여 모든 이방인들에게 "하나님의 은혜의 복음"이 주어지게 되었습니다. 사도 바울은 이방인을 위하여 선택한 그릇이었습니다.

"주께서 그에게 이르시되, 네 길로 가라. 그는 이방인들과 왕들과 이스라엘 자손 앞에 내 이름을 전하기 위해 내가 택한 그릇이니라."(행 9:15)

"내가 이방인들인 너희에게 말하노라. 내가 이방인들의 사도인 만큼 내 직분을 존귀히 여기나니."(롬 11:13)

'하늘의 왕국 복음'은 오로지 이스라엘에 한정한 복음이라면 '하나님의 은혜의 복음'은 이스라엘을 포함한 이 세상의 모든 민족들에게 해당되는 복음입니다.

"그러므로 너희는 가서 모든 민족들을 가르치고 아버지와 아들과 성령의 이름으로 그들에게 침례를 주며 내가 너희에게 명령한 모든 것을 그들에게 가르쳐 지키게 하라. 보라, 내가 세상의 끝까지 항상 너희와 함께 있으리라, 하시니라. 아멘."(마 28:19~20)

"그분께서 그들에게 이르시되, 너희는 온 세상에 가서 모든 창조물에게 복음을 선포하라.
믿고 침례를 받는 자는 구원을 받으려니와 믿지 않는 자는 정죄를 받으리라."(막 16:15~16)

이 하나님의 은혜의 복음은 누구든지 회개하고 주 예수 그리스도를 영접하고 믿게 되면 구원을 받아 영원한 생명을 얻게 됩니다. 하나님의 자녀가 됩니다. 자신의 이름이 어린양의 생명책에 기록됩니다. 하지만 이 하나님의 은혜의 복음에 순종하지 않는 자들은 영원한 불 호수에 던져져 영원한 형벌을 받게 됩니다.

"이것은 누구든지 그를 믿는 자는 멸망하지 않고 영원한 생명을 얻게 하려 함이니라."(요 3:15)

"그분을 받아들인 자 곧 그분의 이름을 믿는 자들에게는 다 하나님의 아들이 되는 권능을 그분께서 주셨으니."(요 1:12)

"누구든지 생명책에 기록된 것으로 드러나지 않은 자는 불 호수에 던져졌더라."(계 20:15)

"하나님을 알지 못하는 자들과 우리 주 예수 그리스도의 복음에 순종하지 아니하는 자들에게 타오르는 불로 징벌하실 때에 그리하시리라. 그들은 주의 앞과 그분의 권능의 영광에서 떠나 영존하는 파멸로 형벌을 받으리로다."(살후 1:8~9)

사도 바울은 이 하나님의 은혜의 복음을 고린도전서 15장에 간략히 핵심만을 분명하게 전하고 기록하였습니다.

"또한 형제들아, 내가 너희에게 선포한 복음을 너희에게 밝히 알리노니 너희 역시 그 복음을 받았으며 또 그 가운데 서 있느니라. 너희가 만일 내가 너희에게 선포한 것을 기억하고 헛되이 믿지 아니하였으면 또한 그 복음으로 구원을 받았느니라. 내가 또한 받은 것을 무엇보다 먼저 너

희에게 전하였노니 그것은 곧 성경 기록대로 그리스도께서 우리의 죄
들로 인하여 죽으시고 묻히셨다가 성경 기록대로 셋째 날에 다시 살
아나시고."(고전 15:1~4)

이 복음은 기록된 말씀과 같이 그리스도께서 우리를 위하여 우리의 죄
들로 인하여 십자가에 피 흘리시고 죽으셨고 장사 되었다가 삼 일 만에
우리(나)를 의롭다 하시기 위하여 죽음을 이기고 부활하셨다는 복음입
니다. 이 복음은 분명한 역사적 사실입니다. 예수 그리스도께서는 우리
(내)가 지은 죄들로 인하여 그 값을 친히 자신을 십자가에 못 박히고 피
흘려 죽으심으로 우리(내)가 받아야 할 지옥의 형벌을 대신 받으신 것입
니다. 이것이 대신(代身) 속죄(贖罪)입니다. 누구든지 이 사실을 믿는 자
는 구원을 받게 됩니다. 이뿐만 아니라 이제 그 무서운 지옥의 형벌을 면
하게 되었고 하나님과 주 예수님이 계시는 천국으로 당당히 갈 수 있게
되었습니다.

"이와 같이 사람의 아들도 섬김을 받으러 오지 아니하고 도리어 섬기
며 자기 생명을 많은 사람의 대속물로 주려고 왔느니라, 하시니라."(마
20:28)

"친히 나무에 달려 자신의 몸으로 우리의 죄들을 지셨으니 이것은 죄들
에 대하여 죽은 우리가 살아서 의에 이르게 하려 하심이라. 그분께서 채
찍에 맞음으로 너희가 고침을 받았나니."(벧전 2:24)

"그리스도께서도 죄들로 인하여 한 번 고난을 받으사 의로운 자로서 불

의한 자를 대신하셨으니 이것은 그분께서 육체 안에서 죽임을 당하셨으되 성령으로 말미암아 살아나셔서 우리를 하나님께로 데려가려 하심이라."(벧전 3:18)

"우리는 다 양 같아서 길을 잃고 각각 자기 길로 갔거늘 주께서는 우리 모두의 불법을 그에게 담당시키셨도다."(사 53:6)

우리 인간은 죄로 인하여 하나님과 원수가 되었습니다. 그리고 죄의 담이 가로막혀 하나님과 화평을 누릴 수가 없었습니다. 그래서 하나님과 인간의 사이에 죄로 가로막힌 장벽을 제거하기 위해 세상 죄를 제거하러 오셨습니다. 뿐만 아니라 인간들이 지은 모든 죄들을 인간의 마음 속에 기록되는 죄의 기록들을 깨끗이 씻어 주시러 오셨습니다. 그리고 오신 목적대로 모든 죄와 죄들을 제거하고 우리 마음을 흰 눈처럼 깨끗이 처리하셨습니다. 자신을 희생물로 드려 우리(나)를 단번에 완전하게 거룩하게 하셨습니다.

"주가 말하노라. 이제 오라. 우리가 함께 변론하자. 너희 죄들이 주홍 같을지라도 눈같이 희게 될 것이요, 진홍같이 붉을지라도 양털같이 희게 되리라."(사 1:18)

"내가 네 범죄들을 빽빽한 구름같이, 네 죄들을 구름같이 지워 버렸으니 내게로 돌아오라. 내가 너를 구속하였느니라."(사 44:22)

"우리가 아직 죄인이었을 때에 그리스도께서 우리를 위해 죽으심으로 하나님께서 우리를 향한 자신의 사랑을 당당히 제시하시느니라. 그러면 이제 우리가 그분의 피로 말미암아 의롭게 되었은즉 더욱더 그분을 통해 진노로부터 구원을 받으리니 이는 우리가 원수였을 때에 하나님의 아들의 죽음으로 말미암아 하나님과 화해하게 되었을진대 화해하게 된 자로서 더욱더 그분의 생명으로 말미암아 구원을 받을 것이기 때문이라. 그러할 뿐 아니라 우리가 우리 주 예수 그리스도로 말미암아 이제 속죄를 받았으며 그분을 통해 하나님 안에서 또한 기뻐하느니라."(롬 5:8~11)

"바로 이 뜻으로 말미암아 예수 그리스도의 몸이 단 한 번 영원히 드려짐을 통해 우리가 거룩히 구별되었노라."(히 10:10)

"그분께서는 거룩히 구별된 자들을 단 한 번의 헌물로 영원토록 완전하게 하셨느니라."(히 10:14)

이제 우리(나)는 주 예수님께서 십자가에서 자신을 화해 헌물로 드리심으로 모든 것을 다 이루심으로 하나님과 원수 되었던 우리(내)가 화목이 되었고 화평할 수 있게 되었습니다.

"그분의 십자가의 피를 통해 화평을 이루사 그분으로 말미암아 모든 것들이 즉 내가 말하노니 그분으로 말미암아 땅에 있는 것들이나 하늘에 있는 것들이 자신과 화해하게 하셨느니라."(골 1:20)

"우리가 하나님을 사랑하지 아니하였으나 그분께서 우리를 사랑하시고

자신의 아들을 보내사 우리의 죄들로 인한 화해 헌물로 삼으셨나니 여기에 사랑이 있느니라."(요일 4:10)

현시대에는 하나님의 은혜의 복음을 믿음으로 구원받습니다. 하나님의 은혜의 복음은 자신의 의로운 행위로는 절대 구원받을 수 없습니다. 이 시대는 오로지 십자가의 죽음과 장사 그리고 부활을 믿는 믿음 즉 하나님의 은혜의 복음을 듣고 마음에 믿어 구원받습니다.

"그러나 하나님의 눈앞에서는 아무도 율법으로 의롭게 되지 못할 것이 분명하니, 의인은 믿음으로 살리라, 하였느니라."(갈 3:11)

"그러므로 우리가 결론을 내리노니 사람은 율법의 행위와 상관없이 믿음으로 의롭게 되느니라."(갈 3:11)

"그분께서 우리를 구원하시되 우리가 행한 의로운 행위로 하지 아니하시고 오직 자신의 긍휼에 따라 다시 태어남의 씻음과 성령님의 새롭게 하심으로 하셨고."(딛 3:5)

"그러나 그것이 무엇을 말하느냐? 말씀이 네게 가까이 있어 네 입에 있으며 네 마음에 있느니라, 하였으니 곧 우리가 선포하는 믿음의 말씀이라. 네가 만일 네 입으로 주 예수님을 시인하고 하나님께서 그분을 죽은 자들로부터 살리신 것을 네 마음속으로 믿으면 구원을 받으리니 사람이 마음으로 믿어 의에 이르고 입으로 시인하여 구원에 이르느니라."(롬 10:8~10)

"이는 너희가 너희 믿음의 결말 곧 너희 혼의 구원을 받았기 때문이
라."(벧전 1:9)

예수님께서 왜 이 땅에 오셨는지? 왜 죄 없는 분이 십자가에 못 박히고
피를 흘리고 죽으셨는지? 무엇 때문에 누구를 위하여 죽고 부활하셨는
지를 깨닫고 믿는 것이 하나님의 은혜의 복음을 믿는 것입니다. 곧 주 예
수 그리스도를 믿는 것입니다. 하나님을 믿는 것입니다. 하나님과 주 예
수 그리스도를 바르게 알고 믿게 되면 그러면 영생을 얻게 됩니다.

"성경 기록들을 탐구하라. 너희가 그것들 안에서 영원한 생명을 얻는 줄
로 생각하거니와 그것들이 바로 나에 대하여 증언하느니라."(요 5:39)

"영생은 이것이니 곧 그들이 유일하신 참 하나님인 아버지와 아버지께
서 보내신 자 예수 그리스도를 아는 것이니이다."(요 17:3)

믿음은 아는 것에서부터 시작합니다. 알지 못하고는 절대 믿을 수 없
습니다. 그래서 하나님께서는 인생들에게 자신과 자신의 독생자 예수
그리스도를 알기 위해 성경을 주셨고 오늘날 인생들은 인생들에게 주신
그 성경을 보고 읽고 깨달아 믿음을 갖게 됩니다. 그리고 믿음을 통하여
구원을 받게 됩니다.

"너희가 믿음을 통해 은혜로 구원을 받았나니 그것은 너희 자신에게서
난 것이 아니요 하나님의 선물이니라. 행위에서 난 것이 아니니 이것은
아무도 자랑하지 못하게 하려 함이라."(엡 2:8)

4

반드시 구원(救援)받아야 합니다

▶ 독자님은 꼭 구원받아야 합니다. 여기서 말하는 구원은 죄와 죽음의 형벌에서, 영원한 사망과 저주에서, 어둠의 권세와 하나님의 진노의 심판에서 구원받는 것을 말합니다.

사도행전 16장에 보면 바울과 실라가 빌립보 지방에서 복음을 전하다가 감옥에 갇히게 되었습니다. 이 둘은 한밤중에 기도하며 노래로 하나님을 찬양하게 되었습니다. 그러자 감옥에 있는 죄수들이 노래를 듣게 되었습니다.

그때 갑자기 큰 지진이 나며 기초가 흔들리며 감옥 문들이 열리고 죄수들의 결박이 풀리게 되자 잠에서 깬 간수가 감옥 문이 열린 것을 보고 죄수들이 도망간 줄 알고 칼을 빼어 자결하려 하자 바울이 큰 소리로 외쳐 이르되 '네 몸을 해하지 말라' 우리가 다 여기에 있노라 하니 간수가 바울과 실라 앞에 엎드려 다음과 같이 질문합니다.

"그들을 데리고 나와 이르되, 선생들이여, 내가 무엇을 하여야 구원을 받으리이까? 하거늘."(행 16:30)

인생 보고서

그러자 바울이 다음과 같이 말합니다.

> **"그들이 이르되, 주 예수 그리스도를 믿으라. 그리하면 네가 구원을 받고 네 집이 받으리라, 하며."**(행 16:31)

빌립보 간수는 하나님의 놀라운 역사를 보면서 두려워 "내가 무엇을 하여야 구원을 받으리이까?" 하며 바울에게 물었습니다. 그러자 바울은 "주 예수 그리스도를 믿으라."라고 말합니다. 주 예수 그리스도를 믿으면 구원을 받는다고 말합니다. 바울과 실라는 그날 저녁 간수의 집에 가서 간수와 그의 가족들에게 복음을 전해 주었습니다. 이 복음은 하나님의 은혜의 복음입니다. 간수와 그의 가족들은 이 복음을 듣고 구원을 받았습니다. 그리고 침례까지 받았습니다.

> **"주의 말씀을 그와 그의 집에 있던 모든 사람에게 말하니라. 그 밤 그 시각에 간수가 그들을 데려다가 채찍 맞은 자리를 씻어 주고 자기와 자기의 온 가족이 즉시 침례를 받은 뒤에 그들을 데리고 자기 집에 이르러 그들에게 음식을 차려 주며 자기의 온 집과 함께 하나님을 믿고 기뻐하니라."**(행 16:32~34)

구원받는 것은 결코 어렵지 않습니다. 간수와 그의 가족을 통해서 알 수 있듯이 밤에 바울과 실라를 통하여 복음을 듣고 믿어 구원을 받았습니다. 그리 긴 시간이 아닙니다. 이렇듯 누구나 마음에 구원받고 싶어 하는 마음이 있으면 됩니다. 교만하지 않고 높은 마음이 아닌 낮은 마음이면 됩니다. 성경에 구원받은 사람들은 모두 한결같이 이런 마음을 가진 자들이었습니다. 그런데 오늘날 많은 사람들은 교회를 오래 다녀야, 성경 공부를 해야, 세례를 받아야, 교회 봉사를 해야, 헌금을 해야, 직분을 받아야, 방언을 해야 등등 이런 행위가 있어야 구원을 받는다고 생각합니다. 그리고 그렇게 가르치는 목사들도 있습니다.

그러니 구원받기가 어렵고 구원받기 위해 자신이 무엇인가 하려고 하고 있습니다. 그래서 몇 년을 예배당에 나가도 몇십 년을 다녀도 구원의 확신이 없는 사람들이 너무도 많습니다. 대부분 자신은 구원받은 줄 알고 살아갑니다. 구원의 확신을 성경 말씀과 비교해 점검하고 입증하려 하지 않고 주위 사람들과 비교하여 그래도 괜찮다 싶으면 구원받았다고 생각하고 또는 자신의 행위를 보고 구원의 여부를 판단하고 아니면 목사님이 '우리 교회 오신 분들은 다 구원받았습니다!'라고 하니까 자신도 구원받은 줄로 믿고 살아갑니다. 한 번도 성경에 기록된 말씀으로 점검하지 않고 검증해 보지 않습니다. 그냥 대부분 '구원받았겠지!' 하고 구원에 관심을 두지 않고 막연히 살아갑니다. 또 누가 '구원받았습니까?'라고 질문을 받아 본 적이 없기에 자신도 남에게 이런 질문을 해 본 적이 없습니다.

> "너희가 믿음 안에 있는지 너희 자신을 살펴보고 너희 자신을 입증하라.
> 예수 그리스도께서 너희 안에 계신 줄을 너희가 스스로 알지 못하느냐?
> 그렇지 않으면 너희는 버림받은 자니라."(고후 13:5)

자신이 타고 있는 열차가 어디로 가는지 알지도 못하면서 그냥 모두 무임승차합니다. 자신은 일단 승차했으니 안심합니다. 이 열차가 천국으로 확실히 가는 열차인지 아니면 지옥행 열차인지 모르고 일단 탔으니 됐다 싶습니다. 그래서 확인도 안 합니다. 확인하려고 생각하지도 않습니다. 이 얼마나 위험한 생각인가요? 자신이 구원받았는지 구원받지 못했는지의 여부는 자신의 인생에 있어서 그 무엇보다도 가장 중요한 것입니다. 짧은 인생을 살아가면서 그것도 언제 자신의 생을 마감할지도 모르는 그러한 인생을 살면서 영원한 삶에 대한 준비를 소홀히 하거나 하지 않았다면 이 얼마나 안타까운 일입니까?

인생에 있어서 어떤 목표를 이루기 위해 땀을 흘리며 최선을 다하고 생각하고 또 생각하고 하면서 온 정열을 불태웁니다. 인생에 있어 어쩌면 그런 작은 일에서 그렇게 하는데 인생에 있어서 가장 중요하고 큰일인 영원한 생명과 관련된 구원을 소홀히 여기고 무관심하고 생각해 보지 않는다면 이는 자신의 인생에 가장 큰 실수를 하는 것입니다.

남자 여자가 결혼하여 너무나 사랑스런 아기를 낳게 됩니다. 그리고 아기 이름을 짓게 됩니다. 그런데 어느 부부도 아기의 이름을 그냥 아무렇게나 짓지는 않습니다. 생각해 보고 또 생각해 보고 여러 이름 중에 가장 좋은 이름으로 지을 것입니다. 이름에는 여러 의미가 있을 것입니다. 부부의 바람이 내포되어 있을 것입니다. 하나님 아버지께서도 자신의 독생자이신 자신의 아들의 이름을 낳게 전에 이미 준비해 두었음을 알수 있습니다. 그리고 그 수많은 이름들 중에 한 이름을 예비해 두셨는데 그 이름에는 하나님의 깊은 계획과 뜻이 담겨 있을 것입니다. 그냥 아무렇게나 짓지는 않았을 거라 생각합니다. 네! 맞습니다. 하나님 아버지께서 예비하신 자신의 독생자의 이름은 정말 큰 의미가 있습니다.

"그녀가 아들을 낳으리니 너는 그의 이름을 예수라 하라. 이는 그가 자

기 백성을 그들의 **죄들에서 구원**할 것이기 때문이라, 하니라."(마 1:21)

"보라, 처녀가 아이를 배어 아들을 낳을 것이요, 그들이 **그의 이름을** 임
마누엘이라 하리라, 하셨으니 이것을 번역하면 우리와 **함께 계시는 하
나님**이라는 뜻이라."(마 1:23)

하나님 아버지께서는 자신의 독생자(獨生子)의 이름을 "예수(JESUS)"
라고 지으셨습니다. 이 이름의 간략한 의미는 바로 "죄들에서 구원(救
援)자"입니다. 하나님은 자신의 아들을 통하여 인생들을 자신들의 죄들
에서 구원하고 싶어 하셨습니다. 인생들이 죄들에서 구원받아야만 자신
과 함께하며 교통을 나눌 수 있고 함께할 수 있기 때문입니다. 자신의 아
들로 태어나게 할 수 있기 때문입니다. 죄인된 인생들에게 이 방법 말고
는 없었기 때문입니다. 그래서 하나님은 아버지께서는 자신의 독생자를
"예수"라는 이름으로 지었고 인생들이 죄들에서 구원받도록 이 땅에 보
내셨습니다. 그래서 예수를 믿는다는 것은 곧 자신이 지은 죄들에서 구
원받는다는 것입니다. 예수님을 믿는다고 하면서 자신의 죄들에서 구원
받지 못했다면 이는 바르게 구원받은 것이 아닙니다. 왜냐면 예수님은
죄들에서 구원자이기 때문입니다.

예를 들어 옷에 얼룩이 있어서 옷을 세탁소에 맡겼습니다. 값을 지불
하고 집에 와서 살펴보니 세탁소에 맡기기 전에 있었던 얼룩이 그대로
있습니다. 그럼 이 옷은 세탁한 것입니까? 값을 지불했으니 얼룩이 그대
로 있어도 세탁된 걸로 인정하고 기쁘게 그 옷을 입을 사람은 아무도 없
을 것입니다. 세탁소 주인에게 다시 세탁해 달라고 하거나 세탁비를 반
환해 달라고 할 것입니다. 이는 얼룩이 그대로 있기 때문에 세탁이 안 된

인생 보고서

것입니다. 분명히 세탁소에 맡겼지만 세탁이 안 된 것입니다. 세탁소에 맡겼다고 세탁이 다 완벽하게 깨끗이 세탁되는 것은 아닙니다. 누구나 다 확인을 할 것입니다.

이렇듯 예수님을 믿는다고 예배당에 다니는 것도 마찬가지입니다. 예배당에 다니고 기도도 하고 찬송도 부르고 예수님의 이름을 부른다고 다 죄들에서 구원받은 것은 아닙니다. 바르게 알고 바르게 믿어야 죄들에서 구원받고 자신이 지은 죄들을 깨끗이 씻음받습니다.

세탁소에 옷을 맡기고 찾아올 때 확인은 다 하는데 왜 예수님을 믿는 데 있어서는 바르게 믿는지 왜 확인을 하려 하지 않는지 잘 모르겠습니다. 이 문제는 세탁보다 더 훨씬 중요한 문제이기에 더 확인을 하고 점검과 검증을 스스로 해 봐야 합니다. 할 수만 있으면 남에게도 판단받아 봐야 합니다. 그리고 확신을 가져야 합니다.

사람들이 물건 사는 데 보지도 않고 이상 유무도 확인하지 않고 대충 삽니까? 그렇지 않을 것입니다. 확인하고 좋은 물건을 값싸게 구입하려 할 것입니다. 그런데 어떻게 보면 하찮은 물건을 사면서도 생각해 보고 꼼꼼히 따져보고 확인하고 사면서 이보다 천 배 만 배 아니 그 이상 더 크고 중요한 예수님을 믿는 부분에 있어서는 왜 중요하게 생각하지 않고 대충 믿으려 하는지 참으로 안타깝다는 생각을 합니다. 예수님이 자신의 인생에 있어서 어떤 물건보다 더 가치 없고 소중하지 않은지 의심스럽다는 생각을 하게 합니다. 사람들이 예수님을 사랑한다고 말하고 찬송도 부르고 예수님을 믿는다고 입술로는 말하지만 마음에서는 전혀 믿지 않고 입술과 반대로 살아가고 있습니다.

성경은 구원이 무엇인지 바르게 말고 마음으로 믿으라고 합니다. 마음으로 바르게 믿으면 바른 간증이 입으로 나옵니다. 마음과 입이 동일합니다. 그러나 입과 마음이 다른 사람들이 오늘날 너무 많다는 것입니다.

"너희 위선자들아, 이사야가 너희에 대해 잘 대언하였도다. 일렀으되, 이 백성이 자기 입으로는 내게 가까이 오며 자기 입술로는 나를 공경하나 그들의 마음은 내게서 멀도다."(마 15:7)

"네가 만일 네 입으로 주 예수님을 시인하고 하나님께서 그분을 죽은 자들로부터 살리신 것을 네 마음속으로 믿으면 구원을 받으리니 사람이 마음으로 믿어 의에 이르고 입으로 시인하여 구원에 이르느니라."(롬 10:9)

성경에서 구원에 관한 이야기를 좀 더 해 보겠습니다. 구원받는 것은 어쩌면 참 쉽습니다. 오랜 시간이 걸리는 것도 아닙니다. 많은 성경 말씀을 꼭 알아야 하는 것도 아닙니다. 예배당에 다녀야만 구원받는 것도 아닙니다. 목사에게만 복음을 들어야 하는 것도 아닙니다. 선한 행위가 꼭 있어야 하는 것도 아닙니다. 직분을 받아야 하는 것도 아닙니다. 기독교가 아닌 기타 종교에서는 선한 행위를 많이 강조합니다. 바른 기독교가 아닌 교회들에서도 선한 행위와 율법을 강조하기도 합니다. 그러나 이 모든 것들은 구원과 즉 구원받는 것과 직접적인 관계가 전혀 없습니다. 이러한 것들을 요구하거나 이러한 행위가 있어야 구원받는다고 하는 교회나 목사나 인도자들은 잘못된 교회이며 인도자입니다. 성경은 이러한 어떠한 행위나 선이 있어야 한다고 말씀하지 않습니다.

성경에는 구원받은 사람에 대해서 기록한 말씀들이 있습니다. 그 사람들이 어떻게 구원받았는지 살펴보면 분명히 알 수 있습니다. 성경이

인생 보고서

바로 정확한 기준입니다. 그럼 성경에 구원받은 사람 몇 사람을 간략히 살펴보겠습니다. 우리가 바르게 구원받기 위해서는 반드시 성경에 기록된 하나님의 말씀을 말씀 그대로 믿어야 합니다. 그리고 자신이 구원받기 위해서는 말씀 그대로 하면 됩니다. 그 길이 바른길입니다. 바른 구원입니다.

그럼 먼저 사도행전 10장에 나오는 고넬료를 살펴보겠습니다. 고넬료는 베드로를 초청하여 복음을 듣고 구원받기 전에도 자기와 온 집과 함께 하나님을 두려워하며 백성들에게 구제물을 많이 주고 항상 기도한 사람이었습니다. 그러나 구원은 받지 못한 사람이었습니다.

> "가이사랴에 고넬료라 하는 어떤 사람이 있었는데 그는 이탈리아 부대라 하는 부대의 백부장이더라.
> **그는 독실한 사람이요 자기의 온 집과 함께 하나님을 두려워하는 사람으로 백성에게 구제물을 많이 주고 항상 하나님께 기도하더라.**"(행 10:1)

그런 고넬료는 하나님의 긍휼과 은혜를 입어 베드로를 초청하여 자신과 가족 그리고 자신이 초청한 친구들 모두 베드로가 전한 복음을 듣고 모두 구원을 받고 침례까지 받게 되었습니다.

> "우리는 그분께서 유대인들의 땅과 예루살렘에서 행하신 모든 일의 증인이라. 그들이 그분을 나무에 매달아 죽였으나 하나님께서 그분을 셋째 날에 일으키시고 그분을 공개적으로 보여 주시되. 그분에 대하여 모든 대언자들도 증언하되, 누구든지 그분을 믿으면 그분의 이름으로

말미암아 죄들의 사면을 받으리라, 하였느니라. 베드로가 아직 이 말
들을 할 때에 성령님께서 말씀을 들은 모든 사람 위에 임하시매."(행
10:39~44)

"그들에게 명령하여 주의 이름으로 침례를 받게 하니라. 그때에 그들
이 베드로에게 여러 날 동안 머물 것을 청하니라."(행 10:48)

고넬료를 포함한 거기에 모인 사람들은 베드로가 전한 복음을 듣고 그
날 구원을 받게 되었습니다. 수많은 날들이 걸린 것이 아니었습니다. 교
회를 다닌 것도 아닙니다. 베드로를 초청한 그날 구원받아 성령님을 받
고 침례까지 받게 되었습니다.

누가복음 23장에 나오는 십자가에 한쪽 강도는 십자가에 못 박혀 있
는 상태에서 구원받았습니다. 처음에 못 박혀 있을 때는 주 예수님을 믿
지 않고 욕하고 했으나 어느 순간에 그 강도는 회개하고 마음이 바뀌어
예수 그리스도를 자신의 구원자로 받아들이고 믿어 낙원을 허락받았습
니다.

"이스라엘의 왕 그리스도는 지금 십자가에서 내려와 우리가 보고 믿게
할지어다, 하며 그분과 함께 십자가에 못 박힌 자들도 그분을 욕하더
라."(막 15:32)

"매달린 범죄자 중의 하나는 그분을 욕하며 이르되, 네가 만일 그리스
도이거든 네 자신과 우리를 구원하라, 하되 다른 하나는 되받아서 그

인생 보고서

를 꾸짖으며 이르되, 네가 동일한 정죄를 받고서도 하나님을 두려워하지 아니하느냐? 우리는 우리가 행한 일에 합당한 보응을 받으니 참으로 공정하게 정죄를 받거니와 이 사람은 아무 잘못도 행하지 아니하였느니라, 하고 예수님께 이르되, 주여, 주께서 주의 왕국으로 들어오실 때에 나를 기억하옵소서, 하매 예수님께서 그에게 이르시되, 진실로 내가 네게 이르노니, 오늘 네가 나와 함께 낙원에 있으리라, 하시니라."(눅 23:39~43)

이 외에도 구원받은 사람들의 이야기가 나옵니다. 지면상 다 살펴볼 수 없지만 이상에서 볼 수 있듯이 한결같은 공통점이 있습니다.

첫째, 구원받기는 결코 어렵지 않음을 알 수 있습니다.

둘째, 많은 시간이 소요되지 않습니다.

셋째, 구원의 복음을 듣고 마음으로 믿어야 합니다.

넷째, 구원의 복음은 바로 모든 사람의 구원자 되시는 주 예수 그리스도입니다. 그러므로 구원자 되시는 주 예수 그리스도를 믿어야 합니다. 주 예수님께서 나를 위해 행하시고 이루신 일을 알고 사실로 마음에 믿어야 합니다. 이것이 주 예수 그리스도를 믿는 것입니다.

다섯째, 세례(洗禮)〈잘못된 번역〉나 침례(浸禮)를 받아야 구원받는 것이 아닙니다. 구원의 조건이 아닙니다. 성경은 구원을 받은 사람에게 침례를 받으라고 합니다. 침례는 자신이 구원받아 하나님의 자녀가 되었기에 이를 만천하(滿天下)에 공포(公布)하는 것입니다.

십자가의 강도는 침례를 받고 싶어도 받을 수 없었습니다. (십자가의 한쪽 강도는 예수님께서 십자가에 죽으시고 부활하기 전에 구원을 받았으므로 구약 성도로서 지하 낙원으로 가게 된 것입니다. 예수님 부

활 이후 구원받은 사람은 천국으로 올라가게 됩니다. 천국=셋째 하늘=
낙원=하늘 왕국〈고후 12:1~4, 딤후 4:18, 계 4:1~6〉)

사도 바울을 통하여 빌립보 간수가 어떻게 구원을 받는지를 분명하게
보여 주고 말씀으로 기록하여 주셨습니다.

"내가 무엇을 하여야 구원을 받으리이까? 하거늘."
"그들이 이르되, 주 예수 그리스도를 믿으라."라고 단호하게 말씀해 주
셨습니다. 구원은 이렇게 참 쉽습니다.

사람들이 구원받지 못한 이유는 대략 이렇기 때문입니다.
첫째는 마음이 높고 교만하여 자신을 믿고 의지하며 자신의 생각을 믿
고 회개하지 않기 때문입니다.
둘째는 구원의 복음을 듣지 못했기 때문입니다.
셋째는 복음은 들었으나 마음으로 믿지 않았기 때문입니다. (롬 10:9,
고전 15:2-헛되이 믿음)
넷째는 사람들이 구원받기를 원하지 않기 때문입니다. 그래서 구원받
기가 어렵고 오랜 날들을 예배당 생활을 해도 구원받지 못합니다. (요
3:18~21, 살후 2:9~12)
다섯째는 이 세상 신이 복음의 빛이 그들에게 비치지 못하도록 방해하
기 때문입니다.

"만일 우리의 복음이 가려졌다면 그것은 잃어버린 자들에게 가려졌으니
라. 그들 속에서 이 세상의 신이 믿지 않는 자들의 마음을 가려 하나님

의 형상이신 그리스도의 영광스런 복음의 빛이 그들에게 비치지 못하게

하였느니라."(고후 4:3~4)

반드시 다시 태어나야(must be born again) 합니다

▶ 인생은 반드시 다시 태어나야(거듭나야) 합니다. 다시 태어난 자
만이 하나님의 왕국에 들어갈 수 있고 하나님의 자녀로 입양될
수 있습니다. 있기 때문입니다.

거듭남에 대한 이야기는 요한복음 3장에서 예수님과 밤에 찾아온 유
대인 관원인 바리새인 니고데모의 대화에서 찾아볼 수 있습니다. 이 거
듭남에 대해서 예수님은 분명하게 말씀해 주고 있습니다. 예수님은 사
람이 다시 태어나야 즉 거듭나야[중생(重生)] 하나님의 왕국(the kingdom
of God, - 개역 성경은 '하나님의 나라'로 번역됨)을 볼 수 있고 들어갈 수 있
다고 말씀하셨습니다. 예수님은 사람이 반드시 거듭나야 한다고 니고데
모에게 말씀하셨습니다. 이 말씀은 사람이라면 누구든지 반드시 다시
태어나야 즉 거듭나야 하나님의 왕국에 들어갈 수 있다는 것입니다.

설령 어떤 사람이 교회를 오랜 기간 다녔어도, 교회에서 직분을 가지
고 있어도, 많은 봉사를 했어도, 신학대학을 나와 목사가 되었어도, 세상
에서 존경받고 유명한 사람이 되었어도, 세상에서 유명한 설교자로 인
정받았어도 등 그 누구도 다시 태어나지 아니하면 즉 거듭나지 아니하
였으면 하나님의 왕국에 들어갈 수 없습니다. 이는 주 예수님께서 직접

하신 말씀입니다.

"바리새인들 중에 니고데모라 하는 사람이 있었는데 그는 유대인들의
치리자더라.
그가 밤에 예수님께 나아와 그분께 이르되, 랍비여~
예수님께서 그에게 응답하여 이르시되, 진실로 진실로 내가 네게 이르
노니, 사람이 다시 태어나지 아니하면 하나님의 왕국을 볼 수 없느니
라, 하시니라.
니고데모가 그분께 이르되, 사람이 늙으면 어떻게 태어날 수 있나이까?
두 번째 모태에 들어갔다가 날 수 있나이까? 하매 예수님께서 대답하시
되, 진실로 진실로 내가 네게 이르노니, 사람이 물에서 나고 성령에게
서 나지 아니하면 하나님의 왕국에 들어갈 수 없느니라."(요 3:1)

먼저 다시 태어남 즉 거듭남에 대해서 알아보겠습니다. '다시 태어남'
과 '거듭남'은 같은 의미입니다. 즉 '두 번 태어난다'는 의미입니다. 한 번
이 아닌 두 번 태어난 것입니다. 모든 사람은 누구나 육체로 한 번 태어
납니다. 이것은 한 번 태어난 것이기에 다시 태어남 즉 거듭남이 아닙니
다. 그래서 니고데모는 '두 번째 모태에 들어갔다가' 다시 태어나야 합니
까? 하고 예수님께 반문한 것입니다. 니고데모는 육체의 출생만 알았지
영적 출생은 생각할 수가 없었습니다. 그가 구약성경에 대해서 많이 알
고 있는 지도자였지만 한 번도 다시 태어남에 대해서는 한 번도 생각해
보지도 않았고 아예 생각할 수도 없었습니다. 그러니까 그런 반문을 할
수밖에 없었습니다. 그래서 예수님은 니고데모에게 육체(肉體)로 태어
난 사람은 다시 한번 영적(靈的)으로 곧 성령(聖靈)으로 태어나야 한다고

말씀하신 것입니다. '육(肉 육체)'으로 한 번 태어나고 다시 '영(靈 성령)'으로 태어나야 비로소 다시 태어나는 것이 되고 거듭나는 것이 된다는 것입니다.

> **"육에서 난 것은 육이요 성령에게서 난 것은 영이니 내가 네게 이르기를, 너희가 반드시 다시 태어나야 하리라, 한 것에 놀라지 말라."**(요 3:6)

모든 사람은 육체로 한 번 태어납니다. 그러나 이 한 번의 출생으로는 하나님의 왕국에 들어갈 수 없습니다. 육체로 태어났으면 다시 영(성령)으로 반드시 태어나야 하나님의 왕국에 들어갈 수가 있습니다. 그런데 오늘날 자칭 교회 다닌다고 하는 수많은 사람들에게 '거듭나셨습니까?' 하고 질문하면 당황해하고 질문에 대한 분명한 대답을 못 하고 동문서답(東問西答)을 하거나 우물쭈물합니다. 정말 이것이 현실입니다.

혹 이 책을 읽는 독자분께서는 '분명히 거듭나셨습니까?' '거듭난 간증이 있습니까?'

'거듭남'에 대해서 남에게 분명하게 성경적으로 가르쳐 주고 전해 줄 수 있습니까?

우리가 '구구법'을 외우고 분명하게 안다면 누구에게도 가르쳐 줄 수 있습니다. 그리고 혹시 어느 누군가 구구법을 외우고 있는데 들어보면 맞게 바르게 외우고 있는지 틀리게 외우고 있는지 판단하고 분별할 수 있을 것입니다. 이처럼 '다시 태어남' 즉 '거듭남'에 대해서도 이런 분별력이 있고 판단력이 있어야 합니다. '다시 태어나야 한다' 이 말은 사람의 영(靈 spirit)이 죽었기에 다시 태어나야 한다는 것입니다.

사람은 영(spirit)과 혼(soul)과 몸(body)으로 구성되어 한 사람이 되었

인생 보고서

다고 성경은 말씀해 주고 있습니다.

"주 하나님께서 **땅의 흙으로** 사람을 지으시고 **생명의 숨을** 그의 콧구멍에 불어넣으시니 **사람이 살아 있는 혼이 되니라.**"(창 2:7)

"평강의 바로 그 하나님께서 너희를 온전하게 거룩히 구별하시기를 원하노라. 내가 하나님께 기도하여 너희의 온 **영(spirit)과 혼(soul)과 몸(body)**을 우리 주 예수 그리스도께서 오실 때까지 흠 없이 보존해 주시기를 구하노라."(살전 5:23)

(개역 성경은 번역의 오류가 있음 : '생명의 숨(호흡)'을 '생기'로 '살아 있는 혼'을 '생령'으로 번역함. 개역 성경도 바르게 번역한 살전 5:23의 '영, 혼, 몸'과 비교해 보아도 알 수 있음.)

땅의 흙으로 지어진 것은 몸입니다. 하나님의 생명의 숨은 곧 영입니다. 그리고 몸에 하나님의 숨 곧 영이 들어가자 사람이 살아 있는 혼이 되어 즉 사람의 삼중체(三重體)가 한 사람을 이룬 것입니다.

사람의 영이 죽었다는 사실은 성경에서 분명히 알 수 있습니다. 하나님께서는 에덴에 동산을 세우시고 동산 중앙에 생명 나무와 선악을 알게 하는 나무를 만들고 아담에게 선악을 알게 하는 나무의 열매를 먹지 말라고 명령하셨습니다. 모든 나무의 열매는 먹어도 되나 오직 하나님께서 명하신 선악을 알게 하는 나무의 열매를 먹지 말라고 명하셨으며 먹는 날에는 반드시 죽는다고 경고하셨습니다.

"주 하나님께서 남자에게 명령하여 이르시되, 동산의 모든 나무에서 나는 것은 네가 마음대로 먹어도 되나 선악을 알게 하는 나무에서 나는 것은 먹지 말라. 그 나무에서 나는 것을 먹는 날에 네가 반드시 죽으리라, 하시니라."(창 2:16~17)

그러나 아담은 결국 하나님께서 명하신 명령을 지키지 않고 거역함으로 그 열매를 먹게 되었습니다. 그래서 아담은 죽게 되었습니다. 그런데 아담은 그날 죽지 않고 930년을 살다가 죽게 되었습니다. 이로 보건대 아담이 선악을 알게 하는 열매를 먹고 그날 죽은 것은 아담의 몸 안에 있는 '영(Spirit)'이 죽은 것입니다. 사람 편에서 볼 때는 혼과 몸이 살아 있기에 산 사람처럼 보이지만 하나님 편에서 볼 때 '영'이 죽음은 모든 것 즉 혼과 몸도 죽은 것입니다.

"또 그분의 제자들 가운데 다른 사람이 그분께 이르되, 주여, 먼저 내가 가서 내 아버지를 장사지내게 허락하옵소서, 하거늘예수님께서 그에게 이르시되, 나를 따르라. 또 죽은 자들이 자기들의 죽은 자들을 장사지내게 하라, 하시니라."(마 8:21)

여기서 '영'이 죽었다는 것은 '영'이 소멸되었다는 것이 아니라 '영'은 아담이 지은 죄로 말미암아 고장 났다는 것입니다. 다시 말하면 '영'이 정상적인 활동을 할 수 없다는 것입니다. 이는 마치 전자 제품인 TV나 핸드폰이 고장 나면 볼 수 없고 통화할 수 없는 것과 같은 의미입니다. 고장을 수리하면 정상적으로 작동됩니다.

결국은 아담의 몸도 죄로 인하여 죽게 되었습니다. 아담은 생명 나무의 열매를 먹지 않고 선악을 알게 하는 나무의 열매를 먹음으로 세상에

인생 보고서

죄가 들어오게 하였고 죄로 말미암아 사망 곧 죽음을 가져왔을 뿐 아니라 모든 인류에게 죄와 죽음을 가져다주게 되었습니다. 그래서 모든 인생은 아담이 지은 죄로 말미암아 죄가 전가(轉嫁)되어 죽게 되었고 다시 말하면 '영'이 죽은 상태로 출생하고 또 자신이 인생을 살면서 지은 죄들로 말미암아 모든 인생들이 죄의 값인 영원한 사망 곧 지옥의 형벌을 면할 수 없게 되었습니다.

> "그러므로 한 사람으로 말미암아 죄가 세상에 들어오고 **죄로 말미암아 사망이 들어왔나니** 이와 같이 **모든 사람이 죄를 지었으므로 사망이 모든 사람에게 임하였느니라**."(롬 5:12)

> "또한 그분께서 범법과 죄들 가운데서 죽었던 너희를 살리셨도다."(엡 2:1)

> "심지어 **우리가 죄들 가운데서 죽었을 때에** 우리를 그리스도와 함께 살리셨고 (너희가 은혜로 구원을 받았느니라)."(엡 2:5)

하나님께서 모든 인생을 볼 때는 일차적으로 모두 '영'이 죽어서 태어납니다. 몸이 살아 있고 혼이 살아 있어 성장하고 생활하기에 산 사람처럼 보이지만 실상은 죽은 자라고 하나님은 말씀합니다. 이 말씀을 좀 더 쉽게 이해하기 위해 예를 든다면 땅에 심겨진 살아 있는 꽃을 꺾어 꽃병에 꽂아 두면 향기도 나고 머물던 꽃망울도 꽃을 활짝 피웁니다. 그러나 이 꺾인 꽃은 열매를 맺지 못합니다. 그 이유는 꽃이 뿌리가 있는 줄기에서 끊어졌기 때문입니다. 즉 생명에서 떠났기 때문입니다. 꺾인 꽃은 꺾일 때 이미 생명에서 떠났고 죽은 것입니다. 살아 있는 것처럼 보이나 실제로는 죽은 꽃입니다. 사람도 이와 같습니다. 사람이 태어나서 먹고 자고 하면서 자라고 자신의 생각을 따라 살아가기 때문에 살아 있는 것 같지만 이미 생명이신 하나님과 떨어졌기에 영적으로 죽은 사람입니다. 사람 보기에 살아 있지만 하나님께서 보면 죽은 자입니다.

그래서 예수님은 자신의 아버지를 장사하고 따르겠다고 하는 어떤 사람에게 '죽은 자들이 자기들의 죽은 자들을 장사 지내게 하고 너는 가서 하나님의 왕국을 선포하라' 하고 말씀합니다. 이 말씀은 곧 죽은 사람이나 죽은 사람을 장사 지내는 사람 모두 둘 다 죽은 자들이라고 말씀합니다. 사람 기준으로 생각하면 이해할 수 없고 말이 안 되지만 하나님의 기준으로 보면 명확합니다.

> "또 다른 사람에게, 나를 따르라, 하시거늘 그가 이르되, 주여, 먼저 내가 가서 내 아버지를 장사지내게 허락하옵소서, 하니 예수님께서 그에게 이르시되, 죽은 자들이 자기들의 죽은 자들을 장사지내게 하고 너는 가서 하나님의 왕국을 선포하라, 하시니라."(눅 9:59~60)

그래서 하나님은 인생들에게 '다시 태어나라' 즉 죽었기에 '반드시 다시 태어나라'고 말씀합니다. 누구든지 거듭나지 못하면 하나님의 왕국에 들어갈 수 없습니다. 천국도 못 갑니다. 다시 태어나지 않으면 즉 거듭나지 못하면 결국은 지옥행입니다. 그러기에 모든 인생은 반드시 다시 태어나야 합니다.

예수님은 자신을 찾아온 니고데모에게 '진실로 진실로' 다시 태어나야 즉 거듭나야 한다고 말씀하셨습니다. 이 말씀은 니고데모 혼자에게만 적용되는 것이 아니라 모든 인생들에게 동일하게 적용되는 말씀입니다. 어느 누구든지 다시 태어나지 않으면 즉 거듭나지 않는 사람은 바르게 주 예수님을 믿는 것이 아닙니다. 예수님은 모든 인생들이 태어날 때 '영'이 죽은 상태로 죽어서 태어나기에 죽은 '영'이 다시 태어나야 한다고 말씀하시는 것입니다. 죽었던 '영'이 다시 태어나야 온전하고 완전한 사람입니다. 그리고 하나님과 교통을 할 수 있습니다. 하나님을 인지하고 하나님을 믿을 수 있게 됩니다. 하나님을 사랑할 수 있습니다. 그러하기에 반드시 다시 태어나야 한다고 말씀하시는 것입니다.

'영'이 거듭나지 못한 사람은 쉽게 말해 사람으로서 불량품입니다. 바르게 사람의 구실을 못 하는 사람을 창조한 창조주인 하나님과 함께할 수 없기에 결국은 폐기처분 할 수밖에 없습니다. '영'이 죽은 사람은 하나님께서 보실 때 살아 있는 사람이 아니고 죄로 더러워진 악하고 추한 온전하지 못한 완전하지 않은 불량품인 사람에 불가합니다. 그래서 불량품이 되어 버린 사람 즉 쓸모없는 사람을 지옥 불 속에 던져 폐기하는 것입니다. 이것이 인생에 대한 하나님의 심판의 기준입니다. 그래서 누구든지 이 하나님의 심판을 면하려면 반드시 거듭나야 한다는 것입니다. 사람이라면 죄의 형벌을 면하려면 누구나 할 것 없이 반드시 거듭남이 절대적으로 필요합니다.

모든 사람은 육체로 한 번은 다 출생합니다. 그러나 영적으로 다시 한 번 즉 죽은 '영'이 다시 태어나야 합니다. 그러면 그 사람은 두 번 즉 거듭나는 것입니다. 이런 사람은 하나님과 소통할 수 있고 하나님의 자녀가 될 수 있으며 영원한 생명을 얻게 됩니다. 그리고 하나님의 왕국에 들어가며 천국을 당당히 갈 수 있습니다. 사람은 '혼'은 죄와 죄의 형벌로부터 구원받고 '영'은 거듭나고 '몸'은 영광스러운 몸으로 주님의 재림 시 변화

됩니다. 주 예수 그리스도를 믿는 사람은 주님의 공중 재림 시 몸이 변화될 것입니다.

> "그분께서는 모든 것을 자기에게 복종시킬 때 사용하는 능력을 발휘하사 우리의 천한 몸을 변화시켜 자신의 영광스런 몸과 같게 만드시리라."(빌 3:21)

> "그러나 우리는 다 가리지 않은 얼굴로 거울을 보는 것 같이 주의 **영광을 바라보며 같은 형상으로 변화되어** 영광에서 영광에 이르렀나니 이것은 곧 주의 영으로 말미암은 것이니라."(고후 3:18)

> "그분께서 미리 아신 자들을 또한 예정하사 **자신의 아들의 형상과 같은 모습이 되게 하셨나니** 이것은 그분이 많은 형제들 가운데서 처음 난 자가 되게 하려 하심이니라."(롬 8:29)

이 책을 읽는 독자님은 반드시 꼭 다시 태어나기를 즉 거듭나기를 기원하며 소망합니다.

⑥

모든 죄(罪)를 용서(容恕)를 받아야 합니다

▶ 자신이 지은 모든 죄(罪)들을 용서(容恕)받아야 합니다. 그래야
  죄로 인한 하나님의 무서운 심판인 지옥과 불 호수에 던져지는
  형벌을 받지 않게 됩니다.

이 글을 읽는 여러분은 자신이 지은 모든 죄들을 용서받았나요? 자신
이 지은 죄가 얼마나 많은지 한 번쯤 생각해 보셨나요? 왜 죄들의 용서
를 받아야 할까요? 죄들의 용서를 받지 않으면 안 되나요? 나만 죄를 지
었나요? 나는 감옥에 갈 만큼 큰 죄는 짓지 않았어요! 그런데 지은 죄를
용서받아야 하나요? 등등 궁금한 점이 많을 줄 압니다. 여기에서는 이러
한 궁금한 내용들을 함께 알아보겠습니다. 사람은 누구나 태어나 인생
을 살면서 크든 작든 죄를 짓고 살게 됩니다. 그 이유는 죄인이기 때문입
니다. 죄를 지어서 죄인이라고 부르는 것도 맞지만 죄인이기에 죄를 짓
게 되는 것입니다. 자신이 알고 지은 죄도 있고 자신도 모르고 지은 죄도
있을 것입니다. 그리고 구체적으로 죄에 대해서 잘 모릅니다. 그리고 대
부분 작은 죄는 죄로 생각하지도 않습니다. 예를 들어 선한 거짓말이나
의도하지 않고 남에게 피해를 주지 않은 자신도 모르게 나온 거짓말 등
은 죄로 여기지 않습니다. 이러한 이유는 죄의 기준을 정확히 모르기 때

문입니다.

하나의 예를 든다면 자동차를 운전하는 데 있어서 많은 교통법규가 있습니다. 그 종류가 많다 보니 많은 운전자들이 잘 모를 수 있습니다. 그러다 보면 법규를 어겨도 어긴지를 모릅니다. 알고 어겼을 때는 자신이 알므로 인정하지만 모르고 어겼을 때는 인정할 수 없을 것입니다. 그러나 교통경찰에게 걸려서 위반 사실을 듣고 나면 인정이 될 것입니다. 이때는 범칙금 통지서를 받아도 불만이 없습니다. 자신이 지은 죄를 인정하기 때문입니다. 이처럼 세상에는 많은 법이 있습니다. 그러나 대부분 이러한 법을 모르고 있을 것입니다. 자신의 생활에 아주 밀접한 법 몇 가지 아는 정도일 것입니다. 그중 가장 많이 아는 법이 아마 교통법규가 아닐까 생각합니다. 다른 법들은 직접 필요로 할 때 전문가를 통해서 듣는 게 고작일 것입니다.

이와 같이 죄에 대해서 사람들은 잘 인식하지 못합니다. 세상에서 말하는 죄는 각각 자신이 살고 있는 나라에서 그 나라의 법을 위반했을 때 죄를 짓는 것입니다. 법을 위반하지 않으면 죄를 지은 것이 아닙니다. 그러기에 죄를 짓지 않으면 즉 자신이 살고 있는 나라의 법을 위반하지 않고 잘 준수하면 죄를 범하지 않는 것이 됩니다. 그러기에 누구도 죄의 값을 지불할 필요도 없고 또한 죄 용서를 받지 않아도 됩니다. 지은 죄가 없기 때문입니다.

하지만 지금 말씀드리는 죄들의 용서를 받아야 한다는 것은 세상 법이 아닌 하나님의 법에 관련된 것입니다. 하늘과 땅을 창조하시고 사람과 모든 만물을 창조하신 창조주 하나님의 법(율법, 하나님의 명령들)에 대한 것입니다.

하나님은 인생들에게 법(法, 명령)을 지키라고 주셨습니다. 그런데 인생들이 이 세상의 법은 잘 지키면서도 하나님은 법은 지키려 하지 않습니다. 또한 하나님의 법에 관심도 없고 알려고도 하지 않습니다. 법을 모르니 법을 지키고 싶어도 지킬 수 없습니다. 물론 법을 안다고 또 다 지키는 것도 아니고 알아도 다 지킬 수 없습니다. 그러니 죄를 짓고도 죄를 지었는지 잘 모릅니다. 인식하지 못합니다. 그래서 죄를 짓고도 자신이 지은 죄를 용서받으려 하지 않습니다. 자신이 지은 죄의 대가가 무엇인지도 잘 모릅니다. 알려고도 하지 않습니다. 그러므로 용서받지도 못합니다. 죄를 용서받으려면 자신이 죄를 지었다는 사실을 깨닫고 인정하고, 그 지은 죄의 대가가 얼마나 무서운지, 자신이 감당할 수 없다는 사실을 알고, 믿을 때 그 지은 죄에 대해 용서받으려 할 것입니다. 자신이 지은 죄를 용서받지 않으면 그 값을 반드시 갚아야 하기 때문입니다.

하나님의 명령을 어기고 법을 어겼을 때 그 죄의 결과는 참으로 무섭고 두렵고 영원한 고통의 대가가 따릅니다. 하나님의 법을 지키지 않는 자들은 하나님의 무서운 심판(審判, 재판, 裁判)과 형벌(刑罰)이 기다리고 있습니다. 그러기에 모든 인생들이 이 하나님의 심판을 면하고 형벌을 받지 않으려면 반드시 자신이 지은 죄 곧 자신이 지은 죄들을 하나님께 용서를 받아야 합니다. 하나님의 법을 어겼으니 하나님께 죄의 값을 치러야 합니다. 하나님의 법과 세상의 법은 다릅니다. 죄의 기준도 다르며 죄의 형벌도 다르며 법을 집행하는 집행자도 다르고 법을 적용하고 실행하는 장소도 다릅니다.

그럼 이제 좀 더 구체적으로 죄와 관련하여 알아보겠습니다.

죄는 한마디로 하나님의 명령(命令) 즉 법[法=율법(律法)]을 어긴 것입니다.

"누구든지 죄를 범하는 자는 율법도 범하나니 죄는 율법을 범하는 것이
니라."(요일 3:4)

최초의 사람 아담에게 하나님은 한 가지 명령을 하셨습니다. 그런데
아담은 그 명령을 지키지 못해 하나님께 죄를 짓게 되었습니다.

"주 하나님께서 남자에게 명령하여 이르시되, 동산의 모든 나무에서 나
는 것은 네가 마음대로 먹어도 되나 선악을 알게 하는 나무에서 나는 것
은 먹지 말라. 그 나무에서 나는 것을 먹는 날에 네가 반드시 죽으리라,
하시니라."(창 2:16~17)

"그분께서 이르시되, 네가 벌거벗은 것을 누가 네게 알려 주었느냐? 내
가 네게 먹지 말라고 명령한 그 나무에서 나는 것을 네가 먹었느냐? 하
시니. 남자가 이르되, 하나님께서 나와 함께 있으라고 주신 여자 곧 그
여자가 그 나무에서 나는 것을 내게 주므로 내가 먹었나이다, 하매."(창
3:11~12)

하나님의 명령을 어긴 죄의 대가는 죽음입니다. 그래서 아담도 죽게
되었습니다. 아담은 자신의 범죄로 세상에 죄가 들어오게 했고 세상에
사망을 가져오게 되었습니다. 그리고 모든 인류인 모든 사람들에게 죄
를 전가(轉嫁)시켜 죄성(罪性)을 가지고 태어나게 했으며 그 죄성으로 말
미암아 모든 사람들이 죄를 짓게 되었고 지금도 죄를 짓고 있습니다. 그
래서 모든 인생들도 자신이 지은 죄의 대가를 지불해야 합니다. 이 또한
하나님의 법입니다.

"그러므로 한 사람으로 말미암아 죄가 세상에 들어오고 죄로 말미암아 사망이 들어왔나니 이와 같이 모든 사람이 죄를 지었으므로 사망이 모든 사람에게 임하였느니라."(롬 5:12)

"내 안에 (곧 내 육신 안에) 선한 것이 거하지 아니하는 줄을 내가 아노니 원함은 내게 있으나 선한 그것을 어떻게 행할는지는 내가 찾지 못하노라. 이는 내가 원하는 선은 내가 행하지 아니하고 도리어 내가 원치 아니하는 악을 곧 그것을 내가 행하기 때문이라. 이제 내가 원치 아니하는 그것을 내가 행하면 그것을 행하는 자가 더 이상 내가 아니요 내 안에 거하는 죄니라."(롬 7:18~20)

"죄의 삯은 사망이나 하나님의 선물은 예수 그리스도 우리 주를 통해 얻는 영원한 생명이니라."(롬 6:23)

신약에 와서는 하나님께서 모든 사람들에게 회개하라고 명령하셨습니다. 예수님도 회개하고 복음을 믿으라고 명령하셨습니다. 이 명령을 지키지 않고 어기면 죄를 짓게 되는 것입니다.

"하나님께서 이같이 무지하던 때를 눈감아 주셨으나 이제는 모든 곳에서 모든 사람에게 회개하라고 명령하시나니 이는 그분께서 한 날을 정하사 그날에 자신이 정하신 그 사람을 통하여 세상을 의로 심판하실 터이기 때문이라. 그분께서 그 사람을 죽은 자들로부터 살리심으로써 모든 사람들에게 그 일에 대한 확실한 증거를 주셨느니라, 하니라."(행 17:30~31)

"이제 요한이 감옥에 갇힌 뒤에 **예수님께서** 갈릴리에 오셔서 하나님의 왕국의 복음을 선포하여.

이르시되, 때가 찼고 하나님의 왕국이 가까이 왔으니 너희는 **회개하고 복음을 믿으라, 하시더라.**"(막 1:14~15)

인생이라면 회개하고 복음을 믿는 것이 곧 하나님의 법을 지키는 것이고 하나님의 명령을 지키고 따르는 것이 법을 지키는 것입니다. 죄는 불법(不法)입니다. 즉 죄는 하나님의 법(명령)을 어기는 것입니다. 하나님의 법을 지키지 않고 하나님의 명령에 순종하지 않는 이것이 죄입니다. 하나님은 주 예수 그리스도를 믿으라고 하십니다. 주 예수 그리스도를 믿지 않으면 하나님의 명령을 어기는 것이고 죄를 짓는 것입니다. 결론은 하나님과 주 예수님의 명령들을 지키지 않으면 죄를 짓는 것이고 죄를 지은 모든 사람은 또 법에 따라 죄의 대가를 반드시 치르게 됩니다. 이 또한 하나님의 법입니다.

"**죄에 대하여라 함은 그들이 나를 믿지 아니하기 때문이요.**"(요 16:9)

"정죄는 이것이니 곧 빛이 세상에 왔으되 사람들이 자기 행위가 악하므로 **빛보다 어둠을 더 사랑한 것이니라.**"(요 3:19)

"누구든지 죄를 범하는 자는 율법도 범하나니 **죄는 율법을 범하는 것이니라.**"(요일 3:4)

이제는 인생들이 지은 죄들의 용서에 대해서 살펴보겠습니다. 인간 스스로는 절대로 지은 죄를 용서받을 수 없습니다. 세상에서 지은 죄는 지은 죄에 합당한 벌금을 내거나 판사가 내린 형기를 감옥에서 살고 나오면 됩니다. 아니면 대통령의 특별 사면으로 자신이 지은 죄의 값을 용서받고 감옥에서 나올 수 있습니다. 그러나 하나님의 법은 세상의 법과 전혀 다릅니다. 그럼 하나님께 지은 죄는 어떻게 용서받아야 할까요?

하나님은 공의로우신 하나님이십니다. 이 말은 하나님은 죄에 대해서 공정하고 공평하며 정의롭다는 것입니다. 지은 죄를 그냥 용서해 주거나 사람 따라 죄의 형벌을 다르게 적용하거나 죄가 있는데 죄 없다고 봐주시거나 하는 분이 아닙니다. 이 세상의 판사들은 그렇게 양심을 속이고 부정한 돈을 받고 그렇게 할 수도 있습니다. 그러나 하나님은 절대로 그렇게 할 수 없습니다. 만일 그렇게 하면 하나님의 공의는 깨지고 하나님은 심판(재판)주(主)가 될 수 없습니다. 하나님은 인간 모두에게 공의롭고 또한 은혜로우시고 사랑이 크신 분이십니다. 하나님은 인간이 스스로 죄를 이길 수 없고 또 스스로 어떤 방법으로도 죄를 씻을 수 없고 어디에서도 용서받을 수 없다는 사실을 아시고 하나님 자신이 인생들이 풀어야 할 숙제를 하나님 당신이 풀기로 작정하셨습니다.

하나님 아버지께서는 자신의 아들(독생자)을 통하여 아담으로 말미암아 이 세상에 들어온 죄와 인간들이 지은 모든 죄들을 제거(除去)하려고 삼위(三位)의 하나님께서 계획하시고 이를 실행하셨는데 약 2,000년 전에 자신의 독생자 즉 말씀 되신 하나님께서 인간의 모습으로 이 땅에 오셨습니다.

"말씀이 육신이 되어 우리 가운데 거하시매 (우리가 그분의 영광을 보니 아버지의 독생하신 분의 영광이요) 은혜와 진리가 충만하더라."(요

1:14)

"그가 이 일들을 생각할 때에, 보라, 주의 천사가 꿈에 그에게 나타나 이르되, 너 다윗의 자손 요셉아, 네 아내 마리아 데려오는 것을 두려워하지 말라. 그녀 안에 수태된 이는 성령님으로 말미암았느니라. 그녀가 아들을 낳으리니 너는 그의 이름을 예수라 하라. 이는 그가 자기 백성을 그들의 죄들에서 구원할 것이기 때문이라, 하니라."(마 1:20)

예수님은 하나님의 아들이며 이 세상 죄와 온 인류를 죄들에서 구원하시러 온 구원자이십니다.

"다음 날 요한이 예수님께서 자기에게 오시는 것을 보고 이르되, 세상 죄를 제거하시는 하나님의 어린양을 보라."(요 1:29)

"그분께서 우리의 죄들을 제거하려고 나타나신 것을 너희가 알거니와 그분 안에는 죄가 없느니라."(요일 3:5)

죄가 없으신 분이 우리를 위하여 죄가 되시고 세상 죄와 모든 사람들이 지은 모든 죄들을 자신이 대신 담당하시고 그 죄의 값을 우리를 위하여 대신 지불하셨습니다. 예수님은 우리를 대신하여 십자가에서 못 박히시고 피 흘려 죽으심으로 인생들이 지은 죄의 대가를 자신의 죽음으로 우리를 위해 대속(代贖)하셨습니다.

"율법이 육신으로 말미암아 연약하여 능히 하지 못하는 것을 하나님께

서는 하셨나니 곧 **자신의 아들을 죄 있는 육신의 모양으로 보내시고**
또 죄로 인하여 육신 안에서 죄를 정죄하셨느니라."(롬 8:3)

"우리는 다 양 같아서 길을 잃고 각각 자기 길로 갔거늘 주께서는 우리
모두의 불법을 그에게 담당시키셨도다."(사 53:6)

"**그분은 우리의 죄들로 인한 화해 헌물**이시니 우리의 죄들뿐 아니요
온 세상의 죄들로 인한 화해 헌물이시니라."(요일 2:2)

"**친히 나무에 달려 자신의 몸으로 우리의 죄들을 지셨으니** 이것은 죄
들에 대하여 죽은 우리가 살아서 의에 이르게 하심이라. 그분께서
채찍에 맞음으로 너희가 고침을 받았나니."(벧전 2:24)

"그분께서 정하신 때에 증언을 받기 위해 **모든 사람을 위한 대속물로**
자신을 주셨느니라."(딤전 2:6)

주 예수님의 죽음과 장사, 부활을 통하여 세상 죄와 인생의 모든 죄들
은 모두 제거되었고 용서되었으며 또한 의롭게 하셨습니다. 모든 죄와
죄들의 값을 다 치르고 사망을 이기시고 부활하셨습니다. 부활하셨다는
것은 죄의 값을 완벽하게 치렀기 때문에 죽음에 머물러 있을 필요가 없
는 것입니다. 그래서 죄와 죽음의 권세를 이기고 부활하신 것입니다.

"이 목적을 위해 **그리스도께서 죽으시고 일어나사 다시 살아나셨으니**
이것은 그분께서 죽은 자와 산 자의 주가 되려 하심이라."(롬 14:9)

"어린 자녀들아, 내가 너희에게 쓰는 것은 너희 죄들이 그분의 이름으로 인해 용서되었기 때문이라."(요일 2:12)

"그분 안에서 우리가 그분의 피를 통해 구속 곧 죄들의 용서를 받았도다."(골 1:14)

"그러므로 사람들아 형제들아, 너희가 알 것은 곧 이 사람을 통해 죄들의 용서가 너희에게 선포되었다는 것과 또 모세의 율법으로는 너희가 의롭게 되지 못하던 모든 일에서도 믿는 모든 자가 그분으로 말미암아 의롭게 되었다는 것이라."(행 13:38~39)

하나님의 아들이신 주 예수님께서 십자가를 통하여 우리의 모든 죄들을 용서하셨습니다. 우리는 이 사실을 진리로 받아들이고 인정하며 믿으면 그 믿음대로 우리의 모든 죄들을 용서받게 됩니다. 성경에 기록된 하나님의 말씀은 진리이며 사실입니다. 어떤 사람들이든지 이 진리를 모르고는 죄들의 용서를 받을 수 없습니다. 인간들이 지은 죄들은 하나님께 용서받아야 합니다. 죄는 하나님과 관계가 있습니다. 인생의 죽고 사는 문제도 전적으로 하나님께 있는 것처럼 말입니다.

아주 쉬운 예로 사람이 이가 아프면 치과에 가야 하고 배가 아프면 내과에 가야 하듯이 죄와 관련된 문제를 풀고 죄들을 용서받으려면 하나님 앞에 나아가야 합니다. 그래야만 죄 문제를 해결할 수 있고 또한 죄에서 해방되며 자신이 지은 모든 죄들을 용서받을 수 있습니다. 죄들을 용서받는 유일한 길은 이미 2,000년 전에 우리는 태어나지도 않았고 보지도 못했지만 우리를 위해 우리의 모든 죄들을 주 예수님께서 십자가의 죽음을 통하여 다 구속(救贖)해 주셨다는 성경에 기록된 하나님의 말씀을 듣고 믿음으로 용서받을 수 있습니다.

> "주가 말하노라. 이제 오라. 우리가 함께 변론하자. 너희 죄들이 주홍
> 같을지라도 눈같이 희게 될 것이요, 진홍같이 붉을지라도 양털같이
> 희게 되리라."(사 1:18)

> "그분 안에서 우리가 그분의 피를 통해 구속 곧 죄들의 용서를 받았도
> 다."(골 1:14)

이 사실을 믿지 않으면 그 누구도 자신이 지은 죄를 용서받을 수 없습니다. 이 사실을 오직 믿을 때 누구든지 용서받고 깨끗이 씻을 수가 있습니다.

이 글을 읽고 있는 독자님께서는 이 사실을 믿은 적이 있었나요? 없었다면 지금 믿으시면 됩니다. 그러면 모든 죄들을 용서받고 죄의 형벌인 지옥으로부터 구원받게 됩니다. 뿐만 아니라 하나님의 자녀가 되며 영원한 생명을 얻게 되고 천국으로 갈 수 있는 자격을 얻게 됩니다. 단순한 믿음 하나로 얻게 되는 것은 참으로 많으며 실로 놀라운 것들입니다. 이 세상에서는 그 무엇으로도 결코 얻을 수 없는 기적 같은 것들을 선물로 받게 됩니다.

> "너희가 믿음을 통해 은혜로 구원을 받았나니 그것은 너희 자신에게서
> 난 것이 아니요 하나님의 선물이니라."(엡 2:8)

"하나님께서 세상을 이처럼 사랑하사 자신의 독생자를 주셨으니 이것은
누구든지 그를 믿는 자는 멸망하지 않고 영존하는 생명을 얻게 하려
하심이라."(요 3:16)

"그분께서 우리를 어둠의 권능에서 건져 내사 자신의 사랑하시는 아들
의 왕국으로 옮기셨으니."(골 1:13)

7

천국(天國)에 갈 수 있는
분명한 믿음이 있어야 합니다

▶ 천국(天國)에 들어가려면 분명한 믿음을 가지고 있어야 합니다.
  독자님은 그 믿음을 가지고 있습니까? 그 믿음은 무엇입니까? 그
  믿음은 오직 주 예수 그리스도를 믿는 믿음입니다.

어린이 찬송가에 이런 찬송 가사가 있습니다.

  ♬ 돈으로도 못 가요 하나님 나라, 힘으로도 못 가요 하나님 나라 ♪
  ♪ 거듭나면 가는 나라 하나님 나라, 믿음으로 가는 나라 하나님 나라 ♬
  ♬ 벼슬로도 못 가요 하나님 나라, 지식으로 못 가요 하나님 나라 ♪
  ♪ 거듭나면 가는 나라 하나님 나라, 믿음으로 가는 나라 하나님 나라 ♬
  ♬ 어여뻐도 못 가요 하나님 나라, 맘 착해도 못 가요 하나님 나라 ♪
  ♪ 거듭나면 가는 나라 하나님 나라, 믿음으로 가는 나라 하나님 나라 ♬

하나님 나라 즉 천국은 거듭나면 가고 믿음으로 간다고 노래합니다.
교회 다니는 어린이들이 이 찬송가를 불러 보지 않는 어린이는 별로 없
습니다. 큰 소리로 씩씩하게 한 번쯤은 다 불러 보았을 것입니다. 교회
에 다녀 보셨거나 다니고 계신 대부분 청년들이나 장년들도 이 찬송가

를 다 아실 것입니다.

　어린이 때는 이 가사의 의미를 잘 모르고 그냥 찬송으로 따라 부를 수 있습니다. 그러나 어린 시절이 지나고 청년이나 장년의 때가 되면 이 찬송의 가사의 의미는 누구나 분명히 아실 것입니다. 설령 이 찬송가를 몰라도 이 가사를 읽게 된다면 쉽게 가사의 의미를 알 수 있을 것입니다. 교회 다니는 사람들은 찬송가를 매주 부릅니다. 이처럼 찬송가를 많이 부르지만 많은 사람들이 가사를 깊이 생각하지 않고 입으로만 부릅니다. 가사의 의미를 모르는 채 생각 없이 감정에 취해서 부르고 가사를 음미하며 되새겨 보지를 않습니다.

　찬송가의 가사는 아주 다양한 내용으로 만들어진 노래입니다. 구원, 속죄, 거듭남, 성경, 전도, 봉사, 예식, 회개, 부르심, 소명, 헌신, 확신, 인도, 보호, 평안, 감사, 위로, 소망, 기도, 은혜, 신뢰, 주와 동행, 사랑, 승리, 축복 등 다양한 내용들이 쉽게 이해하고 믿을 수 있도록 곡에 가사를 붙어 만들어진 함축된 작은 성경책이라 해도 결코 틀리지 않을 것입니다. 많은 사람들이 구원을 받고 은혜를 입어 여러 마음의 간증을 노래로 승화(昇華)시킨 것이기도 합니다. 그래서 우리가 찬송을 가사를 음미하며 마음과 입술로 소리 내어 부르면 정말 감동이 오고 많은 은혜를 입게 됩니다.

　찬송을 부를 때 정말 은혜를 입고 하나님께서 기뻐하시는 찬송을 부르려면 찬송을 부르면서 가사를 생각하면서 불러야 합니다. 단순히 곡에만 감정을 담아 입으로 소리 내어 부르기보다는 곡에 가사의 의미를 생각하면서 불러야 정말 바르게 찬송을 부르는 것이고 부르는 자도 진정 은혜가 되고 믿음으로 부르는 찬송이기에 하나님께서도 기뻐하시는 찬송이 될 것입니다. 하지만 가사의 의미를 생각하지 않은 채 큰 소리로 부

르면 자신은 감정에 취해서 좋을지 모르나 영적 유익이 없으며 하나님
도 그 찬송을 기쁘게 받지 않을 것입니다. 찬송을 부를 때 가사를 생각하
고 불러야 찬송을 제대로 부른 것입니다.

위에서 소개한 어린이 찬송가 가사에서도 알 수 있듯이 하늘나라 갈려
면 거듭나야 하고 또 믿음이 있어야 하늘나라에 갈 수 있다고 말합니다.
이 가사는 성경에 없는 말씀을 가사로 적은 것이 아니라 성경에 기록된
말씀을 가져다 곡에 붙인 것입니다. 비록 찬송가에 기록된 가사이지만
이 가사는 진리의 말씀입니다. 믿음이 없으면 그 무엇으로도 하나님 나
라에 들어갈 수 없다는 것입니다. 이와 반대로 믿음이 있으면 누구든지
하나님 나라 즉 천국에 갈 수 있다는 것입니다.

이 글을 읽고 계시는 여러분은 지금 하늘나라에 들어갈 믿음을 가지고
있습니까? 있다면 그 믿음은 무엇입니까? 없다면 지금이라도 반드시 그
믿음을 가져야 합니다. 그래야만이 하나님 나라에 갈 수 있습니다. 영원
한 생명을 얻는 것도 영원한 죄의 형벌에서 구원받는 것도 믿음이 있어
야 합니다. 믿음이 없으면 아무것도 얻지 못합니다. 믿음이 없으면 하나
님의 무서운 심판만이 기다리고 있습니다. 그리고 하나님으로부터 버림
받게 됩니다. 그래서 정말 자신이 믿음을 가지고 있는지 스스로 입증해
봐야 합니다.

"아들을 믿는 자에게는 영존하는 생명이 있고 아들을 믿지 않는 자는
생명을 보지 못하며 도리어 하나님의 진노가 그 위에 머물러 있느니
라."(요 3:36)

"너희가 믿음을 통해 은혜로 구원을 받았나니 그것은 너희 자신에게서

난 것이 아니요 하나님의 선물이니라."(엡 2:8)

"너희가 믿음 안에 있는지 너희 자신을 살펴보고 너희 자신을 입증하라. 예수 그리스도께서 너희 안에 계신 줄을 너희가 스스로 알지 못하느냐? 그렇지 않으면 너희는 버림받은 자니라."(고후 13:5)

믿음의 종류는 많습니다. 믿음으로 병도 나을 수 있습니다. 믿음으로 자신이 구하는 것을 얻을 수도 있습니다. 믿음으로 시험을 이길 수 있습니다. 믿음으로 복음을 전할 수 있습니다. 이처럼 믿음은 참 많습니다. 그런데 지금 여기서 말하는 믿음은 혼〈魂 Soul, 자아(自我), 자신(自身)〉의 구원과 천국에 들어가는 믿음을 말하고 있습니다.

"이는 너희가 너희 믿음의 결말 곧 너희 혼의 구원을 받았기 때문이라."(벧전 1:9)

나의 혼이 죄에서 구원을 받아야 하늘나라에 갈 수 있습니다. 나의 혼이 구원받기 위해서는 주 예수 그리스도를 믿어야 합니다.

"그들을 데리고 나와 이르되, 선생들이여, 내가 무엇을 하여야 구원을 받으리이까? 하거늘. 그들이 이르되, 주 예수 그리스도를 믿으라. 그리하면 네가 구원을 받고 네 집이 받으리라, 하며."(행 16:30~31)

그리고 바른 구원은 주 예수 그리스도를 바르게 믿어야 합니다. 바르게 믿는 것은 주 예수님이 어떤 분이신지 무슨 일을 하시러 이 땅에 오셨는지 그리고 왜 십자가에 죽으셨는지 그리고 장사되고 삼 일 만에 죽음을 이기고 부활하셨는데 어떤 의미가 있는지 등등을 바르게 그 의미를 알고 마음으로 믿는 것입니다. 마음으로 믿지 않으면 바르게 믿는 것이 아닙니다. 오늘날 사람들이 입으로는 주 예수 그리스도를 믿는다고 말하고 주의 이름을 부르지만 마음으로 믿지 않는 사람들이 참 많습니다. 주 예수님이 자신을 위해 무엇을 했는지 잘 모릅니다. 잘 모르기 때문에 바르게 믿을 수 없습니다.

> "그러나 그것이 무엇을 말하느냐? 말씀이 네게 가까이 있어 네 입에 있으며 네 마음에 있느니라, 하였으니 곧 우리가 선포하는 믿음의 말씀이라. 네가 만일 네 입으로 주 예수님을 시인하고 하나님께서 그분을 죽은 자들로부터 살리신 것을 네 **마음속으로 믿으면 구원을 받으리니.**
> **사람이 마음으로 믿어 의에 이르고 입으로 시인하여 구원에 이르느니라.**"(롬 10:8~10)

주 예수님을 아는 것이 영생이라고 성경은 말씀합니다. 이 말씀의 의미는 주 예수님을 바르게 알면 믿을 수밖에 없고 바르게 믿으면 영생을 얻는다는 것입니다.

> "**영생은 이것이니 곧 그들이 유일하신 참 하나님인 아버지와 아버지께서 보내신 자 예수 그리스도를 아는 것이니이다.**"(요 17:3)

> "**이것은 누구든지 그를 믿는 자는 멸망하지 않고 영원한 생명을 얻게 하려 함이니라.**"(요 3:15)

사도 바울은 고린도 교회에 보내는 편지에서 복음을 듣고 헛되이 믿지 아니하면 구원을 받았다고 말씀합니다. 복음은 우리를 구원하는 기쁜 소식입니다. 그래서 누구나 이 복음을 마음으로 믿으면 구원을 받습니다. 이 복음은 곧 주 예수 그리스도입니다. 이 복음은 또한 주 예수님이 나를 위해 행하신 사역을 사실로 믿는 것입니다. 그러면 그 믿음대로 역사 되고 그 믿음대로 구원을 받게 됩니다. 그 믿음으로 하늘나라에 갈 수 있습니다.

> "너희가 만일 내가 너희에게 선포한 것을 기억하고 헛되이 믿지 아니하였으면 또한 그 복음으로 구원을 받았느니라. 내가 또한 받은 것을 무엇보다 먼저 너희에게 전하였노니 그것은 곧 성경 기록대로 그리스도께서 우리의 죄들로 인하여 죽으시고 묻히셨다가 성경 기록대로 셋째 날에 다시 살아나시고."(고전 15:2~4)

사도 바울이 전한 복음이 하나님의 은혜의 복음입니다. 죄인을 구원하는 복음입니다. 죄인을 의롭게 만들어 주는 복음입니다. 영원한 사망에서 천국으로 옮겨 주는 복음입니다. 이런 선물을 받으려면 믿음이 필요하고 믿음이 있어야 합니다. 믿음을 가져야 합니다. 믿음이 있으면 그 모든 것을 얻을 수 있습니다. 믿음은 성경에 기록된 하나님의 말씀을 사실로 인정하고 믿는 것입니다.

> "이에 그분께서 그들의 눈에 손을 대시며 이르시되, 너희 믿음대로 그 일이 너희에게 이루어질지어다, 하시니."(마 9:29)

"너희가 믿음을 통해 은혜로 구원을 받았나니 그것은 너희 자신에게서 난 것이 아니요 **하나님의 선물**이니라. 행위에서 난 것이 아니니 이것은 아무도 자랑하지 못하게 하려 함이라."(엡 2:8~9)

예수님은 죄인을 회개하여 구원받게 하기 위해서 오셨습니다. 예수님은 회개하고 복음을 믿으라고 말씀하셨습니다.

"예수님께서 그것을 들으시고 그들에게 이르시되, 온전한 자들에게는 의사가 필요 없으나 병든 자들에게는 필요하니 나는 의로운 자들을 부르러 오지 아니하고 **죄인들을 불러 회개하게 하려고 왔노라**, 하시니라."(막 2:17)

"이제 요한이 감옥에 갇힌 뒤에 **예수님께서** 갈릴리에 오셔서 하나님의 왕국의 복음을 선포하여. 이르시되, 때가 찼고 하나님의 왕국이 가까이 왔으니 **너희는 회개하고 복음을 믿으라**, 하시더라."(막 1:14~15)

더러운 죄인이 회개하고 복음을 믿으면 의롭게 됩니다. 의롭게 되는 길은 오직 믿음으로만 됩니다. 사람의 어떤 행위나 노력으로 되지 않습니다. 오직 주 예수 그리스도를 마음으로 믿을 때 의롭게 됩니다.

"또 모세의 율법으로는 너희가 의롭게 되지 못하던 모든 일에서도 **믿는 모든 자가 그분으로 말미암아 의롭게 되었다는 것이라**."(행 13:39)

"사람이 율법의 행위로 의롭게 되지 아니하고 오직 예수 그리스도의 믿음으로 되는 줄 알므로 우리도 예수 그리스도를 믿었나니 이것은 우리가 율법의 행위가 아니라 그리스도의 믿음으로 의롭게 되고자 함이라. 율법의 행위로는 어떤 육체도 의롭게 될 수 없느니라."(갈 2:16)

"그리스도 예수님 안에 있는 구속을 통해 하나님의 은혜로 값없이 의롭게 되었느니라.

그러므로 우리가 결론을 내리노니 사람은 율법의 행위와 상관없이 믿음으로 의롭게 되느니라."(롬 3:24)

- 끝 -